浙江省市场监督管理局项目
——"'品字标'品牌人才培养"研究成果

浙江制造

ZHEJIANG MADE

# 区域公共品牌打造

## 基于"品字标浙江制造"的研究

李正卫　王飞绒　编著

ZHEJIANG UNIVERSITY PRESS
浙江大学出版社

**图书在版编目(CIP)数据**

区域公共品牌打造:基于"品字标浙江制造"的研
究 / 李正卫,王飞绒编著. —杭州:浙江大学出版社,
2021.11

ISBN 978-7-308-21766-8

Ⅰ.①区… Ⅱ.①李… ②王… Ⅲ.①品牌战略—研
究—浙江 Ⅳ.①F279.23

中国版本图书馆 CIP 数据核字(2021)第188314号

**区域公共品牌打造——基于"品字标浙江制造"的研究**

李正卫 王飞绒 编著

| | |
|---|---|
| 责任编辑 | 朱 玲 |
| 责任校对 | 王元新 |
| 封面设计 | 春天书装 |
| 出版发行 | 浙江大学出版社 |
| | (杭州市天目山路148号 邮政编码310007) |
| | (网址:http://www.zjupress.com) |
| 排 版 | 杭州朝曦图文设计有限公司 |
| 印 刷 | 杭州杭新印务有限公司 |
| 开 本 | 787mm×1092mm 1/16 |
| 印 张 | 12.5 |
| 字 数 | 280千 |
| 版 印 次 | 2021年11月第1版 2021年11月第1次印刷 |
| 书 号 | ISBN 978-7-308-21766-8 |
| 定 价 | 49.00元 |

# 前　言

　　21世纪以来,全球制造业发展经历重大变革,"工业4.0"正在重塑全球制造业,诸多发达国家纷纷实施"再工业化"战略,致力于在制造业国际新格局中抢占先机,与此同时,中国制造业也正从高速增长转向高质量发展。面对制造业百年未有之大变局,为进一步打造全球制造业高地,以浙江为重要窗口展示中国制造力量,浙江省委、省政府审时度势,秉持"干在实处、走在前列、勇立潮头"的浙江精神,持续加强品牌、标准、质量建设,全面推进浙江制造业高质量发展。2013年,浙江省在传承中国传统工匠精神的基础上,充分借鉴德国制造、瑞士制造等经验,创新提出"品字标浙江制造"区域公共品牌建设。2014年,国家认证认可监督管理委员会批复同意开展"浙江制造"综合认证,"品字标浙江制造"区域公共品牌建设正式启动。

　　"品字标浙江制造"通过构建"好企业、好产品、好服务"标准体系,由"浙江制造"国际认证联盟成员机构,对符合高标准、高品质要求的产品进行"品字标"认证,以先进标准引领企业质量提升,致力于打造一批在国内外市场上具有强劲竞争力的浙江制造高端产品。截至2020年8月,全省已累计发布"品字标浙江制造"B标准1670项,发放"品字标浙江制造"认证证书1333张,培育"品字标浙江制造"品牌产品1897个,授权"品字标浙江制造"企业1065家、"品字标浙江制造""自我声明"企业422家,此外,通过"一次认证,多国证书"方式,在获得"品字标浙江制造"认证证书的同时,企业还获得了国际认证证书152张。在"品字标浙江制造"区域公共品牌强效赋能下,一批批优秀企业和优质产品不断涌现,有力推动了浙江制造业转型升级和高质量可持续发展。

　　为了进一步宣传"品字标浙江制造"区域公共品牌,让更多人认识和了解"品字标浙江制造",2019年,受浙江省市场监督管理局资助,我们开始组织撰写本书和另一本有关"品字标浙江制造"品牌建设的书——《"品字标浙江制造"区域公共品牌建设》。本书共分九章,第一至三章是理论部分,主要阐述标准、质量与品牌的关系,区域公共品牌建设的内涵、分类与打造路径,国外典型国家打造区域公共品牌的经验,为整本书奠定了良好的理论基础。第四章主要从"品字标浙江制造"的缘起、组织体系、发展成效、标准研制与品牌认定、政策支持等方面对"品字标浙江制造"的发展进行了整体性的阐述;第五、六章分别通过对公众的调查和

"品字标浙江制造"获认证企业的调查展开,分析了"品字标浙江制造"的品牌知晓度、公众影响力和对企业发展的成效,提出了促进"品字标浙江制造"进一步发展的建议。第七至第九章是获得"品字标浙江制造"认证的企业案例,主要围绕工匠精神与"品字标浙江制造"、创新驱动与"品字标浙江制造"、精益管理与"品字标浙江制造"展开,剖析了这些获证企业在质量建设、标准建设和品牌塑造上的做法。本书理论结合实践,内容丰富,通过大样本的数据分析和众多鲜活的企业案例展现区域公共品牌"品字标浙江制造"给公众、企业带来的影响和变化,可读性强。

本书是很多人协同努力的成果。李正卫负责本书统筹和审核以及第一、三、五、七、九章的编著工作,王飞绒负责第二、四、六、八章的编著工作,博士研究生郑雅丹、李文馨、赵鑫同学以及硕士研究生邹靓婧、丁雅琦、曾紫薇、邱陈烨、陈亚明、叶丹红、张玥、郑俊城、吴昊天、计彬颖、陈锡亮、潘红羽、叶佳薇、张变变等同学参与了本书的编著工作,收集并整理了大量的资料文献。本书在写作过程中经历了反复的讨论和修改,浙江省市场监督管理局质量发展处组织了多次专家讨论和论证,金华职业技术学院、义乌工商职业技术学院、浙江机电职业技术学院、浙江金融职业学院、浙江经贸职业技术学院、浙江省品牌建设联合会、浙江制造国际认证联盟、浙江蓝箭万帮标准技术有限公司、浙江方圆检测集团股份有限公司等单位的多位领导和专家对本书框架和内容提出了很多宝贵意见,感谢浙江省市场监督管理局质量发展处的余志三、王群、汪钢、孙益华等领导的支持和指导,感谢上述单位所有给予本书提出宝贵意见的领导和专家。

编著者

2020 年 11 月于浙江工业大学

# 目 录
CONTENTS

# 第 一 章

# 标准、质量与品牌含义及其关系概述

标准、质量、品牌三者关系密切,标准是质量的依据,质量是标准的体现,而品牌是高标准、高质量趋于极致的产物。区域公共品牌的打造不仅需要明确标准、质量、品牌的内涵,还需要理清三者之间的关系。标准、质量、品牌三要素只有实现良好协同,才能推进区域公共品牌的建设和发展。本章将对这三个要素的相关知识和关系做系统的介绍。

# 第一节　标准概述

对个体生活而言,标准为衣食住行提供保障;对企业而言,标准是生产和经营活动的依据;对政府而言,标准是宏观调控的重要技术手段。标准在各个方面都发挥着十分重要的作用。本节将对标准的发展、分类和国际先进标准体系作简要介绍。

## 一、标准的发展

《史记》记载,4000年前大禹治水时,人们就以规、矩、准和绳为基本的绘图和测量工具,这里的"规、矩、准和绳"就是一种标准,它既是可供同类事物比较核对的参照物,也是衡量行为规范的准则。11世纪中叶,北宋毕昇发明的活字印刷术,每一个字块都是一个标准件。19世纪末是电器大发明的时代,1831年法拉第创造了第一台发电机原型;1866年西门子成功制造了有应用价值的发电机;1879年爱迪生发明了世界上第一盏有实用价值的电灯。这些技术成果的推广和应用,要求人们必须遵守统一的标准。随后标准制定和标准化活动的开展上升到了一个前所未有的高度。

现代社会中标准的应用极为广泛,各种社会范畴往往都会涉及标准,但不同国家、机构、专家在不同历史时期,对标准的定义都各不相同。例如产业界有产品标准和服务标准,财经界有财务报表标准,法律界有判案标准等。国际标准化组织(ISO)对标准的定义:"标准是由一个公认的机构制定和批准的文件。它对活动或活动的结果规定了规则、导则或特殊值,供共同和反复使用,以实现在预定领域内最佳秩序的效果。"GB/T 20000.1《标准化工作指南 第1部分:标准化和相关活动的通用词汇》对标准的定义:"通过标准化活动,按照规定的程序经协商一致制定,为各种活动或其结果提供规则、指南或特性,供共同使用和重复使用的文件。"

## 二、标准的分类

标准可以划分为国际标准、国家标准、行业标准、地方标准、团体标准和企业标准。

### (一)国际标准

国际标准是指国际标准化组织(ISO)、国际电工委员会(IEC)和国际电信联盟(ITU)制定的标准,以及国际标准化组织确认并公布的其他国际组织制定的标准。国际标准在世界范围内统一使用。随着国际贸易活动的广泛开展,产品在国际市场上的竞争越来越激烈,产品需要有高质量、好性能以及广泛的通用性、互换性。这要求标准在各国间统一起来,按照国际上统一的标准生产,如果标准不一致,就会给国际贸易活动带来障碍,所以世界各国一般都积极采用国际标准。

### (二)国家标准

国家标准是指由国家标准化机构通过并发布的标准,不同国家有不同的国家标准,中国国家标准,简称国标GB,其他国家的国家标准,例如美国 ANSI、德国 DIN、英国 BS 等。国家标准包括强制性标准和推荐性标准。强制性标准是保障人体健康、财产安全的标准和法律及行政法规规定强制执行的国家标准,我国强制性标准代号是GB;推荐性标准是指生产、检验、使用等方面,通过经济手段或市场调节而自愿采用的国家标准,我国推荐性标准代号是GB/T。

### (三)行业标准

行业标准是对没有国家标准而又需要在全国某个行业范围内统一技术要求所制定的标准。行业标准的制定必须满足以下要求:行业标准不得与有关国家标准相抵触;有关行业标准之间应保持协调和统一,不得重复;行业标准在相应的国家标准实施后,即行废止。行业标准与国家标准类似,分为强制性标准和推荐性标准。我国不同的行业有不同的标准代号,如DL(电力行业)、NB(能源行业)、AQ(安全行业)、JB(机械行业)、YD(邮电行业)等。

### (四)地方标准

我国地方标准是由地方(省、自治区、直辖市)标准化主管机构或专业主管部门批准并发布,在某一地区范围内统一的标准。负责制定我国地方标准的单位是省、自治区、直辖市的标准化行政主管部门。对没有国家标准和行业标准而又需要在省、自治区、直辖市范围内统一的下列要求,相关部门可以制定地方标准:工业产品的安全、卫生要求;药品、兽药、食品卫生、环境保护、节约能源、种子等法律、法规规定的要求;其他法律、法规规定的要求。

(五)团体标准

团体标准是依法成立的社会团体为满足市场和创新需要,协调相关市场主体共同制定的标准。团体标准的制定主体是社会团体,社会团体主要是指依照《社会团体登记管理条例》等规定成立并在民政部登记的学会、协会、商会、联合会、产业技术联盟等社会组织。没有按照《社会团体登记管理条例》登记的社会组织,不能发布团体标准,例如慈善组织、基金会。团体标准的制定和发布无须向行政管理部门报批或备案,是社会团体的自愿行为。依据《团体标准管理规定》,团体标准实施效果良好,且符合国家标准、行业标准或地方标准制定要求的,团体标准发布机构可以申请转化为国家标准、行业标准或地方标准。

(六)企业标准

企业标准是企业根据工作需要制定的标准,是企业组织生产、经营活动的依据,国家鼓励企业自行制定严于国家标准或者行业标准的企业标准。企业标准由企业制定,由企业法人代表或法人代表授权的主管领导批准、发布。企业标准一般有以下类型:企业在生产的产品缺乏国家标准、行业标准和地方标准的情况下,制定的企业产品标准;企业为提高产品质量和促进技术进步,制定的严于国家标准、行业标准或地方标准的企业产品标准;企业对国家标准、行业标准的选择或补充的标准;工艺、工装、半成品和方法标准;生产、经营活动中的管理标准和工作标准。

### 三、国际先进标准体系

目前国际上著名的标准体系主要有:ISO 9000 质量管理体系、卓越绩效管理体系、ISO 14000 环境管理体系、ISO 45001 职业健康安全体系、ISO 26000 社会责任体系。我国等同采用了上述国际标准(即通过翻译方法引用此标准),分别转化为国家标准:GB/T 19001 质量管理体系、GB/Z 19580 卓越绩效评价准则、GB/T 24001 环境管理体系、GB/T 28001 职业健康安全管理体系、GB/T 29467 企业质量诚信管理实施规范。

(一)ISO 9000 体系

ISO 9000 体系是指由 ISO/TC176(国际标准化组织质量管理和质量保证技术委员会)制定的标准、指南、技术报告和小册子的总称。随着商品经济的日益国际化,为提高产品的信誉、减少重复检验、消除贸易技术壁垒以及维护生产者、经销者、消费者等各方权益,国际标准化组织制定了该标准体系。ISO 9000 体系中的标准不止一个,因此一般称之为 ISO 9000 族标准。ISO 9000 族标准已进行了多次修订,截至目前,先后经过四次改版,分别是 1994 版、2000 版、2008 版和 2015 版。ISO 9000 族标准的总体构成如图 1-1 所示。

```
                          ┌─────────────────┐
                          │  ISO 9000 族标准 │
                          └─────────────────┘
```

| ISO 9000 质量管理体系 基础和术语 | ISO 9001 质量管理体系 要求 | ISO 9004 质量管理体系 业绩改进指南 | ISO 19011 质量和(或)环境管理体系审核指南 | 测量管理体系 ISO 10012 | 技术报告 ISO 10005～10007 ISO 10014～10015 ISO 10007 |

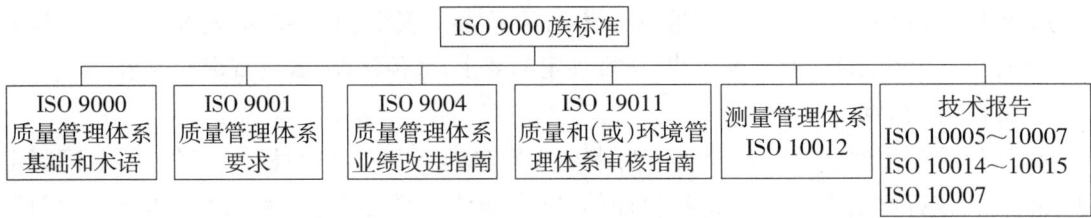

**图1-1　ISO 9000族标准总体构成**

其中,ISO 9000体系中的三个核心标准分别为:①ISO 9000《质量管理体系基础和术语》,定义了应用于ISO 9001标准的术语、定义和概念,为正确理解和实施ISO 9001标准提供了必要的基础。②ISO 9001《质量管理体系要求》,其规定的要求旨在为组织的产品和服务提供信任,从而增强顾客满意度。③ISO 9004《质量管理体系业绩改进指南》,为组织选择超出ISO 9001标准的要求提供指南。该标准关注能够改进组织整体绩效的更广泛议题,包括自我评价方法指南,以便组织能够对其质量管理体系的成熟度进行评价。

（二）卓越绩效管理体系

卓越绩效管理体系是当前国际上广泛认同的一种组织综合绩效管理的有效方法和工具。该体系源自美国波多里奇国家质量奖的评审标准中"以顾客为导向,追求卓越绩效"的管理理念。这种理念后来被逐步应用于世界发达国家与地区,不断被丰富和延展,成为一种卓越的管理体系。卓越绩效管理体系主要包括领导、战略、顾客和市场、测量分析改进、人力资源、过程管理、经营结果七个方面。根据GB/T 19000《质量管理体系　基础和术语》,卓越绩效是通过综合的组织绩效管理方法,使组织和个人得到进步和发展,提高组织的整体绩效和能力,为顾客和其他相关方创造价值,并使组织持续获得成功。卓越绩效管理体系建立在一组相互关联的核心价值观基础上。核心价值观共有11条:追求卓越管理;顾客导向的卓越;组织和个人的学习;重视员工和合作伙伴;快速反应和灵活性;关注未来;促进创新的管理;基于事实的管理;社会责任与公民义务;关注结果和创造价值;系统的观点。

（三）ISO 14000体系

ISO 14000环境管理系列标准由ISO/TC 207(国际标准化组织环境管理技术委员会)制定,有14001到14100共100个具体标准,统称为ISO 14000系列标准。它通过一套环境管理的框架文件来加强组织的环境意识、管理能力和保障措施,从而达到改善环境质量的目的。它是组织自愿采用的标准。我国采取第三方独立认证来检验组织对环境因素的管理是否达到改善环境绩效的目的,在满足相关方要求的同时,满足社会对环境保护的要求。其认证依据的标准是GB/T 24001《环境管理体系　要求及使用指南》。其中,第三方独立认证机构包含国外和国内机构,国外认证机构包括法国必维检验集团、德国莱恩认证集团等机构,国内认证机构包括华夏认证中心有限公司、方圆标志认证集团等机构。

（四）ISO 45001体系

据世界劳工组织统计,每天有超过6300人因工死亡,这意味着每年有230多万员工因工死亡。另外,有3亿多人在工作中很可能会遇到其他非致命性的事故。这些不仅给员工及其家庭造成了严重的影响,还极大地增加了企业的负担,主要表现为员工缺勤、提前退休、保险费用增加等。2018年3月12日,ISO发布了职业健康与安全新标准ISO 45001。该标准将取代OHSAS 18001《职业健康安全管理体系 规范》,因当前全球存在有40多个版本的OHSAS 18001标准,ISO 45001的发布为全球提供了一个统一的职业健康安全管理标准体系,该体系基于一个全新的框架,可指导组织识别和降低职业健康安全的风险,同时与组织的业务过程融合,从而进一步保护工作者,并有效降低企业的潜在风险。ISO 45001是全球首个ISO职业健康安全标准,它帮助企业为其员工和其他人员提供安全、健康的工作环境,防止发生死亡工伤和健康问题,并致力于持续改进职业健康安全绩效。

（五）ISO 26000体系

ISO 26000是ISO制定的为组织提供处理社会责任实践指导的标准。ISO 26000侧重于各种组织生产实践活动中的社会责任问题,主要从社会责任范围、理解社会责任、社会责任原则、承认社会责任与利益相关者参与、社会责任核心主题指南、社会责任融入组织指南等方面展开描述,统一社会各界对社会责任的认识,为组织履行社会责任提供一个可参考的指南性标准,提供一个将社会责任融入组织实践的指导原则。该标准对社会责任的解释为"组织通过透明和合乎道德的行为,为其决策和活动对社会和环境造成的影响承担责任",这些行为包括:①促进可持续发展,关注安全健康和福利,其中包括动物福利;②充分考虑各利益相关方的利益;③尊重法律法规并与国际行为规范保持一致;④全面贯彻社会责任实践,并监督促进组织影响区域范围内其他组织的社会责任行为。

# 第二节　质量概述

品牌创建的基础在于质量,质量是企业的生命,是一个企业综合实力的体现。伴随人类社会的进步和人民生活水平的提高,顾客对产品质量的要求越来越高,产品质量的提升离不开质量管理。本节将介绍质量及质量管理的内涵,全面质量管理的概念、内容和实施策略。

## 一、质量及质量管理的内涵

美国著名的质量管理专家朱兰(Juran)博士从顾客的角度出发,提出了产品质量就是产品的适用性,即产品在使用时能成功地满足用户需要的程度。用户对产品的基本要求就是适用,适用性恰如其分地表达了质量的内涵。这一定义有两个方面的含义,即使用要求和满足程度。

美国质量管理专家克劳士比(Philip Crosby)从生产者的角度出发把质量概括为"产品符合规定要求的程度";美国质量管理大师德鲁克(Peter F. Drucker)认为"质量就是满足需要";全面质量控制创始人阿曼德·费根堡姆(Armand Vallin Feigenbaum)认为,产品或服务质量是指营销、设计、制造、维修中各种特性的综合体。GB/T 19000《质量管理体系 基础和术语》中将质量定义为:一组固有特性满足要求的程度。质量反映了实体(产品、过程或活动等)满足明确和隐含需要能力的特征和特性总和。

质量管理是指为了实现质量目标而进行的所有管理性质的活动。关于质量管理的含义有多种表述。《质量管理和质量保证标准》规定:质量管理是指全部管理职能的一个方面,该管理职能负责质量方针的制定与实施。GB/T 19000《质量管理体系 基础和术语》对质量管理的定义是"在质量方面指挥和控制组织协调的活动"。

## 二、全面质量管理

全面质量管理是企业提升质量的充分必要条件,是国家实现高质量发展、企业实现提质增效、转型升级的必然选择。若企业对质量不予重视,最终会被市场淘汰。全面质量管理在提升企业产品质量方面具有重要作用,企业应该充分认识全面质量管理的重要性,并大力推进实施。

(一)概念

全面质量管理是指能有效改善企业运营效率的一种科学管理方法。其精神实质是指一个组织以质量为中心,以全员参与为基础,旨在通过让顾客和所有相关方受益而建立起一套严密、高效的质量管理体系,从而提供满足用户需求的产品,达到持续成功的一种管理途径。全面质量管理的创始人,费根堡姆将其定义为:为了能够在最经济的水平上,并考虑充分满足顾客要求的条件下进行市场研究、设计、制造和售后服务,把企业内各部门的研制质量、维持质量和提高质量的活动构成为一体的一种有效的体系。

与早期的质量管理理念相比,全面质量管理具有以下几个特点:一是全面提升了质量管理的高度,摒弃了过去认为质量管理仅仅是质量部门的工作这一观点,强调质量管理全员参与;二是强调全过程的质量管理,认为工作过程中的所有环节和因素都与质量有关,要想从根本上减少质量问题,就要求企业从产品生产的各个环节和阶段进行全方位的管控,确保质量控制的全面性和有效性;三是强调要在质量管理中充分运用科学的程序及方法,广泛采用各种数理统计方法和全面质量管理工具等;四是提出以预防为核心,以持续改进为主导思想。要求企业始终不断地寻求改进的机会,提高管理水平,改进产品质量。

(二)具体内容

全面质量管理是涵盖企业整个产品流程的全面、全过程的体系,至少包括企业对四个环节的把控,即产品设计、生产制造、辅助后勤、售后服务。

1.产品设计过程的质量管理

产品设计过程是指产品(包括开发新产品和改进老产品)正式投产前的全部开发研制过

程,包括调查研究、制订方案、产品设计、工艺设计、试制、试验、鉴定以及标准化工作等内容。产品设计过程的质量管理,是全面质量管理的起点,是企业质量体系中带动其他各个环节的首要一环。

2.生产制造过程的质量管理

产品正式投产后,能不能保证达到设计质量标准,在很大程度上取决于制造部门技术能力以及生产制造过程的质量管理水平。因此,生产制造过程的质量管理,重点要抓好四项工作:加强工艺管理;组织好技术检验工作;掌握好质量动态;加强不合格品管理。

3.辅助后勤过程的质量管理

上述生产制造过程的质量管理,实质上是基本生产过程的质量管理。为保证基本生产过程实现预定的质量目标,保证基本生产过程正常进行,还必须加强对辅助生产过程的质量管理。一般来说辅助生产过程的质量管理包括物料供应的质量管理、工具供应的质量管理和设备维修的质量管理等。

4.售后服务过程的质量管理

产品的使用过程是考验产品实际质量的过程,它既是企业质量管理的归宿点,又是企业质量管理的出发点。产品的质量特性是根据客户使用要求设计的,产品实际质量的好坏,主要看客户的评价。因此,企业的质量管理工作必须从生产过程延伸到售后服务。

(三)实施策略

企业要想全面提升质量管理水平,可以从以下四个方面的策略着手。

1.全面提高质量管理意识

企业中的每个人都需要提升质量管理意识,尤其是管理者。首先,企业的发展方向离不开管理者的决策。企业加强高层人员的质量管理意识,才能为企业的员工制定出更加规范的质量管理制度。其次,质量工作贯穿产品生产的全过程,需要企业全体员工一起贯彻执行,在生产过程中进行质量意识的宣传可以加强员工质量管理意识,提高员工质量管理水平,从而使产品达到更高质量的要求。

2.运用先进质量管理方法

全面质量管理的落实除了可以运用QC[①]旧七项工具(检查表、柏拉图、直方图、控制图、因果图、散布图、层别法)和QC新七项工具(亲和图法、关联图法、系统图法、矩阵图法、PDPC法[②]、箭头图法、矩阵数据解析法)之外,还可以利用PDCA[③]循环管理法来全面提高产品质量和改善经营管理。在PDCA循环管理法应用过程中,将全面质量管理活动划分为计划阶段、执行阶段、检查阶段和处理阶段。PDCA循环一定要按顺序进行,它靠组织的力量来推动,周而复始,不断循环。每个科室、车间、工段、班组,直至个人的工作,均有一个PDCA循环,这样可以一层一层解决问题,一环扣一环。通过各个小循环的不断转动,推动上一级循环,以

---

① 质量控制(quality control,简称QC)。

② 过程决策图法(process decision program chart,简称PDPC法)。

③ 计划(plan)、执行(do)、检查(check)、处理(action)。

至整个循环不停转动。PDCA每循环一次,质量水平和管理水平均会提高一步,同时也可以运用六西格玛来改进质量水平。

**3.落实质量检验工作**

质量检验小组是由在生产或工作岗位上从事各种劳动的职工组成,围绕经营战略、方针目标和现场存在的问题,以改进质量、降低消耗、提高人的素质和经济效益为目的组织起来,运用质量管理的方法开展活动的小组,它是职工参与全面质量管理特别是质量改进活动的一种非常重要的组织形式。质量检验小组活动已被实践证明是一种成熟的质量管理方法,能为企业带来一定的经济效益和业绩改善,有利于增加团队合作,全面提高质量,降低成本。

**4.构建质量分析数据库**

随着数字经济时代人工智能、大数据等的蓬勃发展,企业可以有效利用数字技术,充分整合内外部质量相关数据,通过深层次分析,深入挖掘数据背后隐藏的规律,让企业管理者更直观地了解产品和服务的质量情况以及市场对产品和服务质量的真实评价。通过构建质量分析数据库,不仅能为企业质量管理水平提供技术支持,而且能为企业优化产品质量标准体系提供方向。

# 第三节　品牌概述

随着市场竞争的加剧,企业之间的竞争形式逐渐由产品竞争向品牌竞争转变,品牌已是决定竞争成败的关键因素。品牌是企业的生命与核心,是企业综合素质的表现,因此创建与打造品牌至关重要。经过多年的发展,品牌战略已经上升到了国家层次,国务院办公厅2016年6月发布的《关于发挥品牌引领作用推动供需结构升级的意见》明确表示:品牌是企业乃至国家竞争力的综合体现,代表着供给结构和需求结构的升级方向。本节将对品牌概念、品牌价值和品牌运营作相关介绍。

## 一、品牌概念

品牌(brand)一词来源于挪威文字brandr,意思是烧灼。早期的人们利用这种方法来标记他们的家畜,后来发展到手工品的标记。原始意义上的品牌起源于古代手工艺人,如陶工、石匠等。他们在其制作的手工品上打上某种标记以利于顾客识别产品的来源,这种标记主要是一些抽象的符号,因此可以说符号是品牌最原始的形式。之后,除了符号之外,还出现了以手工艺人的签字作为识别标志的情况,这就是最原始的商品取名。即使到了今天,有的商品取名仍沿袭这种原始的取名方式。

关于品牌的定义,众说纷纭,至今未达成共识。学者们由于所处的环境不同,对于品牌的理解或解释也不尽相同。目前国内外对品牌概念的描述可归纳为以下几类:①符号说。品牌是一个名称、专有名词、标记、符号或设计,或是上述元素的组合,用于识别一个销售商或销售商群体的商品和服务,并且使它们与其竞争者的商品与服务区分开来(Ailawadi & Neslin,2003)。②资产说。企业最有价值的财富是品牌,品牌是自身形象的象征,用以积累无形资产(王海涛,2012)。③综合说。品牌资产是一种错综复杂的象征。它是品牌属性、名称、包装、价格、历史、声誉、广告风格的无形组合,品牌同时也因消费者对其使用的印象及自身的经验而有所界定(董琦,2017)。④关系说。品牌是产品与消费者建立的长久关系,是联系企业的主观努力与消费者客观认知的桥梁(庞红军,刘洋,2017)。⑤互动说。品牌既是消费者对一个企业、产品所有期望的综合,同时又是企业向目标市场传递企业形象、企业文化、产品理念等要素的载体,而且还是企业产品品质的契约担保和履行职责的承诺(聂洲,2018)。

## 二、品牌价值

现有研究主要是从国家、企业、消费者三个角度来论述品牌的价值。

从国家角度来说,品牌是国家经济实力和文化软实力的体现。尹娜(2014)认为,品牌是一个国家综合国力的体现。一个国家拥有的品牌数量越多,品牌价值越高,说明这个国家的经济实力越雄厚。李清欢(2019)认为,自推行改革开放政策后,中国经济面貌焕然一新,经济水平提高了很多,中国涉外品牌形象的建设也步入了一个新的阶段。国家为了更好地发展,开始追求文化软实力的提升,建设品牌形象显得日益重要,我国迎来了"建设全球品牌,参与国际竞争"的挑战。

从企业角度来说,品牌能为企业带来竞争优势。韩旭(2014)认为,在对品牌的管理中,品牌价值是最重要、最核心的,它可以区别于同类竞争者。相对于那些无品牌或者是品牌价值较低的产品,拥有较高品牌价值的产品能为公司带来更多的利润。在提高企业竞争优势方面,马骏(2012)同样认为品牌价值是很重要的一方面。他提出,为了更好地管理品牌,提升品牌竞争力,就要认识到影响品牌价值的因素。通过了解这些因素,更好地感知消费者的客观感受,采取策略增加消费者的购买意向,进而刺激购买行为的发生,为企业带来收益。刘璐(2017)认为,品牌代表了一个企业的文化及其内涵,这是被消费者所看重的,也是他们在选择产品时的重要依据之一。当这些文化和内涵渗透到当今的消费价值观中时,就会促使消费者进行消费,从而提高销量。

从消费者角度来说,品牌是一个企业代表自己产品或者服务的名片,企业用这张名片记载它们的质量和企业文化,以此传递给消费者相关信息,刺激消费者的购买行为。刘云丽和张慧仙(2019)认为,不同品牌的资产价值在市场活动中会有不同的表现。高的品牌资产价值可以留住之前的消费者同时又吸引新的消费者,它可以让消费者有非常充分的购买理由,并且能让这些消费者在使用产品之后获得良好的使用感和满足感,从而激发下一次的购买。游泽兴(2017)认为,对于消费者来说,品牌是一种保证,它可以保证消费者选择好的产品或服务。

## 三、品牌运营

随着市场竞争的加剧,企业高度重视品牌建设,生产经营者纷纷推出自己的品牌,品牌运营成为市场竞争的焦点与重要手段。企业仅有品牌意识还远远不够,要想使品牌真正发挥效用,还必须善于品牌运营。如何进行品牌传播和品牌延伸是品牌运营的主要内容。

（一）品牌传播

品牌传播在建立消费者与品牌的关系中起到了桥梁的作用。通过品牌传播可以使消费者产生差别认知,有利于建立品牌的独特性。企业可以利用品牌传播建立并维护品牌与消费者之间的关系,传达品牌理念与文化,并通过向消费者提供超出产品本身的功能价值,培养消费者的品牌忠诚。

1.含义

传播是传递和发送信息的意思。品牌传播就是品牌的所有者,采用一切可能的方法(包括产品的包装,企业的办公设备和用品,组织成员的服饰与行为,广告、公关与促销活动等)把品牌的各项元素(包括品牌价值、品牌精神、品牌内涵、品牌个性、品牌符号等)传递给消费者,让消费者熟悉了解,以此提高品牌的知名度和美誉度,建立起消费者与品牌之间良好的品牌关系。简单来说,品牌传播就是品牌信息的传递或品牌系统的运行。

2.特点

新时代背景下,随着信息技术的不断发展,人们获取信息的手段突破了传统的媒体形态,品牌传播也呈现出新的特点:①传播形式的交互性和多样性。消费者既可以参与信息的搜集、制作与发布,也可以通过微博、微信、留言栏等进行评论和建议,分享自己的观点。传播者和受传者的角色不再固化,消费者可以是品牌营销信息的接收者,也可以是品牌传播的参与者。②传播信息的数字化和碎片化。数字化时代,越来越多的受众开始凭借网络媒体参考产品排行榜和其他消费者对品牌的评论,并通过社交媒体分享品牌体验。企业因此可以通过数字化媒介的各种渠道,依据数字化的关键字挖掘和内容聚类,快速了解和倾听客户对于品牌的建议和感知,并与其建立长期的互动关系,从而提升品牌影响力。

3.途径

（1）广告

各种品牌传播手段中,广告是企业最常使用,也是最重要的手段。广告无所不在,法国广告评论家罗贝尔·格兰曾经形容说:我们呼吸着的是空气,是由氧气、氮气和广告组成的。使用广告传播品牌的优势主要有以下几点:①提升品牌知名度,营造品牌的社会氛围;②塑造品牌美誉度;③传播品牌核心价值,强化或改变品牌定位;④提供购后支持,培育品牌忠诚度;⑤传播形式丰富多样,具有多种传播功效。

（2）公共关系

公共关系(public relations)是指企业/组织为改善与社会公众的关系,促进公众对企业/组织的认识、理解及支持,达到树立良好组织形象、促进商品销售目的的一系列活动。公共关系有助于吸引公众关注,加强品牌认知,并能够巩固品牌形象,强化品牌传播的影响力。广告缺乏创建品牌的关键要素即可信度,而公共关系能提供这种可信度。公共关系传播品牌信息的主要工具见表1-1。

表1-1　公共关系传播品牌资讯的主要工具

| 工具 | 公共关系 |
| --- | --- |
| 出版物 | 企业主要依靠发行的载体影响目标市场,包括年度报告、小册子、文章、杂志以及视听载体 |
| 事件 | 企业可以安排一些特别事件来吸引目标公众对新产品或者企业的关注,如新闻发布会、研讨会、展览、竞赛或者周年纪念活动 |
| 赞助 | 企业可以通过赞助体育和文化活动以及社会公益事业来宣传自己的品牌和企业形象 |
| 新闻 | 企业通过发展或创造对企业(组织)及其品牌有利的新闻,争取宣传媒体录用新闻稿和参加记者招待会 |
| 公共服务活动 | 企业可以通过资助一些公益事业建立声誉 |
| 标志媒介 | 企业可以通过一些手段将自己的形象可视化,如口号、文具、小册子、标识、名片、网站、建筑物、制服和着装要求,使公众能够迅速识别自己 |
| 年度报告 | 所有公开运营的企业都必须提供年度报告 |
| 评论 | 用于支持识别项目或推广企业观点的广告 |
| 影视、影像 | 用于促销企业产品和服务的产品,可用不同种类的背景 |
| 展示 | 在大厅和其他公众聚集场所设立展位或其他装置,以通过视觉效果来描述一个企业并引发双向传播 |

**(二)品牌延伸**

大部分企业一开始会追求"一个品牌一个产品"的策略,但是一方面消费者的需求不断多元化,单一产品无法满足消费者的需求;另一方面新品牌扩张需要的营销成本较高。基于此,部分企业意识到可以凭借其现有的强势品牌推出一系列新产品来提升自己整体的品牌资产,这就是品牌延伸。麦肯锡管理咨询公司对130家企业的研究发现,拥有强势品牌并且品牌横跨几个产品市场的公司,要比他们的同行盈利多出5%。在中国,自20世纪90年代以来,品牌延伸也被国内企业广泛应用,海尔、联想、美的、娃哈哈等企业都通过品牌延伸取得了快速发展。因此,正确应用品牌延伸策略对企业发展具有重要的战略意义。

1.含义

目前,国际国内营销学界对品牌延伸尚未形成统一的定义。在营销学词典《营销术语的概念、解释及其他》中,对品牌延伸的定义是"将已被市场接受的品牌延伸使用到公司的其他品牌上,目的是改变原有品牌(产品)的形象",但这种策略必须和其他营销策略配合使用才能具有较好的效果。科特勒(Philip Kotler)认为品牌延伸是指借助现有品牌已建立起来的质量或形象声誉,将现有品牌名称用于产品线,扩张或推出新的产品类别,期望减少新产品进入市场的风险,以更小成本获得更大市场回报的营销策略。如果新品牌与现有品牌结合使用,那么新品牌称为子品牌,实施品牌延伸的现有品牌称为母品牌;如果母品牌通过品牌延伸已经与多个产品相联系,还可以称为家族品牌。

**2.方式**

传统市场中的品牌延伸主要有两种方式,分别为水平延伸和垂直延伸。水平延伸即跨越产品线的延伸,企业通过借助母品牌或核心品牌的市场影响力推出其他类别的新产品;垂直延伸即在产品线以内变动,如型号、质量、功效上的差别,品牌不变。Sheinin 和 Schmitt (1994)提出品牌延伸有产品类别延伸和产品新概念延伸,Kevin(1998)则认为有产品线延伸和产品系列延伸。学者们在表述上各异,但核心含义一致,都为区别延伸是否跨产品类别。

水平延伸又称横向延伸,是指品牌旗下的产品在档次上并没有发生变化,只是将品牌延伸到新的品类或产品线上,例如夏士莲、立顿、娃哈哈、康师傅等。水平延伸广泛应用于家电和食品行业。水平延伸具体可分为产品线延伸和产品类别延伸:①产品线延伸是指母品牌延伸使用到原产品大类中针对新细分市场开发的新产品,如不同口味、不同成分、不同型号、不同尺寸的新产品,康师傅从红烧牛肉面延伸到海鲜面、香菇炖鸡面、香辣牛肉面等产品,就属于产品线延伸。产品线延伸是品牌延伸的主要形式。②产品类别延伸又称大类延伸、品类延伸,是指母品牌被用来从原产品大类进入另一个不同的产品大类。法国品牌学者卡普菲勒把产品类别延伸又进一步细分为连续性延伸和非连续性延伸。像日本的本田利用"本田"这一品牌推出了汽车、摩托车、铲雪车、除草机、轮机、雪车等,就属于连续性延伸;三菱从重工业延伸到汽车、银行、家电乃至食品,则属于非连续性延伸。

垂直延伸又称纵向延伸,是指将品牌延伸至更高端或更低价层面,例如高露洁、佳洁士、护舒宝、诺基亚等,虽然主打品牌始终处于高端领域,但是也希望在低端有所收获,于是也开始生产低价产品,同样也取得了良好的效果。垂直延伸具体可以分为向下延伸、向上延伸和水平延伸:①向下延伸是指品牌原来用于高档产品,后来延伸使用到低档产品。向下延伸又可以分为两种情况:一种是品牌部分向下延伸,比如茅台是高档白酒品牌,后来延伸推出茅台迎宾酒、茅台小王子等中低档白酒。五粮液也延伸推出中档的五粮春、低档的五粮醇。另一种是品牌全部向下延伸,也叫整体向下延伸,如红旗轿车改为经济型轿车。②向上延伸是指品牌原来用于低档产品,后来延伸使用到高档产品。如20世纪90年代南京护肤品牌"金芭蕾"推出高档产品。企业采用品牌向上延伸的考虑是:高档产品畅销,销售增长快,利润高;企业估计高档产品市场上的竞争者较弱,容易被击败;提升品牌形象;企业想使品牌成为旗下产品种类齐全的强势品牌。③水平延伸即原来定位于中档产品市场的品牌在巩固了市场优势后,向产品线的上、下两个方向同时延伸,品牌既覆盖到高档产品,又覆盖到低档产品。

# 第四节　标准、质量与品牌关系

标准、质量、品牌三者关系密切,标准是质量的依据,质量是标准的结果,而品牌又是质量的体现(杨建东等,2019)。本节将通过阐述标准与质量的关系、质量与品牌的关系,来说明标准、质量与品牌三者之间的关系。只有处理好这三者之间的关系,才能更好地发挥标准、质量与品牌的整体效应。

## 一、标准与质量的关系

### (一)标准是质量评价的依据

GB/T 19000《质量管理体系 基础和术语》对质量的定义是:一组固有特性满足要求的程度。这个"要求"就是"标准"。由此可知,标准是质量的依据,质量的好坏与标准具有直接的关系,评价质量离不开标准,没有标准就无法评价质量的好坏,这就是标准与质量最基本的关系。同一个产品,若用不同的标准去评价,可能得出完全不同的结果。可能由合格变为不合格,也可能由不合格变为合格,一等降为二等,等等。而且,质量的这种变化,必然直接影响生产者和消费者的切身利益。由此可见,标准变化会引起标准相关各方利益的变动,使相关各方的竞争优势发生变化。标准通过对质量的判定与划分来影响生产者与消费者的利益。随着市场经济的不断变化和科学技术的不断发展,标准的有效期越来越短,标准的动态管理显得尤为重要,不断修订适应时代背景的标准显得越来越重要。

### (二)标准是质量提升的保障

标准是为提升质量服务的,通过文件化对企业生产经营活动进行控制,使产品质量达到技术标准的要求。企业要加强管理(包括质量管理),就需要对生产经营过程中的各个环节通过技术标准、管理标准和工作标准的形式为企业管理的全过程提供控制依据,使企业管理有标准可依,实现从人为控制管理向以标准为依据管理的转变。

企业想要依靠产品质量在市场上占有一定地位,就要制定合适的质量建设方针与目标。同时为了实现这一质量目标,企业对设备管理、生产管理、技术管理、物资管理、计量管理都应该制定出相关的设备性能、维修和保养的标准,原材料标准,工艺或者工装标准,生产管理标准和计量标准。只有这样才能确保企业管理运营的有序性和严谨性,从而实现产品质量竞争力的提高。

### (三)质量要求是标准的核心

标准不是人们凭主观意志去制定的,而是以科学研究的成就、技术进步的成果和实践积累的经验结合起来作为基础的。标准必须具有科学性和实践性。标准与科学上的假说、技术上的专利不同,它必须经过实践的检验,取得可信的结论,形成可以作为依据的经验,而这些经验又必须是先进的。作为生产、工作、服务等各项活动的准则和依据的标准,需要明确提出一些应该达到的,并能够运用一定方法进行检验的质量要求,这些质量要求构成了标准的核心(王淑霞,2018)。

## 二、质量与品牌的关系

### (一)质量是构成品牌价值主张的关键要素

根据著名品牌管理大师大卫·艾克(David A. Aaker)的观点,品牌价值主张就是品牌能够为顾客带来什么利益。品牌价值主张中的第一项是带给顾客的功能性利益,其次是情感利益和自我表达利益。显然,功能性利益就是质量所要承担的最大责任,或是质量提供给顾客的最大价值所在。

### (二)消费者对产品质量的感知会受到品牌的影响

许多人认为,顾客对质量的感知是客观的,能够用标准或指标进行准确衡量,并且只与作为"物"的产品有关,而与产品的品牌无关。事实并非如此。品牌的一个强大作用就是能够改变顾客对质量的认知,这种改变伴随着顾客的奇妙心理变化而出现。一般来说,顾客会对名牌产品产生高质量的联想。

### (三)质量是打造品牌的基石

质量历来被视作品牌的生命,产品要开拓市场,最重要的条件是产品的高质量。树立品牌质量在消费者中的信誉,就可以赢得市场,扩大市场份额,企业就可以持续发展。大量成功的企业无不是靠其产品质量的优势而迅速成长壮大起来的。如国外的福特、奔驰,国内的海尔、美的等。

总体而言,标准、质量与品牌三者之间有着天然的密切关系,三者是相互依存、相互影响、相互促进又相互制约的有机整体,任何一个要素的缺乏都会产生"木桶效应"并影响整体水平。标准是质量的依据,质量是标准的结果,标准决定质量,质量决定品牌,品牌是高标准、高质量趋于极致的产物。无论什么样的品牌都要有品牌发展的规划与定位,即要对预期目标的客观特性与主观特性确定一个质量标准,通过标准对客观特性、主观特性与预期目标的一致性进行全过程的控制,对完成预期目标所达到的客观特性与主观特性以标准为依据进行评价,再将评价的结果反馈到全过程,通过不断地修订标准,使品牌持续发挥效应。

## 第二章

# 区域公共品牌含义及其培育概述

　　品牌是否具有竞争力是一个企业能否持续发展的核心要素,而从区域产业发展的角度看,打造区域公共品牌至关重要,尤其是在当前,我国很多产业处于价值链的低端,正在寻找转型升级的方向。作为促进产业转型升级的有效手段,培育和打造区域公共品牌变得尤为重要。本章将重点从区域公共品牌的内涵、分类、培育路径和模式等方面进行系统的梳理。

# 第一节　区域公共品牌内涵

　　区域公共品牌是人们对于一个区域整体、区域产业或产品的积极印象和认知,培育区域公共品牌对一个区域整体和行业的发展有至关重要的作用。本节通过梳理国内外文献,将对区域公共品牌的内涵、培育意义和特点进行介绍。

## 一、区域公共品牌含义

　　西方理论文献中出现了 place branding、country/nation branding、city branding、regional branding、destination branding、geo-branding、location branding、cluster branding、urban branding、community branding 等多种表示"区域公共品牌化"的术语,但以"place branding"的使用频率最高。*Place Branding* 杂志的主编西蒙·安霍尔特(Simon Anholt)提议用"place branding"来表示"区域公共品牌化",他的建议得到国外学术界的一致赞同(Anholt,2004)。对于区域公共品牌的定义,国外比较有代表性的有以下几个。Rainisto(2001)认为,区域公共品牌是一个地区区别于其他地区所特有的魅力和标志,培育区域公共品牌的核心是构建区域公共品牌识别系统。Kavaratais(2005)认为,区域公共品牌是产品和服务的品牌集合体,集功能、情感、关系和战略多要素于一身,其作用于公众的大脑中,进而产生一种独特的联想,区域公共品牌成功的关键是在品牌和消费者之间建立一种联系。Allen(2007)认为,区域公共品牌是公司品牌的扩大化,是代表一个地区形象或特色的产品或服务的品牌。

国内关于区域公共品牌目前有许多不同的说法,如"区域公共品牌""地理品牌""地域品牌""区域产业品牌""区位品牌"等,其内涵大同小异(沈峰等,2015)。目前国内有关区域公共品牌的定义主要有以下三个角度。

### (一)产业集群角度

一部分学者从产业集群的角度对区域公共品牌进行定义,认为区域公共品牌是基于产业的聚集而产生的,是产业集群的一种表现形式。刘娜等(2012)认为,区域公共品牌是产业集群的体现,产业集群对地区的经济发展至关重要,区域公共品牌的价值是由该区域集群产业的产品形象和价值体现。洪文生(2005)认为,区域公共品牌产生于产业集群发展的成熟阶段,代表着一个产业集群产品的整体形象,是集群企业集体行为的综合体现。胡大立等(2006)认为,区域公共品牌是"集群区域公共品牌"的简称,是指以某地域及其内部的优势产业而合作命名的特定地区名称,如"中国瓷都——景德镇"等。李永刚(2005)用"区域产业品牌"替代区域公共品牌,认为区域产业品牌是指由区域特色产业发展形成的市场美誉与影响力,其主体不是单个的企业而是区域内专业化企业集群。徐鹏和赵军(2007)认为,所谓区域公共品牌就是特指某个地区的特色"产业集群",它象征着该产业集群的历史与现状,是区域产业集群的代表;同时,区域公共品牌也是一个识别系统,这个识别系统是由区域(地名)和产业(产品)名称为核心构成的;它在法律上表现为证明商标或集体商标。

### (二)地方名特产角度

另外一些学者认为区域公共品牌的产生是源自于产品的地域属性,是基于当地特色的自然环境而产生的知名品牌。杨建梅等(2005)认为,区域公共品牌是依托不可替代的稀有自然资源发展起来的,特别是以地方农产品和基于特色产品的深加工产品居多。这类品牌的地域属性具有刚性,无法脱离其生存的地域环境。童兵兵和王水嫩(2005)认为,区域公共品牌与当地独特的资源、独特的地理条件、独特的人文环境密切相关,具有极强的地域性。它们以区域传统产业为基础、以地方名特产品为载体、以悠久历史中积淀的文化为内涵,享有广泛的知名度和较高的美誉度,极具商业价值。这种品牌也称为传统区域公共品牌。肖志明(2011)认为,区域公共品牌的载体可以是区域传统产业、地方特色产物、地域文化或景观等。因此,区域公共品牌可以具有极高的美誉度和商业价值。

### (三)地理区域或行政区域的角度

还有些学者从一定的地理或行政区域划分的角度对区域公共品牌进行定义,认为区域公共品牌是某一特定地理或行政区域内的知名品牌。孙宏杰(2002)认为,区域公共品牌是指在某个行政(地理)区域范围内形成的具有相当规模和较强生产能力、较高市场占有率和影响力的产业或产品。张挺等(2005)将区域公共品牌界定为国家、区域、城市等某个地理区域或行政区域的品牌,认为区域公共品牌是受众对某区域,包括城市、地区、国家等核心价值和特色的认知,是该区域与受众关系的载体。韦光(2005)认为,区域公共品牌应该是限定在"某一特定行政(地理)"区域内,基于当地"特色的自然资源和人文资源"而形成的具有一定"知名度、美誉度与市场规模的集体品牌或综合品牌"。熊爱华和邢夏子(2017)认为,区域公共品牌是指在一定的区域范围内,由具有较大规模、较大影响力的,能够提供具有特色的产品或服务的产业集群及其所形成的具有标识作用的名称、符号、形象的综合,区域公共品牌一旦形成,能够给区域增加附加吸引力。贾爱萍(2004)认为,区域公共品牌是地方经济社会发展到一定阶段的必然产物,是某个地理区域范围形成的市场占有率较高、生产力较强和具有一定影响力的产业或产品。

根据现有区域公共品牌的定义,本文认为区域公共品牌是指人们对一个区域整体、区域产业、区域产品形成的积极印象、认知及其评价,品牌往往由区域内政府、行业协会、社会团体和重要企事业单位等主导创立、建设和维护,由区域内的多家企业、组织或者个人等共享,具有公共品性质。

## 二、区域公共品牌培育意义

发展和培育区域公共品牌不仅可以给区域内的产品、产业和企业带来很多益处,还能促进区域自身的发展,通过对已有文献的梳理,培育区域公共品牌的意义主要体现为以下四点。

第一,区域公共品牌创建了区域内企业的公共形象。随着区域公共品牌的发展,区域内的产品和服务的品牌形象、价值可以得到相应提升,区域内所有企业都从中受益,可以起到传播信息、创造市场需求、树立消费者信心的作用。

第二,区域公共品牌减少了区域内企业获得强势品牌的成本。目前我国的中小企业数量众多,但是对大多数中小企业来讲,即使企业有心做大做强自己的品牌,也没有足够的实力去支付品牌建立及推广所需的高昂成本。而区域公共品牌是区域内同行业企业共同努力打造的,在品牌宣传、推广、促销上以区域为主体进行运作,区域内该行业所有企业共同分担品牌运作成本,大大减轻了每个企业在品牌运营上的资金负担。

第三,区域公共品牌使区域内企业获得协同效应并形成共同进化机制。区域公共品牌的建立本质上是建立一种良好的制度环境,它能促使企业间不断深化分工,加强合作和创新,获得经济上的协同效应,促进企业集群的共同进化。

第四,区域公共品牌相较于单个企业品牌,生命力更强,影响力更大,能更好地促进地区经济发展。区域内的某个企业可能因为经营不善而倒闭,企业品牌可能因此从市场上消失,但区域公共品牌一经建立,在消费者中有了良好的口碑,它的强大市场生命力是单个企业品牌无法比拟的。比如温州"中国鞋都"的区域公共品牌,显示着该区域在鞋业生产上具有非常强的优势,在经销商和消费者心目中温州鞋不仅质量信得过,而且品种多、式样新、性价比高。比起单个企业品牌,中国鞋都的区域公共品牌提升了温州鞋业的整体形象,对地方经济有更好的推动作用（武跃丽，2005；侯可，2007）。

### 三、区域公共品牌特点

区域公共品牌具有一定的先进性，这种先进性是由区域公共品牌的特点决定的，区域公共品牌的特点主要表现为以下几点。

第一，区域性。无论哪一种区域公共品牌，都具有区域性特征。品牌均源于特定地理区域，产于特定地理区域，限于特定地理区域，回馈于特定地理区域，对区域经济的发展产生整合价值，区域公共品牌对区域的影响，超越了单个企业产品品牌的单一力量（张光宇，吴程彧，2005；胡晓云等，2019；孙丽辉，2007；胡大立等，2005）。

第二，品牌效应。区域公共品牌是某地域的企业品牌、产业品牌集体行为的综合体现，往往代表着一个地方产业或产品的形象，对本地区的经济发展有重要的作用，拥有品牌的一般内涵（张光宇，吴程彧，2005，胡大立等，2005；孙丽辉，2007）。

第三，产业特性。产业基础构成了区域公共品牌的基本内容。区域内特定产业或产品所具有的生产规模、市场覆盖面、技术和质量水平、产业内部分工合作程度等所体现的实力水平与区域公共品牌的影响力成同向关系（胡大立等，2005；孙丽辉，2007）。

第四，公共性。其一，资源公共性。无论哪一种区域公共品牌，其依赖的区域自然与社会文化资源禀赋，都具有公共性特征，是区域内组织与个人共享的资源。其二，区域公共性。区域公共品牌的根本属性是区域公共性，区域公共性决定了区域公共品牌的共有、共用、共创和共享性（孙丽辉，2007；胡晓云等，2019）。

第五，累积性。区域公共品牌的形成一般需要经过几年、几十年甚至上百年的历练和沉淀。区域公共品牌的发展壮大也是区域文化的沉淀和历史传统的累积过程，并且区域公共品牌的建设是一个长期动态的过程，不是一蹴而就，一成不变的（沈峰等，2015）。

# 第二节　区域公共品牌分类

区域公共品牌发展至今种类繁多，人们在日常生活中会接触到各式各样的区域公共品牌，比如景德镇瓷器、新疆哈密瓜、西湖龙井等，根据不同的分类方法可以将它们归类为不同种类的区域公共品牌。梳理相关文献和资料，本节将重点从不同的角度对各种区域公共品牌进行分类。

## 一、从区域公共品牌产生的根源角度

从区域公共品牌产生的根源角度,吕涛(2005)等将区域公共品牌分为历史传统型区域公共品牌、地理优势型区域公共品牌和产业集群型区域公共品牌。历史悠久形成的区域公共品牌,如景德镇陶瓷(见图2-1)、苏州刺绣(见图2-2)等,这类区域公共品牌的形成,主要是因为这些产品在生产的地区有悠久的历史,属于老字号产品,经过长久的传播效应,具有较高的知名度、美誉度;也有些区域公共品牌的形成在于其独特的地理或气候优势,这类区域公共品牌多是农产品,如新疆哈密瓜(见图2-3)、西湖龙井茶(见图2-4)、烟台苹果等;随着市场竞争的激烈和科学技术的进步,历史悠久、地理优势已不再是区域公共品牌形成的必要条件。现在更多的是基于产业集群形成的区域公共品牌,如浙江温州瑞安的低压电器、绍兴嵊州的领带、嘉兴桐乡的羊毛衫等。

图2-1　景德镇瓷器

图2-2　苏州刺绣

图2-3　新疆哈密瓜

图2-4　西湖龙井

## 二、从区域公共品牌的形成机理角度

从区域公共品牌的形成机理角度,岳薇等(2014)将区域公共品牌分为资源性品牌(或原产地品牌)、依托独特技术工艺的品牌和依托产业集群实现相关产业资源聚集发展起来的品牌。资源性品牌的地域属性具有刚性,无法脱离其生存的地域环境,如西湖龙井;依托独特技术工艺的品牌随着技术的扩散和流传,逐步发展成为一种特色产品的代称,如北京烤鸭等;依托产业集群实现相关产业资源聚集发展起来的品牌,如狮岭皮具、古镇灯饰等。

### 三、从区域公共品牌的生成角度

从区域公共品牌的生成角度,李永刚(2005)将区域公共品牌分为企业品牌转化型、自发生成型和抽象型(无企业登记或商标注册)三类。由企业品牌转化而来的区域公共品牌通常出现在有主导企业、呈轮轴型结构的地方产业集群中。温州"正泰电器"正是此类区域公共品牌的典型。它由温州正泰电器公司注册管理,并且有八百多家中小电器公司以加入"品牌俱乐部"形式共享这一品牌资源。具有企业品牌的形式但并没有任何企业作为品牌主体的区域产业品牌是自发生成型区域公共品牌,温州苍南"乡吧佬"食品是这一类品牌的代表。这一类区域公共品牌与前一类区域产业品牌的区别是没有一个特定企业作为品牌主体,承担品牌建设、维护、推广的职能并占有品牌效应带来的市场收益,因此,它是一种完全自发演变形成的区域公共品牌。大量的区域公共品牌属于第三类既无主导企业也没有进行工商注册登记的抽象品牌,如义乌小商品、嵊州领带。这一类区域公共品牌虽然没正规登记注册也没有可见的商标符码,但它的市场功能与前两种区域公共品牌及企业品牌的功能几乎是相同的。

### 四、从区域公共品牌的组织结构角度

从区域公共品牌的组织结构角度,孟韬(2006)将区域公共品牌分为垂直型集群品牌和水平型集群品牌。以大企业为轴心、众多中小企业集聚在其周围,为其做配套生产或服务或发展相关产业,可以称为垂直型产业集群,由此形成的品牌则是垂直型集群品牌。如温州乐清低压电器产业集群品牌,以正泰、德力西、天正等大企业为轴心,近千家小企业集聚在周围。不存在明显的垂直分工,以中小企业组成的网状结构的产业集群,可称为水平型产业集群,由此形成的品牌则是水平型集群品牌。如义乌小商品集群品牌、嵊州领带制造集群品牌、中关村电子信息集群品牌等。

### 五、从区域公共品牌涵盖的范畴角度

从区域公共品牌涵盖的范畴角度,区域公共品牌可以分为区域单一产品品牌、区域单一产业品牌、区域多产业品牌和区域整体品牌四类。

区域单一产品品牌基于特定地理区域范畴之内,以特定区域内特定的环境、物种等自然资源与文化或工艺特色等人文因素为基础,形成的单一产品品类的区域公共品牌。区域单一产品品牌一般以"产地名称+产品品类名称"进行品牌命名,如烟台苹果、西湖龙井等。

区域单一产业品牌是指基于特定地理区域范畴之内,以特定区域内的产业集聚为基本前提,以特定区域内的产业集群为基准形成的区域公共品牌。该品牌大多以"区域名称+产业类别名称"命名,如"永康五金""广东陶瓷"等。

区域多产业品牌是指基于特定地理区域范畴之内,以区域内的自然资源、人文因素、产业、产品、生产经营者综合划分为基准所形成的涵盖多个产业的区域公共品牌,如"丽水山

耕"区域公共品牌(见图2-5),这是属于丽水市特定地域范畴内,基于丽水特定区域文化或工艺特色,以丽水农业全产业、全品类,丽水市区域内相关生产经营者为生产主体的区域公共品牌。

图2-5 丽水山耕商标

区域整体品牌是指位于特定地理区域范畴之内,以行政区为划分基准的区域公共品牌。该品牌基本上以区域名称为主进行命名。品牌运营决策者及主体多为政府,由政府为核心及主导力量,协同各种社会力量(包括学者、媒体、产业等)进行品牌建设。此类区域公共品牌的品牌类型包括国家品牌、城市品牌、县域品牌、乡镇品牌(特色小镇)、乡村品牌(新农村品牌)等(胡晓云等,2019)。

### 六、从区域公共品牌是否注册角度

从区域公共品牌是否注册角度,区域公共品牌可以分为注册和未注册的区域公共品牌两类。其中,注册了知识产权的又分为:地理标志保护形式、包含地理名称的集体商标保护形式、原产地证明商标保护形式和著作权保护形式四种。

地理标志是指标示某商品来源于某地区,该商品的特定质量、信誉或者其他特征主要由该地区的自然因素或者人文因素所决定的标志。常见的地理标志产品有:安溪铁观音、烟台苹果(见图2-6)、五常大米等。集体商标是指以团体、协会或者其他组织名义注册,供该组织成员在商事活动中使用,以表明使用者在该组织中的成员资格的标志。包含地理名称的集体商标有:沙县小吃(见图2-7),申请机构是沙县小吃同业公会;镇江香醋(见图2-8),申请机构是镇江市醋业协会。不包含地理名称的

图2-6 烟台苹果地理标志证明商标

集体商标有新华书店,申请机构是中国新华书店协会。其中,含地理名称的集体商标属于区域公共品牌。证明商标是指由对某种商品或服务具有检测和监督能力的组织所控制,而由其以外的单位或个人使用于其商品或服务,用以证明该商品或服务的原产地、原料、制造方法、质量或其他特定品质的标志。证明商标有两种类型:①原产地证明商标:证明商品或服务本身出自某原产地,是一种地理标志,例如,绍兴黄酒(见图2-9),申请机构是绍兴市黄酒行业协会;西湖龙井,申请机构是杭州市西湖区龙井茶产业协会。②品质证明商标:是证明商品或服务具有某种特定品质的标志,例如,绿色

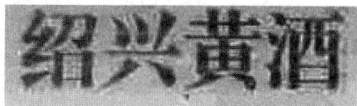

图2-7 沙县小吃地理标志  　图2-8 镇江香醋地理标志  　图2-9 绍兴黄酒地理标志

食品,申请机构是中国绿色食品发展中心。证明商标中的原产地证明商标,实际上就是地理标志,属于区域公共品牌(武改清,2017)。关于著作权保护形式,例如,"品字标浙江制造"区域公共品牌标识,是由浙江省市场监督管理局申请并获得了著作权,通过该知识产权对"品字标浙江制造"区域公共品牌进行保护。

未注册的区域公共品牌,是没有获得知识产权保护形成的区域公共品牌,但在百姓心目中已经形成了一定的影响力,虽然没有法律的保护但也属于区域公共品牌的一种,比如浙江温州的鞋业、嵊州的厨电集成灶。

# 第三节  区域公共品牌培育

区域公共品牌的打造不仅需要对区域公共品牌进行清晰的定位,选择合适的培育路径,而且还要选择适当的培育模式,在打造的过程中还需考虑影响区域公共品牌持续发展的因素,以推动区域公共品牌的长久发展。本节将从区域公共品牌的培育路径、培育模式和影响因素三个方面介绍如何打造区域公共品牌。

## 一、区域公共品牌培育路径

区域公共品牌的主体包括政府、企业和行业协会等,在区域公共品牌发展过程中,由于各阶段的区域经济发展水平不同,各主体的参与程度也不尽相同,因此对不同阶段创建区域公共品牌实施路径的选择重点也有所侧重(吴水龙等,2010)。区域公共品牌的培育路径主要有以下四种。

路径一:通过提升某一特色产品(服务)的影响力,打造和培育区域公共品牌。在创建区域公共品牌的过程中突出区域的某种产品或服务,通过提升区域的特色产品或特有服务形成区域公共品牌。"区域单一产品品牌"主要就是这种创建路径。这种培育路径的主导者一般是政府或行业协会。创建区域产品(服务)品牌的首要环节是挖掘区域特色,发现区域的比较优势,找到区域核心竞争力的源泉。区域特色一般包括区域特有的自然资源、特色工艺、历史人物、重大事件、历史遗产、特色产品、文化资源等,如西湖龙井、安溪铁观音、乐山大佛等。

路径二:通过优先支持部分优势企业的发展,打造和培育区域公共品牌。在创建区域公共品牌的过程中,政府大力支持区域内某个或某些企业的发展,区域内其他中小企业围绕这些大企业进行生产、供应和销售,形成完整的产业链。随着这些公司在国内外市场声誉的提高,区域整体知名度也得到提升。

路径三:通过提升区域产业集群的影响力,打造和培育区域公共品牌。以一个或多个产业为依托逐步形成一些规模较大的产业集群,集群内企业专业化分工明确,协同发展,产业集群在市场的影响力不断提升,进而提升区域的影响力,形成基于产业的区域公共品牌。

路径四:创建区域整体品牌。通常以区域的历史文化等为依托,将整体区域作为一个品牌进行经营,凝练区域显著特点,塑造区域独特的形象认知,形成"区域整体品牌"。整体品牌形象要具有差别性,能够凸显区域优势,进而为该区域带来商机,带动区域经济社会发展。

## 二、区域公共品牌培育模式

区域公共品牌培育既要有良好的区域形象做基础,又必须借助区域营销来提升区域产业形象,扩大区域产品、企业和产业的影响力。在区域公共品牌不同培育主体的作用下,发展产业集群、开展区域公共品牌营销是区域公共品牌培育的主要培育模式(赵占恒,2009)。区域公共品牌培育模式主要可以划分为以下三种。

### (一)政府主导型培育模式

政府主导型培育模式是以政府为主导进行区域公共品牌培育,一般是因为当地的企业或行业协会的规模和实力不够,由政府牵头进行区域公共品牌的培育。肖阳和谢远勇(2010)从产业集群视角提出政府引导下的项目拉动培育模式,主要由当地政府力量引导,吸引产业重大投资项目。如各地政府推动的工业园,一般由行政力量划定特别的地域,吸引在该行业的领导者企业和大企业进入该区域,引来一批配套企业,形成一定的产业链。吴水龙等(2010)认为,相对于企业和行业协会而言,政府在创建区域公共品牌的过程中具有领先意识和强势能力,成功创建区域公共品牌依赖政府在各方面引导和拉动区域内其他利益相关者,称为政府为主导的"拉式"培育模式(见图2-10)。赵占恒(2009)认为政府经营管理型区域公共品牌培育模式是在区域竞争优势尚不能充分发挥的情况下,政府借助企业化的经营方法,通过制定区域公共品牌发展战略,整合区域内产业资源,合理定位区域产业优势,设立专门机构进行区域公共品牌商标的注册、申请、管理和传播等,打造区域公共品牌,借助区域公共品牌带动区域产业的发展,逐渐形成一批知名企业和知名产品。吕寒和胡慧源(2012)从文化遗产的区域公共品牌角度认为政府主导培育模式强调借助政府行政手段,以政府规划文本的形式对区域内文化遗产资源整合进行规范指导,提出文化遗产区域公共品牌的发展思路与发展措施,并在相关部门设立专门职能机构,负责对区域公共品牌相关工作的管理。

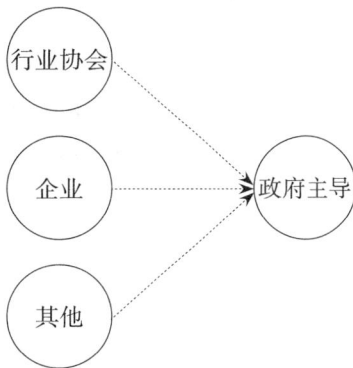

图2-10 政府为主导的"拉式"培育模式

### (二)以企业为主体的培育模式

在区域经济发达的地区,企业的规模足够大、实力足够强,在这种情况下更多是由企业为主体开展区域公共品牌培育。吴水龙等（2010）提出少数大企业具有领先的区域公共品牌创建意识，同时具备带动区域内企业创建区域公共品牌的实力，区域内的其他中小企业围绕大企业展开经营活动，政府、行业协会等在"外围"进行支持，形成以企业为主体的"轮轴式"培育模式（见图2-11）。肖阳和谢远勇（2010）提出以中小企业为主体的市场自主发育模式，认为区域经济范围内出现的在全国有影响力的大型专业化市场，通过市场的辐射效果，吸引生产企业在该地域集聚，形成产业集群从而在市场中树立区域形象品牌。如浙江的义乌小商品产业、永康五金、温州打火机，福建南安石材和水暖器材等。赵占恒（2009）认为中小企业集群发展型区域公共品牌培育模式，是在实践过程中较为常见的一种模式。它主要是指区域内由于某种资源优势导致同一产业中大量的中小企业集聚，为了避免区域内各企业的相互竞争，充分发挥企业间的协同合作，增加区域优势产业在国内外的影响力和竞争力，通过集结区域内企业的整体力量，创建区域公共品牌，借助区域公共品牌来推动区域产业的进一步发展，增加区域的影响力。

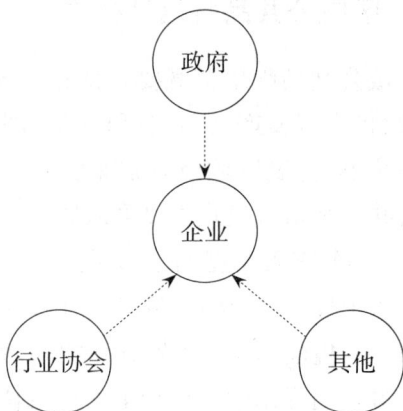

图2-11　企业为主体的"轮轴式"培育模式

### （三）以行业协会为主导的培育模式

区域经济高度发达阶段，行业协会运作成熟，可以以行业协会为主导进行区域公共品牌的创建和管理。区域内主体都充分认同区域公共品牌的重要性，且都具有很强的区域公共品牌意识，大家愿意共同主动地推动区域公共品牌的发展，在这其中行业协会扮演着最主要的角色，这种模式称为行业协会为主导的"推式"培育模式（见图2-12）（吴水龙等，2010）。

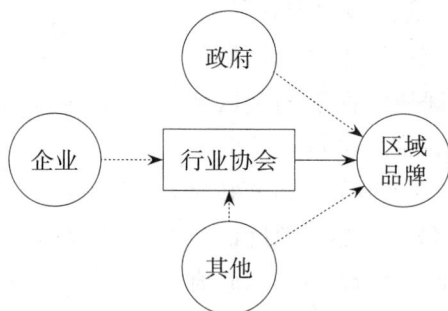

图2-12　行业协会为主导的"推式"培育模式

## 三、区域公共品牌发展影响因素

区域公共品牌的打造，不仅要选择适合的路径和合适的培育模式，同时要兼顾影响区域公共品牌发展的诸多因素,通过对已有文献的梳理,影响区域公共品牌发展的因素主要有以下几个。

（一）自然资源

得天独厚的自然资源是区域公共品牌发展的有利条件,不同的自然条件培育出各具特色的区域公共品牌。沈峰等(2015)认为,很多区域公共品牌都是依托自然资源的优势形成的。特定的自然资源培育了独特的地方性产业集群,也孕育了具有特色的区域公共品牌,这样的区域公共品牌与其特殊的地域环境密不可分,具有浓郁的地域属性。王爱红(2009)从农产品区域公共品牌的角度提出自己的看法,认为我国地域辽阔,自然条件的差异使农产品区域公共品牌的品种和品质产生巨大的差异。以资源为依托,发挥地域优势,形成名优传统农产品区域公共品牌,成为农产品品牌营销的重要支撑,因此她认为自然条件是影响农产品区域公共品牌发展的重要因素。

（二）创新能力

创新能力是推动一个品牌持续发展的有效动力,区域公共品牌的持续发展离不开创新能力。实施科技创新、加强研究开发是推动区域公共品牌发展的首要措施(奚国泉等,2001)。沈峰等(2015)认为区域内部的创新能力和创新氛围直接影响着区域公共品牌的进一步提升。一方面,满足甚至引领产品需求是区域公共品牌成长的前提,产品是消费者和品牌之间的关系纽带,只有不断生产出满足消费者需求的产品,才能维系消费者对品牌的情感。因此,必须提高创新能力,不断研发生产出新产品,满足消费者不断变化的需求,持续提升区域公共品牌的影响力。盛亚军和张沈清(2009)从产业集群的角度,提出产业集群创新优势是指产业集群内部各成员之间,以某种或某些特征为联结的正式或非正式合作,由此形成的要素之间相互传递而获得的优势。创新优势促进产业集群企业集体联合创新,降低了创新的风险和成本,提高了创新的效率和成功率,促进产业集群创新高速化和新产品乘数增加,以领先的工艺和技术获得消费者的认知,从而有利于提高区域产品的知名度和美誉度,扩大市场份额,促进区域公共品牌的发展。

（三）营销手段

好的营销手段能够给品牌带来持续的活力,区域公共品牌作为一种特殊的品牌也需要好的营销手段来推动其持续发展。盛亚军和张沈清(2009)认为,产业集群的营销优势是指集群内企业由于地理位置相对集中,共享区域内营销资源和信息,从而在营销效率和市场声誉方面所获得的优势。营销优势推动区域产业产品形象在相关行业迅速传播,并转化为市场优势,最终推动区域公共品牌的发展。沈鹏熠(2011)认为,营销渠道的丰富扩大了区域公共品牌的市场空间和影响力,加强区域公共品牌的营销推广和宣传,有利于提升其品牌知名度和影响力,使品牌获得消费者的信任和青睐,有利于区域公共品牌的持续发展。

（四）产业优势

大量相同、相近、相关产业的区域集中是区域公共品牌形成的依托,它通过产业集群的自我强化效应,逐渐支撑起富有影响力的区域公共品牌。产业链上的企业根据自身产品的特点开发依托产地的自有品牌,可减少自有品牌推广费用,发挥产地品牌的带动效应,对于新品牌入市有很好的辐射作用(黄蕾,2009)。由此可见,产业优势是区域公共品牌发展的影响因素。孙丽辉(2007)研究温州区域公共品牌的形成过程时,发现温州区域公共品牌的形成与产业集群的发展阶段有着十分密切的联系,是产业集群发展到高级阶段的结果。产业集群为集群企业带来了单个游离企业所不具备的产业竞争优势,从而有利于名牌产品或企业的发展,进而为区域公共品牌的发展奠定基础。

(五)区域文化

区域公共品牌的成长需要文化的支撑,没有文化内涵的区域公共品牌不可能长远发展。很多区域公共品牌的形成就是缘于悠久的历史人文优势,产品因其悠久的生产历史、独特的工艺制造流程,在历经历史的文化沉淀与传播后具有了较高的知名度和美誉度。赋予区域公共品牌以文化内涵,可以与消费者在情感上产生共鸣,使消费者产生品牌忠诚度,从而提高区域内产品或服务的附加值,促进区域公共品牌价值的提升(沈峰等,2015)。中华美食北京烤鸭就是一个负载浓郁地域文化的区域产业品牌的代表。北京烤鸭作为北京食文化的典型代表,乃至传统中华美食的招牌,已成为大家公认的地理标志性产品,其区域公共品牌的孕育深受政治人物、当地民俗、历史传承等多种人文因素的影响。历代众多名人的偏爱使北京烤鸭成为宴请外宾的佳肴,声名远播;烤鸭饮食的习俗为北京烤鸭盛行于当地民间提供了条件;以北京鸭为原料,独特的烤制手艺、现场刀工献艺、考究的吃法让品尝北京烤鸭成为艺术享受。这些因素造就了区域公共品牌——北京烤鸭享誉中外。

(六)法律保护

区域公共品牌的法律保护是对区域公共品牌进行注册,使得区域公共品牌在法律上得到确认和保护。由于"搭便车""公地悲剧"等风险的存在,进行法律确认与保护能确保区域公共品牌存活下来并进一步发展壮大。反之,则可能会对区域公共品牌建设与发展带来负面影响(沈峰等,2015)。例如,"金华火腿"商标权的长期纷争是导致"金华火腿"品牌危机的直接原因。1979年,"金华火腿"被注册为商标,目前归属于浙江省金华火腿有限公司。由于"金华火腿"被企业注册,许多企业不能随便使用"金华火腿"商标,因此产生了许多矛盾。为解决商标使用这一矛盾,2007年,金华火腿证明商标保护委员会办公室申请注册了"金华市金华火腿"证明商标,这个证明商标被核准后,在满足地域范围、生产工艺、原材料的特定要求条件下,区域内的火腿生产企业可以共同使用该商标,"金华火腿"和"金华市金华火腿"商标的共存,对于"金华火腿"这一区域公共品牌的建设其实是不利的。

# 第四节 区域公共品牌与转型升级

打造区域公共品牌具有重要的现实意义。随着中国经济进入新常态,高品质产品的供给能力无法满足不断提升的消费需求,导致需求外溢,工业增长速度下降,这使得转型升级成为我国当前制造业企业发展面临的关键问题(高树东,2019)。而区域公共品牌的打造能通过提升产品质量,促进制造业转型升级。本节将通过介绍转型升级的内涵和路径,进一步强调区域公共品牌建设的重要意义。

## 一、转型升级的内涵

20世纪90年代,Gereffi(1990)比较正式地提出转型升级的概念,即企业将创新资源和技术在更具获利能力的业务领域重新分配的过程。黄晓敏(2019)从企业业务层面的转型升级出发,提出企业转型升级的关键是对企业增量知识的创新运用,最终实现可持续发展。随后学者们又进一步从企业转型和企业升级两个方面进行阐述,关于企业转型内涵,吴小节等(2020)综合以前研究提出,企业转型的实质是为了提升核心竞争力,企业从一种状态到另一种状态的改变,包括企业所在行业或领域的转变,商业模式或治理结构的优化两方面。对于企业升级,Humphrey和Schmitz(2000)将企业升级描述为企业有效融合已有技术和市场能力,从而提升竞争能力或跨入高附加值的生产领域的过程;Poon(2004)提出在企业升级的过程中,企业由从事密集型且价值低的生产活动转向从事具有高价值的生产活动。总的来说,企业转型包括企业所在行业或领域的转变、商业模式或治理结构的优化两个方面。企业升级则更强调转型行为产生的后果,具体是指产品附加值增加的过程,同时伴随企业在产品价值链位置上的提升。

## 二、转型升级的路径

制造业转型升级有多种路径,当前文献主要提出了六种:由传统制造向智能制造转型;由设备制造商向综合服务商和解决方案商转型;打造区域公共品牌;由单一工厂向全球供应链转型;实施兼并收购和合资合作;打造创新型工业互联网平台。

（一）传统制造向智能制造转型

这一路径主要是指企业通过生产过程中数字技术的应用,生产高质量的产品,实现转型升级。赵玉林和裴承晨(2019)通过实证研究提出,通过加强制造业与信息产业共性技术研发,推进制造业与信息产业深化融合,适应消费者不断变化的多样化需求,生产适销对路的高质量、融合型产品,能促进我国制造业转型升级;霍媛媛(2019)提出在当前时代背景下,企业转型升级要凭借大数据驱动,企业要从大数据的管理、研发、应用三方面发力,推动企业创新和大数据技术协同发展。在大数据技术支持下,企业还可以利用传感技术、自动化技术等增强产品生产的智能性、网络性,将传统制造业和高端服务业融合在一起实现转型升级。

### (二)设备制造商向综合服务商和解决方案商转型

这一路径是指企业通过转变商业模式,实现服务化转型升级。杨蕙馨等(2020)提出,企业通过促使制造业服务化,一方面向产品嵌入服务要素提升产品价值,另一方面通过服务增强产品特色,构建企业差异化优势,实现制造业企业绩效和国际竞争力的提高。李靖华等(2019)对杭州杭氧股份有限公司制造业转型升级路径进行了探索性案例研究,发现杭氧先是在装配制造业提供服务,而后在流程制造业也提供了服务,通过跨行业的服务化实现了与客户的价值共创。

### (三)打造区域公共品牌

这一路径指的是区域企业通过提升产品质量形象,促进制造业转型升级。赖建红(2019)总结了安吉茶产业转型升级的经验,正是通过文化挖掘、茶事宣传等区域白茶品牌的培育手段推动了集群企业的转型升级。石建勋和王盼盼(2017)提出,实现制造业的转型升级,就要加强对中国制造业品牌的扶持,通过采取切实有效的政策扶持、管理机制积极打造自主品牌,提升品牌影响力是实现转型升级的关键环节。熊励和郑慧娴(2020)从提升品牌核心竞争力这一转型升级路径出发,证明了技术创新、文化创新和制度创新三个要素的协同,能够提升制造业转型升级的效率。

### (四)其他路径

另外三条路径分别从产业链、资本、技术创新的角度,促使企业实现转型升级。由单一工厂向全球供应链转型这一路径,是指企业通过整合全球资源,形成核心竞争力。余东华和田双(2019)通过对13个制造业行业嵌入全球价值链后的转型升级状况的实证研究,发现嵌入全球价值链总体上能够推动中国制造业转型升级。兼并收购这一路径是指企业借助资本的力量,促进产业结构调整。杨政银和杨博(2019)提出,我国汽车零部件企业通过跨国并购,可以打通融入国际配套体系、接近核心技术资源、实现全球市场扩张和全球化高端人才培养的便捷通道,为企业成功转型升级找到新支点。打造创新型工业互联网平台这一路径,指的是企业通过打造创新型工业互联网平台,实现企业创新。例如,安川电机建立了互联网平台,通过对机床、机器人等设备数据的深层次分析,减少了客户核心设备的停机时间,实现了企业的数字化服务转型(高树东,2019)。

# 第三章

# 典型国家打造区域公共品牌经验

提升产品质量是打造区域公共品牌的重要途径之一,消费者通过企业提供的产品和服务质量形成消费者感知,进而促进品牌知名度的提升。《中国制造2025》中将"加强质量和品牌建设"作为九大战略任务之一。因此,加强质量提升与品牌发展,扩大有效供给,将是我国制造业面临的新使命(林忠钦等,2017)。在这样的新形势下,建设质量强国,打造国际品牌已迫在眉睫。与德国、日本等发达国家相比,我国在知名品牌数量及影响力上仍存在较大差距,因此借鉴发达国家的实践经验有助于推动我国制造业质量和品牌的建设。本章将主要介绍几个典型国家在质量及品牌建设上的发展概况,深入剖析这些国家在打造区域公共品牌过程中的做法与经验。

# 第一节　重塑品牌形象的德国制造

德国制造是德国一张响亮的名片,大到汽车,小到一颗螺丝钉,其产品和服务的高质量受到世界消费者的广泛认可(阿盖什·约瑟夫,2016)。虽然德国的工业化进程开始较晚,英国、法国完成工业革命时,德国还是个农业国,德国制造也曾被打上假冒伪劣的标签,但在短短几十年内,德国制造业完成了从崛起到世界领先的蜕变,至今依旧是世界制造业的楷模。

## 一、德国制造的质量之路

以高品质著称的德国制造一开始也是以"山寨"起家,更是一度被贴上"低价""劣质"等商标。张继宏(2016)指出,1871年统一初期的德国百废待兴,德国人向英法"偷师学艺",想用廉价的山寨产品获得利润。但这条"捷径"并不能带领德国产品走向成功,1886年,"谢菲尔德"丑闻曝光,德国产品陷入困局。1887年8月23日,英国议会通过了侮辱性的《商标法》条款,规定所有从德国进口的产品都须注明"Made in Germany",以此将劣质的德国货与优质的英国产品区分开来,这也使德国制造成了假冒伪劣的代名词。

德国制造商在反思的过程中领悟到高质量比廉价的商品更具有竞争力和市场。伴随着第二次工业革命,德国工业迎来了飞速发展的时期,把英国远远甩在了后面,德国很快进入世界制造业强国第一阵营。一大批德国品牌站了起来,奋起直追的德国制造让英国人刮目相看,英国的罗斯伯里伯爵表示:"德国让我感到恐惧,德国人把所有的一切……做成绝对的完美。我们超过德国了吗?刚好相反,我们落后了。"20世纪50年代,随着德国"以质量推动品牌建设,以品牌助推产品出口"国策的实施,制造业在第二次世界大战后迅速崛起(徐建华,2014)。徐百柯(2012)认为,德国制造一百多年的历史就是一个励志故事,与穷小子在打拼之后成为亿万富翁、灰姑娘变身公主的童话一样。德国人用自己的实际行动打赢了这场没有硝烟的战斗,将曾经被英国人嫌弃的"山寨货"一跃变为市场上的"抢手货",曾经令德国蒙羞的"Made in Germany"蜕变为高品质的代名词。

进入21世纪之后,德国针对自身特点率先提出了"工业4.0"战略,在世界上又掀起了一波德国制造的热潮。孟凡达(2018)认为,"工业4.0"概念的率先提出,引领了全球高端制造业的发展方向,是德国争夺全球制造业战略高地的关键一招。继"工业4.0"战略之后,2019年11月29日,德国《国家工业战略2030》正式发布,旨在有针对性地扶持重点工业领域,提高工业产值,保证德国工业在欧洲乃至全球的竞争力。根据该战略,德国计划到2030年将工业增加值占国内生产总值的比例增至25%(孙浩林,2020)。《国家工业战略2030》为德国有效应对不断增加的技术和政策挑战提供了战略指引。

## 二、一丝不苟的质量文化打造德国制造

质量文化是一个国家质量发展的内在精神力量。菲利普·克劳契维茨这样评价德国人的质量观:"作为消费者,德国人对需求提出了最高标准;作为制造商,他们自己组织生产,开设公司来满足这种高标准的需求"(陈润,2017)。德国制造能以高质量闻名于世,质量文化在其中发挥了巨大的作用。

德国企业的快速崛起与日耳曼民族特有的民族精神密不可分。日耳曼民族讲求理性、敬业守责、诚实守信。在这样的民族精神指引下,德国企业家秉持着务实、乐观、努力、审慎和强烈的社会责任感等优良传统(陈润,2017)。崔新健和王巾英(2005)指出,对于质量问题,德国人以追求产品导向为目的而不是市场导向,他们将产品质量作为企业生存的至高法则,认为"高品质的产品和服务比投机行为创造的财富更有价值""质量意味着产品的生命,任何品牌都是以它的质量为基础的"。张风梅和周延(2012)发现,质量问题在德国人眼中已经上升到了道德层面,他们把产品的质量与人的素质挂钩,坚信"人的质量是一切产品质量的基础""任何产品都是人生产出来的,从某种意义上讲,产品质量所涉及的问题,往往不是

技术问题,而是责任心的问题"。就是这样"一板一眼"的德国人打造出了世界上质量最过硬的产品,创造了"宝马""博世""西门子"等多个享誉世界的品牌。

"千工易遇、一匠难求",高素质的工匠是德国制造业发展之本。在德国,工匠精神已经深入德国人的骨髓,他们对自己的产品精雕细琢、细细打磨,力图实现品质从99%到99.99%的跨越。德国人在一切领域中奉行的原则就是"要么最好,要么没有"。在德国360万家企业中,有92%都是由家族经营,其中837家企业拥有200年以上的历史(杨乔雅,2017)。这些百年老店不盲目求快、不浮不怠,不少企业穷其一代甚至数代打造自身品牌,成为各自行业中的翘楚。正是这种百年磨一剑的工匠精神,"德国制造"这块金字招牌才能屹立百年而不倒。德国工匠精神历经百年的传承和发扬,其内涵得到不断丰富和外延,张继宏(2016)认为,德国工匠精神具体体现为"完美主义、标准主义、专注主义和信用主义"。杨乔雅(2017)也提出,德国工匠精神的内涵包括坚持、专注、严谨和创造四个方面。

### 三、完善的标准管理制度和公共科研体系

产品质量的提升仅依靠企业自身是远远不够的,政府制度体系的支持为德国质量和品牌建设提供了全面的制度保障,营造了良好的大环境。通过严格的标准管理制度、成熟的公共科研体系等途径,德国制造得以不断发展,在国际上保持领先地位。

严格的标准管理制度是德国制造成功的重要战略工具。德国标准化学会(DIN)是德国的标准化主管机构,主要任务就是与客户紧密合作并制定基于共识的满足市场需求的标准,其中学会与国际相关的标准化工作占到了大约90%(阿盖什·约瑟夫,2016)。DIN制定的标准覆盖了几乎所有的工业领域,以此来保证优质的产品品质和稳定的产品性能。郭政(2013)提出,建立标准化的技术体系排在德国"工业4.0"战略八个领域重点任务的第一位,由此可见德国将标准放到引领产业发展、关系国计民生的高度上。在标准建设的基础上,认证组织也在产品和品牌建设中起到了至关重要的作用。林雪萍和张耀文(2020)指出,德国认证机构的数量不多且认证体系的监管十分严格。德国商品标志协会有限公司(DGWK)、德国技术监督协会(TüV)、德国技术监督基金会(The Stiftung Warentest)等认证组织为维护产品和服务质量规范保驾护航。

成熟的公共科研体系是德国制造持续发展的不竭动力。阿盖什·约瑟夫(2016)将各种研究机构和组织视为提升德国品牌的重要促进因素。李健民和叶继涛(2005)指出,德国科研体系布局结构完善、分工明确且协调一致。科研机构通常包括高校、社会团体、企业和研究机构,其中,由政府公共财政资助了约750个研究机构、组织和工业企业研发中心。此外,马克斯·普朗克协会、弗劳恩霍夫协会、亥姆霍兹国家研究中心联合会和莱布尼茨协会四大机构是德国公共科研体系的重要组成部分,不同机构分别负责不同领域的科学研究和科技转化工作。同时,德国研究联合会(DFG)、德意志学术交流中心(DAAD)和德国联邦工业研究协会(AIF)等公共科学资助机构为科学研究提供了内容丰富的资助计划。

### 四、国际展会助推德国制造走向世界

定期举办的各类商品交易会和展览会是德国制造品牌形成过程中的重要促进因素之一(阿盖什·约瑟夫,2016)。德国是世界贸易大国,借助展览会这种形式,德国企业拥有广阔的国际贸易交流平台。德国展览会历史悠久,最早可追溯到中世纪早期集市贸易。时至今日,商品交易会与展览会在德国不仅仅是一个商品展示与交易的场合,更是德国经济与技术发展的一个窗口。德国经济展览和博览会委员会(AUMA)主要负责展会的规范管理,协调管理在德国举办的所有展览活动,吸引来自世界各国的参展商、专业人士和参观者(徐伟,2014)。此外,政府也为此提供了强有力的支持,不仅作为主办方举办各类展览活动,也积极组织企业参与国际展览会,为参加展览的德国中小企业提供经费支持(曾燕红,2009)。

每年德国都会举办上百个国际性展会,其中1947年创办的汉诺威博览会至今仍是全球工业技术领域的顶尖展会,网罗当下最新的技术,引领行业发展趋势,每年吸引超过6000家参展企业,200000多名观众。消费电子、信息及通信博览会是全球最大的展示家用和办公环境用的信息技术和通信解决方案的博览会。德国法兰克福国际时尚消费品展览会、纽伦堡国际玩具展览会、柏林国际电子消费品展览会和科隆国际五金展览会等众多的国际性展会,为企业提供了沟通与合作的平台,为新产品、新技术和新应用开拓国际市场提供了渠道,也积极宣传和展示了德国制造品牌,成为世界了解德国的最好媒介。

# 第二节　以质量闻名的日本品牌

世界上以质量闻名的国家除了德国,另外一个典型代表就是日本。日本在战后迅速崛起成为经济大国,很大程度上与其"质量"相关。日本的品牌发展建立在质量管理的基础之上,日本制造凭借优质产品赢得了国际市场。日本独特的质量文化体系和质量制度,为铸就一大批世界著名品牌提供了强有力的质量支撑,也为日本在战后迅速崛起成为经济大国做出了重要贡献。

### 一、日本制造的质量之路

第二次世界大战后,日本的工业化体系被战争摧毁,经济萧条,制造业也陷于混乱状态。为了走出经济困境,日本制造也曾陷入"山寨"的黑历史,和曾经的德国制造一样被贴上"假冒伪劣"的标签。意识到低劣产品会成为日本企业在国际市场上发展的巨大障碍,日本企业开始通过技术引进和创新提升产品品质。

20世纪四五十年代,日本通过学习美国质量管理大师戴明博士和朱兰博士的质量管理理论,产品质量获得了飞跃(容秀英,2015)。50年代后半期,日本企业深刻认识到作业者对产品质量的形成有着重要作用。在石川馨博士的倡导下,质量管理小组(QC小组)首创于日本。1962年,质量管理小组本部在日本科学技术联盟内正式设立,成为向全国推广这一活动的常设机构(狩野纪昭,李玉潭,1984)。战后50年,日本经济以奇迹般速度崛起,在世界上成为仅次于美国的第二大经济体。日本产品由过去的"廉价货"变成"高质量产品",日本产品更是凭借质量优势横扫美国市场。

1980年,日本通产省制定了《80年代通商产业政策构想》,标志着日本开始实施"科技立国"战略。进入90年代中期,国际市场竞争环境日益激烈,为了适应知识经济的发展,重振经济,日本进一步提出了"科技创新立国"战略,颁布了《科技基本法》等一系列相关的改革方案来推进基础科研和高新技术产业的发展。杜婧华和赵军(2007)认为,日本以《科技基本法》为契机,科学技术乃至整个社会的发展都经历了一次带有根本意义的转型。至此,日本已然跃居全球为数不多的技术发达国家行列。

21世纪以后,在以智能技术、大数据分析技术和物联网的应用为标志的第四次工业革命中,各国纷纷启动了"再制造业化"的进程以应对生产模式的革命性变化。在这样的时代背景下,日本提出了"机器人革命""工业价值链计划""社会5.0"等多个概念,最后在《日本制造业白皮书(2018)》中正式明确将"互联工业"作为未来整个工业体系的发展方向(王立岩,李晓欣,2019)。

## 二、精益求精的匠人精神铸造日本品牌

日本是一个匠人的国度,日本人对于专业极为尊重与推崇,愿意用一生的时间去钻研一门技艺、一个工作。日本的工匠精神由来已久,早在江户时代日本就形成了"职人"阶层,也就是手艺人(王月兵,2016)。手艺人对自己所从事的工作有着极致的追求,对自己制作的产品精益求精、精雕细琢,并通过世袭或师徒制的方式将高超的手工艺制造技术代代相传。20世纪60年代,日本颁布《文化财产保护法》来保护职人这一宝贵的文化遗产。只有"身怀绝技"、师传弟(子)承、沿袭宗名的职人才可以获得"重要无形文化财保持者"的称号,俗称"人间国宝"。一旦认定"人间国宝",政府每年资助200万日元,用于当选者录制保存技艺资料,进行公开的展览、出版和宣传,传习技艺以及改善生活和从艺条件(杨乔雅,2017)。匠人的存在也保障了日本百年家族企业的大量存续。日本拥有众多百年以上的家族企业,有"家族企业的宝库""家族企业大国"之称。根据东京商工调查公司的数据,2017年,日本百年以上的家族企业有33069家。其中,300年以上的有1938家,500年以上的有147家,1000年以上的有21家(张季风,2019)。

日本的工匠精神在工业时代的冲击下依然坚强地保留了下来。蓝领工人成了日本经济发展的重要支柱,他们熟悉新的机械设备、积极学习新技术与新知识,是日本中小企业的竞争武器。杨乔雅(2017)指出,日本的蓝领工人在社会上相当受尊重,其薪资水平在世界上处

于前列,一个高级技术工人的月薪就可以负担全家的开销。除了政府大力发展职业教育来培养技能型人才,日本企业也十分重视员工的技术培训(冯昭奎,2015),这种培训贯穿员工职业生涯的全过程,包括技术教育、技能训练、经营教育等多方面内容。

### 三、国家战略层面的质量管理政策

日本质量管理的成功与政府政策有着密切的联系。日本将质量提升放在了国家战略层面,认为产品质量升级与产业结构调整、贸易立国和贸易振兴等政策同等重要。程虹等(2017)提出日本质量政策主要包括以下几个方面。

一是推行质量竞争政策,引导企业参与市场竞争。从20世纪50年代开始,日本政府就开始主导实施"质量救国"战略,具体措施包括向广大企业积极推行全面质量管理的方法和理念,通过政府采购方式加大对企业尤其是中小企业的质量培训力度。为了纪念戴明博士为日本战后统计质量控制的发展做出的巨大贡献,日本设立国家级质量奖——戴明奖。戴明奖现在已成为享誉世界的质量奖项,促进日本企业更加注重产品全过程的质量管理。质量竞争政策推动了企业在技术、设计、产品定位等领域的全面质量创新,实现了资源的优化配置,为企业质量竞争力的不断提升构建了良好的市场环境。

二是推行消费者权益保护政策,促使企业提升产品质量。从1968年开始,日本相继颁布和出台了《消费者保护基本法》《消费生活产品安全法》《消费者契约法》和《反垄断法》等多个法律、法规。杨立新和陶盈(2013)指出,在法律的规范下,日本形成了各部门、各社会团体和各级地方政府等多方共同参与的消费者保护体系。此外,日本还设立了专门的行政和相关机构来保护消费者的合法权益。2009年,消费者厅和消费者委员会正式成立,统一承担原先由各相关省厅分别管辖的有关消费者权益保护的各种行政事务。通过完善的消费者权益保护政策,政府倒逼企业持续提升产品质量。

三是推行质量标准认证政策,帮助企业获得顾客信赖。日本政府认识到低劣的产品质量严重阻碍了日本产品在国际市场上的发展,着手建立相关法规,单1949年就先后颁布了《工业标准化法》《关于产业合理化》,成立了工业标准调查会(JISC),并发布了第一个工业标准(JIS)。在此基础上,日本逐渐构建起以自愿性和市场化质量认证为主体、以政府强制性质量认证为底线保障的多元化质量认证体系。

四是推行技能人才培养政策,增强企业人才优势。日本从20世纪五六十年代开始,进行了多次教育体系改革,先后制定了《学校教育基本法》《职业能力开发促进法》等法律制度,形成了以"校企合作""工学结合""企业内教育"为特色的多层次、全方位的质量技能人才培养体系(主要发达国家质量政策比较研究课题组,2020),培养了一大批掌握多种技能且具有较强实践能力的"工匠"队伍,使劳动生产率得以显著提升。

### 四、品牌战略塑造日本国家品牌形象

品牌是企业、国家无形的资产。作为一个世界贸易大国,品牌创建对于提升日本外贸竞

争力具有不可忽视的作用。随着企业品牌影响力的提升,国家品牌形象的提高,日本产品的国际竞争力日渐增强。

为推动日本国家品牌建设,提升日本国家形象,日本政府从法律、制度等多方面构筑了品牌战略的支撑体系。从1884年颁布的第一部商标法《商标条例》,1888年的《意匠条例》,到2002年出台的《知识产权基本法》,日本政府多年来一直坚持引导和规范制造业发展,着力打造日本知名品牌。侯水平(2014)从知识产权保护的角度,认为知识产权的保护和技术创新成果的应用助推了日本产业的发展和国际竞争力的提升。

此外,日本政府不断加强品牌的对外宣传,提升日本品牌的国际认知度。日本政府于2005年、2009年分别发表了题为《推动日本品牌战略——向世界传播日本魅力》与《日本品牌战略——促进软实力产业的发展》的报告书。日本内阁制定的国家品牌发展战略主要内容包括加强宣传日本的活动、加强在亚洲的品牌战略、在国外流行地区扩大宣传。平力群(2013)认为,日本品牌战略实现了从"日本的品牌"向"日本品牌化"的转化,借助国家整体形象的提升降低各个产品品牌建设的成本。原产地形象的"光环效应"有效增强了消费者对日本产品的评价,在消费者中确立了日本产品优质的品牌形象。

# 第三节　以品牌立国的瑞士制造

瑞士被称为钟表、军刀、奶酪、巧克力之乡,也素有"品牌王国"的美誉,其中钟表更是形成了国家层面的产业品牌。但其实瑞士面积仅4万多平方千米,人口数量仅850多万,远不能和其周边的法国、意大利、德国相比。瑞士自然资源贫乏,地形也不适合农业生产,因此被迫成为一个工业化国家,通过技术创新和产业升级,追求更高水平的生产模式和更高标准的产品质量,最终实现品牌立国。如今,瑞士经济早就超越了手表、巧克力阶段,机电金属、医药化工等产业取得了跨越式的发展,成为瑞士重要的支柱行业(陈言,2009)。

## 一、瑞士制造的质量之路

长达30年的大规模宗教战争至1648年结束,瑞士从此成为完全独立的主权国家。到1815年,瑞士正式成为世界上第一个永久中立国,坚持奉行中立原则。这一时期,瑞士经济发展和人口增长较快,苏黎世、巴塞尔、圣加伦等市的家庭手工业颇为发达,多数从事麻纺、棉纺和丝织业。此时,钟表业也开始广泛发展(姚宝,卢铭君,2012)。

1848年,瑞士制定新宪法,设立联邦委员会,成为统一的联邦制国家。这是瑞士近代史上的一个重要转折点。联邦制度的建立平息了瑞士内部种族和宗教等斗争,在平稳的政治环境下,瑞士有了更多的精力去发展工业、农业和交通运输业。到了20世纪,瑞士对工业结构进行了重大调整,在传统纺织、钟表工业资本积累和技术更新的基础上,集中力量发展机械、电气、化工、医药等新兴工业,尤其是机械与化工两大行业。

21世纪以来,建立在机械、纺织、工具、手表等传统精细制造的优势上,瑞士提出"工业4.0",大力推动智能制造,将机器、原材料和产品通过"物联网"传递信息,协力完成生产任务。随着"工业4.0"的推广,政府为企业提供包含一流研发中心、优良基础设施和高技能员工的高科技工作环境,推动企业更好地适应时代发展。

## 二、尽善尽美的工匠精神创造优质产品

瑞士人对产品品质死磕到底,这种死磕精神在钟表业展露无遗(杨乔雅,2017)。20世纪70年代,石英手表的发明对瑞士传统的机械表造成了致命的打击。面对这一困境,瑞士人不服输,瑞士钟表企业继续坚持质量,走"专精优特"路线,一心将产品做到极致,不搞价格战,最后逆势突围。经过20多年的转型,瑞士钟表业重回繁荣时代。瑞士的机械表可以说把精密机械发展到了极致。宝珀公司一款名为"1735"的机械表中有744个零件,最小的和头发丝差不多大小,一位顶级表匠全心投入,一年只能制造出一只。瑞士的顶级钟表都是工匠一个个零件打磨而成,工匠们对每一道工序都精雕细琢、一丝不苟。瑞士人制表的这种精神是让瑞士表享誉全球的重要基石。

瑞士的企业多为家族小企业,因此瑞士人在自己的行业中,做到一个人倾尽一生专注做一件事,一个家族代代相传专注做一个品牌。瑞士企业不在乎公司规模和短期回报,他们更看重的是如何保证基业长青,怎样让后代传承下去。在瑞士人看来,只有不浮不躁,不取巧不投机,静下心来细细打磨每一道工序,坚持精益求精,才能做成"百年老店"。著名的"瑞士军刀"品牌,四代人用了130年的时间才培育出了一个著名的产品"军刀系列"。依靠精工细作,瑞士军刀因外观优美、质量可靠和功能多样而著称于世,一把经典瑞士军刀由64个零部件装配而成,生产工序更是达到了450道。瑞士的中小企业也十分注重产品的质量,他们相信"产品质量合格率必须是100%,99.9%都不行"(怀海涛,2014)。长久以来,精密可靠成了瑞士产品的代名词。

## 三、多方参与的职业教育与科研创新体系

瑞士制造的卓越成就建立在政府、企业和高校等多方共同构建的职业教育体系和科研创新体系之上。

一是瑞士大力推行职业教育体系。瑞士的"双轨制教育体系"最早可溯源至一百多年前的学徒制。通过师徒相授的方式,那些只能意会的制造知识得以传承,同时这种教育体制也造就了高水准的瑞士制造——钟表、军刀、精密机床等。学徒制在近代转变为企业、高校、政府三方协作的职业教育体系(宋臻,2015)。其中,政府为职业教育培训付出了大量的人力、财力和物力,其在教育中投入的经费支出相当于全国行政费支出的1/5。怀海涛(2014)指

出,除了学校教育训练之外,瑞士工人还要接受专门的职业教育培训,实际上岗后仍会继续接受再训练和再教育。瑞士职业教育的成功为瑞士制造奠定了坚实的基础,培育出了一大批高素质的产业工人,支持着知识与创新的双向对流。

二是瑞士有先进的科研与创新体系。盛垒(2006)认为瑞士的创新体系建设主要得益于全民创新的社会氛围和瑞士政府的全力支持。瑞士人民的创新意识始终走在发达国家的前列,不仅人均拥有的专利数量位居世界前列,获诺贝尔科学奖的人均比例也远超其他国家,被誉为"创新之国"。瑞士联邦政府早在20世纪90年代初就设立了联邦科研领导小组,还成立了科研促进政策协调委员会和技术政策协调委员会。2017年,瑞士研发经费投入达226亿瑞士法郎,投入私营企业的预算占2/3。2018年,瑞士政府在教育研究领域投入达到77.14亿瑞士法郎,占联邦总支出10.9%。

### 四、法律法规确保瑞士制造产品质量

瑞士虽然人口不多,但经济总量却排在全球前20位,拥有14家世界500强企业。目前,瑞士制造业已形成机械、化工、纺织、钟表、食品五大支柱产业,所创价值占国内生产总值近30%。瑞士制造业拥有一批世界驰名的跨国公司,如诺华公司、雀巢公司、ABB公司等。瑞士也培养了众多强有力的"品牌",素有"品牌王国"的美誉。瑞士的钟表工业是其中最为典型之一,至今已有500多年的历史,拥有宝玑、欧米茄、天梭、浪琴、斯沃琪、劳力士等众多享誉世界的钟表品牌,全球95%以上的高端手表品牌都在瑞士。

在区域品牌的建设过程中,瑞士钟表行业协会十分重视品牌和原产地标志的使用,推动政府建立更严格的瑞士制造法律法规。为确保瑞士制造的产品质量,为消费者提供品质保证,瑞士逐渐开始以法规的形式限制"瑞士制造"这一标签的使用。1992年8月,瑞士出台了《商标及原产地标识保护法》。2013年6月,瑞士联邦议会又通过了立法提案,对使用"瑞士制造"标签及红底白十字标识等提出了更为严格的要求,并于2017年1月1日起正式实施。其中,工业品在瑞士的生产成本要达到60%才能被列为"瑞士制造"。陈建(2017)认为,瑞士出台新的瑞士制造立法有利于瑞士制造维持其稳定的质量和可靠性能,是瑞士制造产品重要的新卖点。

# 第四节　占据领先地位的美国品牌

美国在经历了南北战争和第二次工业革命后,建立了完整的工业体系,并在19世纪末赶超英国,成为世界第一工业大国。早在20世纪50年代初,美国制造业的增加值就占到了

世界制造业增加值总和的近40%,美国成为世界上名副其实的制造业强国。美国是最早意识到质量管理重要性的国家,是质量管理领域的领先者,通过实施"质量强国"战略,保持了美国制造的领先地位,质量管理已经成为美国企业经营工作中的重要组成部分。美国也是最早认识到品牌价值重要性的国家,培育了一大批风靡世界的美国自主品牌,令世界瞩目。美国品牌一直成功占据着世界品牌主流地位,其创新能力、开发设计能力、品牌营销能力和渠道能力都在全世界领先。因此,美国的制造业发展、品牌建设经验对于打造区域公共品牌具有重要的借鉴作用。

### 一、美国制造的质量之路

18世纪末,美国开始工业革命,制造业的生产方式开始改变。美国企业开始仿造英国的制造技术和工厂制度,进入工厂制生产时代。工厂制度使生产得以集中、标准化,比起手工制作,美国的产品质量得到了改进。1908年,美国福特汽车厂运用"泰罗制",将零部件生产标准化和流水线作业相结合,大幅度提高了生产率,并由此诞生了"福特制"生产模式。"福特制"的生产方式大大促进了制造业生产工艺过程和产品的标准化,使得产品成本大幅度降低。美国制造业在这一时期赶超英国,成为排名世界第一的制造业经济。

1924年美国资产阶级工业革命成功之后,机器工业生产取代了手工作坊式生产,美国的质量管理也得到了迅速的发展。美国质量管理先驱克劳士比、戴明以及朱兰等人建立起质量管理理论的框架之后,越来越多的学者对质量管理进行深入的研究,质量管理理论开始兴起。在20世纪这一时期,美国的质量管理分为三个主要的阶段:质量检验阶段、统计质量控制阶段以及全面质量管理阶段。以泰勒为代表的"科学管理运动"开始之后,美国大多数企业开始设置专职的检验部门。但这种以"事后检验把关"为主的质量管理不断暴露其弊端,美国一些著名的统计学家和质量管理专家开始研究运用数理统计学的原理来解决这些问题,并取得成效。20世纪60年代后,美国通用电气公司质量经理费根堡姆在其著作《全面质量管理》一书中首次提出全面质量管理的概念,许多美国企业开始全面质量管理的实践。由此可见,美国的质量管理早期主要依靠操作者的技术和事后检验,后期主要以预防为主(郝丽娟,2013)。

第二次世界大战结束后,日本和西欧制造业的迅速发展给美国制造业带来了前所未有的竞争压力,美国制造业原先独霸世界市场的局面一去不复返。遭受日本高质量的产品冲击后,美国开始发动质量革命。美国通过出台《质量振兴法案》,实施了一系列支持创新的措施,在全美开展强化质量意识的运动,批准设立国家质量奖——马克姆·波多里奇质量奖,在汽车、半导体等多个产业领域重夺世界第一的宝座,并在以信息与生物技术为代表的新兴产业中确立了全球霸主地位。美国政府提出,若想在世界上处于领导地位,获得质量领域的领导地位是至关重要的,经济上的成功取决于质量。

进入21世纪,由于美国在20世纪80年代末的"去工业化"战略,美国的制造业开始逐渐萎缩。2009年,美国政府提出"再工业化"战略,颁布《美国制造业振兴框架》,开始了将产业结构从虚拟经济向实体经济回归的调整,其中,特别强调重振美国制造业,这些举措意图抢占第四轮科技革命制高点。特朗普政府上台后,延续了再工业化政策,特朗普就任伊始即签署"雇美国人、买美国货"的行政命令,采用税收激励和贸易保护等举措来复兴美国制造业(刘舒闲,2019)。

### 二、独立监管和共同治理并行的质量政策

美国是质量管理的发源地,美国政府很早就意识到质量管理的重要性。1906年,美国政府开始发展质量政策,至今已经历了初创阶段、基础阶段、完善阶段和强化阶段四个阶段。作为工业大国,美国现拥有55个全国性监管机构,从业人员达13万人。这些监管机构中有着众多的产品质量监管机构,包括美国贸易委员会(FTC)、消费者产品安全委员会(CPSC)、食品药品监督管理局(FDA)和美国农业部(USDA)等质量监管机构(高晓红,康键,2008)。

美国质量政策具有风险驱动、独立监管和共同监管的特点,并且会随着质量安全的风险而改变与改进,这是美国质量政策最基本、最核心的特征。美国的质量监管机构独立于政府,不受政府各内阁部门干预,且不仅拥有法律赋予的行政权力,还拥有制定监管规则的"准立法权"、行政裁判的"准司法权",它的权力甚至比一般的政府部门还大。因此,这些质量监管机构也被称为"无人领导的国家机关第四分支,一个不负责的机构和无法协调的权力的集大成者",是特殊的政府部门。此外,虽然质量安全具有公共属性,但是美国的质量监管并非由政府单一管理,而是由政府与其他市场主体、社会组织共同治理,这是美国治理政策的共同监管特点,可以弥补政府监管失灵。

同时,美国政府制定了一系列质量监管机制加强对产品治理的监督,其中比较典型的质量监管机制有认证认可与强制检验制度、产品分类监管制度、缺陷产品的召回制度、激励制度。首先,在美国,有关规定的产品必须经过检验检测才能进入市场,美国为满足产品认证的需求,在一些重要城市设置了检验办事处与认可实验室。其次,美国政府对不同的产品采取不同的监管方式,尤其是对食品、药品、特种设备等特定产品进行统一性、规范性和强制性监管。再次,美国政府严格把控产品生产的全环节,实行严格责任的缺陷产品召回制度,让出问题环节的企业难辞其咎。此外,美国政府积极开展质量激励政策,自1987年开始实施巴里奇国家质量计划,之后每年分别从制造业、服务业、小型企业这三类行业中评选出两家国家质量奖获得企业,以此激励企业崇尚、追求、创造质量,此举亦受到美国各州政府的纷纷效仿。

此外,美国政府为了重塑美国制造业领先地位,重点关注了制造业创新。1988年,美国政府推出了先进技术计划,提供基金支持,鼓励企业技术创新,从而改善产品。同时,美国政府还推出了制造业合作发展计划,鼓励企业使用大学或研究机构的科研成果,该计划推动了产学研合作,企业在产品质量、生产效率、技术创新方面均有很大的提升。之后,美国政府大力构建产学研一体的创新网络,重视制造业各层级人才培养,优化制造业劳动力。

### 三、全面完善的品牌扶持政策助推品牌提升

美国是较早认识到品牌价值并不遗余力地支持本国自主品牌的工业化国家。美国拥有许多在全世界有重要影响力的品牌,如可口可乐、微软、苹果、波音飞机、沃尔玛、英特尔、亚马逊等。2020年世界500强企业,美国上榜121家企业,与2019年持平,其中沃尔玛连续7年成为全世界最大企业。WPP集团(Wire & Plastic Products Group,简称WPP Group,是世界顶级的品牌沟通服务集团)发布的"2020年Brandz全球最具价值品牌100强"榜单,美国上榜52个品牌,远远超过其他国家,且2015年至2020年间,美国上榜数量均在50个以上,醒目的数字彰显了美国品牌的绝对竞争优势。同时,这些举世闻名的品牌也提升了美国的品牌形象与国家形象,如可口可乐已是美国的典型象征。而美国品牌的背后是美国政府制定的自主品牌积极扶持政策。

美国政府积极塑造美国品牌,在法律法规、政策措施、资金支持等方面采取了一系列措施。首先,美国政府建立了完善的知识产权法律体系和司法体系,颁布了《商标法》《专利法》《版权法》《反不正当竞争法》《知识产权保护法》《打击假冒制成品法》等法案,并在宪法中保护知识产权,同时对国内知识产权保护法进行国际延伸,保护本土品牌在海外的知识产权。其次,美国政府鼓励产业集群建立区域品牌,于2012年推出的《先进制造业的国家战略计划》中明确提出加强集群制造商共享基础设施的建设,鼓励集群企业建立合作伙伴关系。再次,美国政府采取贸易制裁措施保护美国本土品牌,奥巴马政府和特朗普政府都采取了贸易保护手段保护美国制造业。最后,美国政府投入巨资在国际上宣传其正面形象,如通过向全球输出好莱坞电影宣传美国价值观,通过向全球输出"肯德基""麦当劳"等餐饮连锁品牌企业宣传其生活方式,通过互联网社交软件宣传美国的文化、科技等(胡海晨,林汉川,2017)。

# 第五节　打开高端市场的韩国品牌

韩国近20年的发展成绩斐然,韩国制造正逐步走向全球。更重要的是,通过自身的一系列努力,韩国制造开始逐步摆脱日本制造低级版的标签,在全球产业链的分工逐步上升,成为中高端制造的代表。徐建华(2014)认为,中国制造正从低端逐步走向中高端,再加上中韩两国在许多产业领域接近,因此韩国制造的发展模式,对中国制造具有"他山之石"的借鉴意义。而逐渐打开高端市场的韩国品牌的背后是韩国举全国之力打造"民族品牌",韩国人民全民树立国家品牌、企业品牌、产品品牌"三合一"理念,三星、LG等知名国际品牌的崛起也与此理念息息相关。

## 一、韩国制造的质量之路

20世纪60年代开始,韩国开始了第一个五年计划。起步阶段,韩国制造业厂家主要做代工厂或者制造零部件。在国外先进管理方式的熏陶以及国外厂家对产品质量的严格要求下,韩国政府和企业意识到质量是企业发展的生命线。同时,韩国国家标准化机构(NSB)颁布了《工业标准化法》,将质量标准作为法律固化到企业内部执行,将国际标准与国内标准进行对接,此举使韩国产品从出厂就具备了出口的基本条件。为了保证标准的有效性,之后韩国国家标准化机构每隔五年修订一次工业标准。

20世纪八九十年代,韩国制造业发展迅速,韩国制造企业逐渐从零部件供应商成长为拥有自主品牌的企业。初始阶段,韩国制造商以低端产品打开市场,但是低端产品没有竞争力,在国际市场中往往被消费者忽视。为了提高产品质量以此提升品牌知名度,韩国政府积极引进ISO 9000质量管理体系等国际先进质量体系,韩国制造的质量得以逐步提升。

进入21世纪,消费者对产品个性化需求不断提高,对产品品质的要求越来越高,韩国企业重视消费者的需求,将质量与消费者的需求和价值取向协调起来,在满足质量要求的前提下,提高产品的个性化特征,突出产品创新的核心竞争力。在管理方法上,韩国企业引入了六西格玛管理等先进管理理念,将质量融入企业基因之中形成企业文化。为了进一步提升韩国制造的竞争力,力争"高端制造"产品,2015年韩国推出了《制造业创新3.0战略实施方案》——韩国版"工业4.0",通过加强投资研发3D打印、大数据、物联网等八项核心智能制造技术,缩小与相关技术领先国家的差距。

## 二、严格质量政策提升全民质量意识

韩国的质量管理活动始于1961年,经过引进、发展、普及、深化四个阶段,韩国的质量管理活动已取得了良好的效果,到目前为止已经形成了比较完整的质量管理制度。韩国政府颁布了《质量管理促进法》,明确了韩国制造质量活动的主管机构。拥有高标准才有高质量,韩国政府很早便开始进行标准化改革,不断完善其国家标准体系,支持并组建了韩国标准协会(KSA),三星、LG等知名企业都是其明星会员。为了提高韩国制造在国际市场的竞争地位,韩国政府多次调整标准化机构,将标准化与科研紧密结合,重视标准化在社会经济发展中的地位,多次发布并改进标准化战略,积极参与国际标准化活动并不断关注标准化教育,同时加强标准的研发与研制,向国际化先进标准靠拢。韩国政府重视消费者需求,消费者的客观评价可以指引企业的发展方向,韩国标准质量评估指数(KS-QEI)应运而生,该指数代表韩国制造产品或者服务的客观质量水平。为了保证标准的实施,韩国政府建立、引进了有效的质量保证体系认证制度,包括KS标志认证制度、ISO 9000认证制度等。此外,韩国政府还推出了韩国质量革新计划(S-PPM),这是让中小企业致力于实现无缺陷商品生产为目标的质量管理活动。

韩国质量政策对当地的作用和影响体现在三个方面:一是推动形成了严格质量标准。

韩国政府对产品质量有最为严格的监管制度,韩国在20世纪90年代有过著名的三星"烧手机"事件,"烧毁问题产品"这一举动有效地将"质量第一"的观念深深烙印在每一个韩国人的心中,为产品最终进入高端市场开启了一扇成功大门。二是推动企业形成了高质量意识。韩国政府曾在政策上明确表明,所有韩国人都应彻底抛弃重产品轻质量的传统价值观念,真正树立起质量永远至上的全新价值意识,否则韩国的公司就会变成划过天际的流星,无法持续生存到下个世纪。三是形成了完善的质量控制体系。韩国政府一旦在企业生产过程中发现不合格产品,就会停止企业生产线的运转。

### 三、全力支持产业品牌提升国家形象

据2014年美国汽车质量调查数据显示,韩国现代汽车在全球二十大汽车品牌中获得最高分,第三次荣登榜首,被列为公认质量最好的四大品牌之一。韩国三星智能手机在全球市场占有率连续多年排名第一,2018年三星手机全球市场占有率22%。韩国企业在质量品牌上取得的成就令人瞩目,其背后的质量品牌战略倍受关注。韩国的国土面积只相当于我国浙江省那么大,但是2020年世界500强企业榜单中,有14家韩国企业入围。其中包括知名的三星电子、现代汽车、浦项制铁、LG等企业。截至2020年,韩国各大企业排名非常稳定,三星电子稳定在前15名,SK集团和现代汽车稳定在前100名。韩国在电子、汽车、金属等传统制造业上表现出了很强优势,三星、现代、SK、LG等企业就是韩国工业和科技实力的体现。

韩国前总统李明博曾说:"韩国生产的领带是30美元,如果在领带上贴上意大利品牌的话就会变成150美元。"同样的商品之所以拥有不同的价值,其根源在于品牌的力量,商品品牌如此,国家品牌亦如此。在李明博的提议下,韩国成立了国家品牌委员会,成员包括政府各部部长、三星等韩国顶尖企业的总裁、首尔市长、国家旅游组织主席、贸易促进社社长等,该委员会致力于建设国家品牌,并且向全世界宣传韩国。国家品牌委员会制定品牌相关政策,评选拥有高端技术和优秀设计的产品为"大韩民国名品"。通过美国有线电视新闻网(CNN)、英国广播公司(BBC)、《华尔街日报》等世界知名媒体在海外市场进行集中打包宣传,开展"韩国知名品牌挖掘和推介"活动,大力支持韩国知名企业和品牌参加世界性大型展会,例如2010年上海世博会上,就有包括LG、三星电子等在内的12家韩国知名企业联手打造韩国企业联合馆。近年来韩国更是加大了新媒体和网络宣传力度,提高外界对韩国品牌的认知度。

# 第 四 章

# "品字标浙江制造"品牌发展现状

改革开放至今,浙江省制造业快速发展,取得了巨大成就,但仍然存在产业层次不够高、产品质量标准不规范、创新能力不够强等问题,为了实现制造业的可持续发展,浙江省委、省政府围绕这些难点与痛点,精准施策,积极推进制造业转型升级,不断探索浙江省制造业高质量发展之路,提出了"三强一制造"战略和浙江省区域公共品牌——"品字标浙江制造"。"品字标浙江制造"建设得到了政府的大力支持,经过多年发展,形成了一套较为完善的品牌建设制度体系,并取得显著成效。

# 第一节　建设背景

制造业作为我国国民经济的生命线,是支撑国家综合国力的重要基石。进入21世纪以来,新工业革命风起云涌,信息网络技术日新月异,制造业的生产方式、组织形态、商业模式和技术创新路径正在发生显著变化。国际环境方面,受全球政治和经济形势的影响,制造业新一轮科技革命和产业变革正在深入推进;同时贸易保护主义逐渐抬头,逆全球化思潮开始涌现,发达国家、发展中国家纷纷发起新一轮的"再工业化"战略,世界制造业发展格局正面临重大调整。国内环境方面,社会主要矛盾的变化和供给侧短板对制造业高质量发展提出了新要求,中国制造业的转型升级及未来发展都面临着更多不确定性因素,制造业转型升级的任务紧迫而艰巨,我国必须准确研判面临的新形势,应对挑战、抢抓机遇。

浙江省制造业作为我国制造业的重要组成部分,经过多年的发展积淀,已形成了产业基础扎实、特色优势明显、集聚程度较高、专业化集聚加剧、转型升级成效显著、数字改造加快的特色,是支撑浙江经济发展的支柱,是浙江实施创新驱动发展战略、推进转型升级的主战场。

自改革开放以来,浙江省制造业的发展虽然取得了辉煌成就,但总体"大而不强"的情况仍然存在,面临的问题也逐步显露,具体表现为企业投资增长乏力、市场有效需求持续低迷、融资难融资贵等。与此同时,受国内外需求疲软、产能过剩、综合生产经营成本高等总体不利于实体经济发展的社会环境影响,企业表现出信心低迷,投资意愿弱等问题。总的来说,浙江省制造业存在的问题可总结为以下四个方面:产业层次不高,在国际分工中尚处于产业链的中低端,难以形成具有自主技术的高端产品;品牌影响力有待提升,仍有许多企业停留在贴牌生产、代加工的发展模式,导致浙江省自主品牌缺失;标准实施力度不够,采标率不高、制修订的标准数量不多;自主创新能力不足,制造业核心技术一定程度上仍依赖于国外。这些问题阻碍了浙江省制造业高质量发展的进程,是浙江省制造业走向高端化需要突破的重要瓶颈。

为了解决这些阶段性问题并实现制造业的可持续发展,浙江省政府始终积极响应国家政策,结合自身实际情况,自20世纪90年代初开始就陆续出台了《浙江省标准化管理实施办法》《关于进一步实施名牌战略发展名牌产品的通知》《浙江省质量振兴实施计划(1998—2010年)》等政策,从品牌、质量、标准三方面入手,大力推动浙江省制造业的高质量发展。2013年,在传承工匠精神、借鉴"德国制造""瑞士制造"等经验做法的基础上,浙江省提出了以"区域品牌、先进标准、现场认证、国际认同"为核心的"品字标浙江制造"公共品牌建设构想;2014年9月,浙江省政府出台了《关于打造"浙江制造"品牌的意见》,这标志着"品字标浙江制造"区域公共品牌建设正式启动。伴随着政策力度的不断加强、建设范围的不断扩大,浙江省政府成功摸索出了一条具有浙江特色的制造业发展改革创新之路,最终将其凝练为"三强一制造"战略,以打造"品字标浙江制造"区域公共品牌为核心,强抓"质量、标准、品牌"建设。

"品字标浙江制造"作为浙江制造业的"标杆",是以"高标准+严认证"为主要手段,打造集质量、技术、服务、信誉为一体的综合体现浙江企业和产品形象的区域公共品牌。"品字标浙江制造"自2013年首次提出以来,经过多年发展,逐渐形成了独特的区域公共品牌生态系统,其演化路径大致可以划分为三个阶段:第一阶段为政府搭台阶段(2013—2016年),为了启动"品字标浙江制造"培育的一系列工作,政府初步搭建了培育平台,制定了标准研制的总体要求和"好企业+好产品"标准体系;第二阶段为社会共创阶段(2017—2018年),该阶段无论是标准体系的完善、品牌建设、品牌推广还是认证工作都有更多的社会力量参与其中,协同推动品字标的高质量发展;第三阶段为品牌拓展阶段(2019年至今),该阶段在"好企业+好产品"标准体系基础上,提出了"好企业+好产品+好服务"的标准体系,强调提升品牌的知名度和影响力,重点实施了各类推广宣传政策,助力"品字标浙江制造"进一步获得世界认可。

# 第二节 发展概况

## 一、内涵

"品字标浙江制造"从品质卓越、自主创新、产业协同、社会责任四个方面对企业、产品及服务提出了总体规范,并从企业、产品、服务三个层面提出了更为具体的要求,力争实现"好企业""好产品""好服务"三好并举。"品字标浙江制造"的品牌内涵主要可以从"品字标浙江制造"品牌标识和"品字标浙江制造"标准体系两方面进行解读。

首先,"品字标浙江制造"品牌标识的设计和推广使用,强化了消费者对"品字标"品牌的认知。2015年4月30日,第一版《"浙江制造"认证证书和标志使用规范》发布,并对认证标识进行了说明。2019年1月18日,浙江省市场监督管理局发布实施的《"品字标"品牌管理与评价规范 第1部分:管理要求》(DB33/T 944.1—2018)中将"品字标"品牌进行了延伸,包含"品字标制造""品字标服务""品字标农产""品字标建造""品字标生态"五个子品牌,也重新提出了"品字标"品牌标识。"品字标"认证标识的整体为方形(见图4-1),其中的"品"字源自古代书法大家王羲之《兰亭序》中的"品"字,英文表述为"DEFINED QUALITY",整体色彩运用深红色,寓意生命与活力。"品字标"的标识从细节上体现了"品字标"品牌至精、至诚、至远的核心价值,"DEFINED QUALITY"表达了"质量由我们定义"的寓意,体现了政府、企业、社会三方共同发力的质量共治理念等。获得"品字标浙江制造"认证的企业可以在广告、产品介绍等宣传材料和通过认证的产品及其包装上使用认证标志。

**图4-1 "品字标"品牌标识**

其次,"品字标浙江制造"定位于"国内一流、国际先进",其独特的标准体系引领了浙江省制造业的高质量发展,推动了浙江省制造业转型升级。2014年,浙江省在全国率先建立"浙江制造"团体标准体系,致力于将"品字标浙江制造"打造成为具有严格认证标准、瞄准国内一流、国际先进水平的品牌标识,采用"好企业+好产品"(俗称"A+B")的制标模式。2019年7月8日《"品字标浙江制造"品牌服务评价要求》(DB33/T 2221-2019)发布实施,"品字标浙江制造"标准体系开始向"好服务"迈进,力争实现"好企业""好产品""好服务"三好并举,实现"A+B+C"标准体系的初步构建。"好企业"即先进企业,体现在卓越管理、研发品控、先进制造等要素上,"好企业"标准(即A标)属于地方标准,规定了企业需要满足的组织环境和战略、领导作用、策划、支持、运行、绩效评价、改进七方面的管理要求,确保企业的质量保证能力;"好产品"即可靠产品,体现在真材实料、经久耐用、性能优化、安全保障等要素上,"好产品"标准(即B标)属于团体标准,包含技术要求、基本要求和质量承诺要求三方面,确保产品的性能与可靠性;"好服务"即优质服务,体现在优售后、重承诺、可追溯等要素上,"好服务"标准(即C标)属于地方标准,主要规定了"品字标浙江制造"品牌服务的货真价实、质量安全、服务优质、纠纷快处等要求,以提升消费者满意度。只有同时满足A标规范的管理要求、B标针对具体产品的个性要求、C标针对品牌产品的服务要求,并通过"品字标浙江制造"认证,才能真正被称为"品字标浙江制造"产品。

## 二、组织体系

"品字标浙江制造"背后有高于行业标准和国家标准,甚至比肩国际标准的质量支持。高质量品牌形象的塑造离不开良好运作的组织体系。"品字标浙江制造"组织体系由浙江省市场监督管理局牵头,通过组建浙江省品牌建设联合会(简称"省品联会")负责具体的品牌管理活动,包括标准研制工作和认定工作。在标准研制过程中,浙江省品牌建设联合会协同龙头企业、科研院所、检测认证机构、高等院校、行业协会等社会资源共同参与;在认定过程中,需要国际认证联盟的参与来完成"自我声明"模式中的第三方认证。

其中,浙江省市场监督管理局是浙江省政府直属机构,起到了统筹规划的作用,主要通过发布政策文件等方式支持"品字标浙江制造"的发展、强化质量基础设施建设、确保"品字标浙江制造"的持续发展。省品联会对"品字标浙江制造"品牌标识统一确认授权,负责沟通并有效传递浙江省市场监督管理局对"品字标浙江制造"建设的要求和建议,协调各成员机构顺利开展品牌建设各项工作,开展宣传推广,不断提升"品字标浙江制造"的市场知名度与美誉度等工作。国际认证联盟负责权威认证和证书发布,并确保认证过程中的独立性和权威性,截至2018年9月,其成员已包括方圆标志认证集团、中国质量认证中心、杭州万泰认证有限公司、杭州汉德质量认证服务有限公司、苏州UL美华认证有限公司、必维欧亚电气技术咨询服务(上海)有限公司、上海天祥质量技术服务有限公司、通标标准技术服务有限公司、南德认证检测(中国)有限公司、浙江方圆检测集团股份有限公司、威凯认证检测有限公司、莱茵检测认证服务(中国)有限公司、中国建材检验认证集团股份有限公司、中国船级社质量认证公司这14家高品质认证检测机构（见图4-2）。标准牵头组织制定单位负责标准制定过程技术指导，标准研制工作组则负责标准具体的编写工作。

图4-2 国际认证联盟成员

## 三、发展成效

"品字标浙江制造"自提出以来，通过多年实践，已形成了较为完善的品牌建设制度体系，得到了广大企业和组织的积极响应，制定了一批"国内一流、国际先进"的"浙江制造"团体标准，大量企业通过对标达标获得了"品字标浙江制造"品牌认证，增强了企业与产品的市场竞争力，国内外品牌影响力不断攀升，多个传统产业实现迭代升级，企业和产业逐步走向价值链、产业链的中高端，"品字标浙江制造"建设成效显著。

一方面，"浙江制造"团体标准制定数量和"品字标浙江制造"认证数量呈现出强劲的增长态势。2014—2019年，省品联会累计发布"浙江制造"团体标准1502项，发放"品字标浙江制造"认证证书962张，国际认证证书150张，培育"品字标浙江制造"认证企业564家，授权"自我声明"证书400张，培育"自我声明"企业230家。标准研制与企业培育精准聚焦数字经济"一号工程"，全面辐射浙江十大重点传统制造业，基本覆盖战略新兴产业，"品字标浙江制造"区域公共品牌的影响力与日俱增。

另一方面，"品字标浙江制造"品牌建设工程成效显著，在"点"上打响了一批能够代表"品字标浙江制造"的名品，"线"上打响了一批能够代表"品字标浙江制造"的知名行业，"面"上打响了一批有知名度的区域公共品牌，一大批实体经济由此摆脱"低端锁定"，企业效益摆脱"低谷徘徊"，诸如台州马桶盖、嵊州集成灶等一大批块状产业品质高地快速崛起，"品字标浙江制造"区域公共品牌逐渐成为中国标杆品牌和国际知名品牌，在提高企业经济效益、增强产品国内外市场竞争力、提升品牌的溢价能力和国际影响力等方面成效显著。"品字标浙江制造"优质优价的品牌效应给企业经济效益带来了巨大的变化，2019年上半年，浙江省"品字标浙江制造"企业主营业务收入约2841亿元，利润总额343亿元，同比增长16%，远高于非"品字标浙江制造"企业。

# 第三节　标准研制与品牌认定

　　"品字标浙江制造"严格的标准研制流程确保了其"国内一流,国际先进"的先进性水平,规范的认定流程确保了认定的严谨性,多种认定方法的结合确保了认定的科学性。"品字标浙江制造"以"高标准+严认定"的方式对符合高标准、高质量要求的浙江企业和产品进行认定,使一大批好企业、好产品、好服务脱颖而出,形成了集质量、技术、服务、信誉为一体,市场与社会公认的区域公共品牌。

## 一、标准研制

　　标准是国民经济和社会发展的重要技术支撑,"品字标浙江制造"标准可分为"好企业"(A标准)、"好产品"(B标准)和"好服务"(C标准)三部分。A标准和C标准为地方标准,是各个企业通用的标准规范,由浙江省市场监督管理局提出并归口。B标准为"浙江制造"团体标准,是各行业、各产品个性化的要求,是依法成立的社会团体为了满足市场和创新的需要,协调相关市场主体共同来制定的标准,由省品联会提出并归口。

　　制定"浙江制造"团体标准的一般程序包括七个阶段:标准立项建议的提出、标准立项建议的论证、标准起草、评审、批准发布、复审和监督。标准立项建议的提出阶段,省品联会面向社会公开征集"浙江制造"团体标准立项建议;标准立项建议的论证阶段,主要包括形式审查、答辩会审和计划发布,省品联会对相关材料进行审查并在答辩会审通过后向社会进行为期5日的公示;标准起草研制阶段,包括启动、研讨和征求意见三个环节,牵头单位(或主要起草单位)拟定工作组名单和标准研制工作计划等前期准备后召开启动会和研讨会,最终形成包含技术要求、基本要求和质量承诺要求三部分的团体标准草案及标准编制说明,并组织开展征求意见环节;团体标准的审评阶段,包括申请审查和组织评审,牵头单位(或主要起草单位)根据评审专家提出的意见建议,对标准送审稿进行修改完善,形成标准报批稿;标准报批稿形成后进入批准发布阶段,在省品联会官网予以全文发布,并免费供社会查阅;在"'浙江制造'团体标准"发布后,省品联会将定期组织复审,对已不符合"浙江制造"团体标准定位要求等情况进行复审,确定修订或废止;在"浙江制造"团体标准形成过程中,浙江省市场监督管理局会以抽查的方式,对其进行监督,对于不符合制定和复审要求的"浙江制造"团体标准,责令有关单位对其进行整改。

　　"品字标浙江制造"坚持"国内一流、国际先进"的定位,以高标准带动浙江省制造业整体实现转型升级。在标准研制过程中,主要有四个关口,通过科学统筹、标准研制流程规范化、多部门专家参与,省品联会在三"性"三"好"以及四个方面严把"立项关";在人员、方法、时间等方面聚焦"研制关";在评审原则、目的、职责分工、专家评审等方面完善"评审关";在复审条件、修订流程、职责分工等方面把好及时"修订关"。严把"四个关口",遵循五性(合规性、必要性、先进性、经济性和可操作性)并举原则,保证标准研制流程的科学性和严谨性,激活团体标准的市场和公共属性,实现品质标杆、创新领先。

目前浙江制造标准申报系统已在省品联会官方网站上线,在标准立项建议提出、标准研讨、征求意见、评审和报批阶段,申请"浙江制造"团体标准制定的企业只需线上完成相关材料提交和通知确认等操作,就可完成标准申报到发布的整个流程。

## 二、认定模式

标准的研制与发布为"品字标浙江制造"开展品牌认定提供了依据和指引,品牌认定渠道则有助于促进标准实施,"品字标浙江制造"认定模式包括"第三方认证"模式(包括"一次认证多国证书"模式)和"自我声明"模式。

"第三方认证"模式,即依托国际认证联盟,由联盟成员机构作为认证实施主体组织开展"品字标浙江制造"认证工作,根据"'浙江制造'评价规范"(A标准)和"'浙江制造'团体标准"(B标准)评价企业管理水平、产品质量技术先进程度的综合性的创新认证模式。A标准集品质卓越、自主创新、产业协同、社会责任和先进的质量管理方法为一体,通过专家评审与评分判断组织是否达到《"浙江制造"评价规范 第2部分:管理要求》(DB33/T 944.2-2017);B标准从产品品质、生命周期、标杆定位等方面客观公正地提供了评价产品特性的依据,由符合要求的检测机构进行产品检验,以此判定产品是否合格,同时满足A和B两项标准才能通过认证。截至2019年年底,国际认证联盟已集聚了国内外最有影响力的14家高品质认证机构,涵盖EAC、GC、GS、ETL等国际合作证书,帮助"品字标浙江制造"实现检验检测认证的一站式服务。

"第三方认证"模式进行了两次升级改革,在原有的"一个机构、一次认证、一张证书"模式("品字标浙江制造"认证证书)的基础上,利用国际认证联盟的优势,相继推出了"一个机构、一次认证、多国证书"模式("品字标浙江制造"认证证书+一张或多张国际认证证书)和"多个机构、一次认证、多国证书"模式("品字标浙江制造"认证证书+多张国际认证证书)。"一次认证、多国证书"认证模式下,企业只需按照一个"品字标浙江制造"标准,进行一次产品检测,多机构进场开展一次现场审核,即可颁发"品字标浙江制造"及多国认证证书。"一次认证、多国证书"认证模式极大程度上减少了重复检测和审核工作,降低了审核费用,提高了获证效率,减轻了企业认证的压力,为"品字标浙江制造"产品快速进入多国市场提供了通行证。

"自我声明"模式则是在"第三方认证"模式的基础上,引入了信用手段,可细分为"自我声明+承诺"和"自我声明+保险"两种模式。在"自我声明+承诺"模式下,申请组织须曾获市级以上政府颁发的质量奖项(组织类),且管理体系持续有效运行,同时以承诺书的形式对产品符合标准要求、品牌标识使用等四方面做出承诺;"自我声明+保险"模式下,申请组织管理体系应持续有效运行,"品字标浙江制造"品牌保险应在合同履行期限内,且被"品字标浙江制造"品牌管理机构采信,由保险公司为符合"品字标浙江制造"品牌标准的企业提供产品质量相关保险。"自我声明"模式的提出是"品字标浙江制造"的创新举措之一,切实解决了品牌维护费钱、费时间、费精力的问题,帮助企业缩短时限提高效率,降低企业认证成本。

### 三、认定流程

"第三方认证"模式的实施主要是国际认证联盟以"'浙江制造'评价规范"为基准,研究制定了《"浙江制造"第2部分:管理要求 评审指南》,将"品质卓越、自主创新、产业协同、社会责任"的基本理念和先进的质量管理方法融为一体,对企业的管理水平进行评价,筛选出一批体现"品质卓越、自主创新、产业协同、社会责任"特征的好企业。由国际认证联盟结合"'浙江制造'团体标准",从产品品质、生命周期、标杆定位等方面量身定做一套产品认证实施细则,客观公正地评价产品特性,帮助消费者识别优质产品。

"第三方认证"模式的具体流程包括(见图4-3):认证申请与受理阶段,有申请认证意愿的企业可对照"'浙江制造'团体标准"等相关文件进行自我评价并向认证联盟成员机构提出认证申请;产品检验阶段,文件评审通过后申请人可选择工厂现场审核时抽样或提前按照要求送样进行检验,也可提交具有资质和能力的第三方检测机构出具的有效检验检测报告载明的需要进行差异性补充测试的项目;初次工厂审核阶段,主要内容包括工厂综合能力评价和产品一致性评价;认证结果评价与决定阶段,是指认证机构对产品检验、工厂审核结论进行综合评价,评价合格后,向企业委托人颁发产品认证证书;获证后监督阶段,认证机构需对认证产品及其生产企业实施获证后监督,以确保持续满足《"浙江制造"评价规范 第1部分:通用要求》(DB33/T 944.1-2014)和《"浙江制造"评价规范 第2部分:管理要求》(DB33/T 944.2-2017);到期再认证阶段,企业在证书到期需再次进行认证。

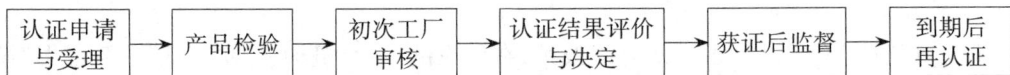

认证申请与受理 → 产品检验 → 初次工厂审核 → 认证结果评价与决定 → 获证后监督 → 到期后再认证

图4-3 "第三方认证"模式的认证流程

"自我声明"模式的授权工作由省品联会负责。相较于"第三方认证"模式,"自我声明"模式在流程上更为简洁。通过深入总结"自我声明"评价模式试点工作经验,省品联会对相关制度进行了优化完善,制定了《"品字标"品牌标识使用授权("自我声明"模式)工作规范(试行)》。依据上述文件,"自我声明"式的实施步骤为(见图4-4):在省品联会官网注册后,进入"品字标浙江制造"授权申请阶段,申请组织通过网站在线提交备案申请资料;在形式审查阶段,由省品联会对提报的备案资料进行形式审查。未通过形式审查的退回申请组织修改;通过形式审查后,省品联会对项目进行"预授权",企业需要上传贴标材料;在申请组织完成贴标情况资料上传并经确认符合要求后,可以生成《"品字标"公共品牌标识使用授权证书》并在线下载授权证书。

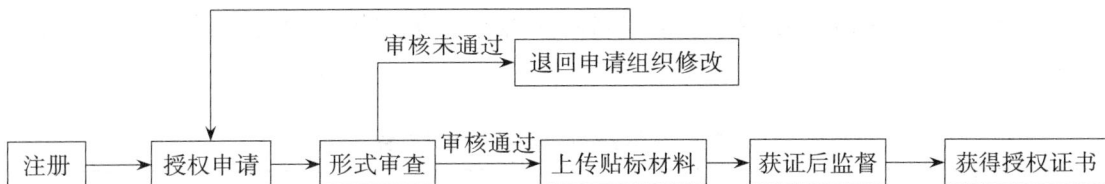

图4-4 "自我声明"模式的认证流程

# 第四节 政策支持

创建区域公共品牌是政府、企业、协会、社会合力作用的结果,其中地方政府是区域公共品牌形成过程中不可或缺的重要主体之一,在区域公共品牌的构建、维护和发展过程中扮演着主导角色,发挥了策划、启动、引导、推动、协调等作用。尤其是在不可避免的"市场失灵"或"系统失灵"情况下,政府的地位更加凸显。在区域公共品牌的形成过程中,政府构建性明显大于市场生成性,地方政府创建区域公共品牌的主观偏好与政策导向很大程度上主导了区域公共品牌演进的方向、速度及可持续发展水平。

"品字标浙江制造"的发展也离不开浙江省政府的各种支持政策。从具体内容来看,支持政策可以分为制度建设、标准的制定与认证、品牌培育和宣传等几个方面,这些具体实施意见和扶持政策促进了浙江省标准、质量、品牌、公共服务和制度等质量基础设施的不断进步和完善,并且为浙江企业、浙江产品迈向更高品质、更高水平,走出国门提供了有效途径和保障,是浙江标准强省、质量强省、品牌强省建设的强有力保证。

首先,浙江省政府及相关部门根据品牌整体利益制定了最根本的目标和行动方针,颁布了各类纲领性政策规范以完善"品字标浙江制造"的制度建设(见表4-1),确保"品字标浙江制造"可以稳步发展,并根据实际情况适时调整,为"品字标浙江制造"各部门明确主要目标、主要任务等提供方向。2013年5月,中共浙江省委十三届三次全会通过《关于全面实施创新驱动发展战略 加快建设创新型省份的决定》,提出"全面提升浙江制造品牌影响力"决策,为"品字标浙江制造"构想的提出奠定了政策基础;2016年5月,浙江省质量强省工作领导小组制订了《"浙江制造"品牌建设三年行动计划(2016—2018年)》,做出了在新时期构建浙江标准体系,提高浙江制造产品品质,打响浙江制造品牌的重要部署;2017年7月,浙江省人民政府印发《浙江省质量提升三年行动计划(2017—2019年)》,通过加强标准、质量、品牌和公共服务、质量技术基础、制度等供给,推动品牌梯度培育体系建设,全面提升浙江经济社会发展的质量水平;2018年7月,浙江省人民政府又下发了《浙江省数字化转型标准化建设方案

（2018—2020年）》，提出强化"品字标浙江制造"标准数字化要求，促进传统制造业高速发展；等等。

表4-1 "品字标浙江制造"相关文件

| 发布时间 | 纲领文件 | 内容摘要 |
|---|---|---|
| 2013年5月 | 《关于全面实施创新驱动发展战略、加快建设创新型省份的决定》 | 全面提升"浙江制造"品牌形象。大力实施品牌创新、质量创新和标准创新工程，推动优势产业采用国际先进标准，加强质量管理，提升产品品质，创立知名品牌。以名企、名品、名家"三名工程"为抓手，深入实施知识产权战略、标准化战略和品牌战略 |
| 2016年5月 | 《浙江制造品牌建设三年行动计划（2016—2018）》 | 全面提升浙江省制造业的制造能力、品牌优势、质量水平，努力实现高品质、高水平本土制造，把"浙江制造"打造成"中国制造"的标杆和浙江经济的"金字招牌"，为打造浙江经济升级版奠定坚实基础 |
| 2017年7月 | 《浙江省质量提升三年（2017—2019）行动计划》 | 抓好品牌培育。持续开展行业龙头企业、"单打冠军"摸底调查，实行"一企一策"重点帮扶举措。抓好省市名牌、省市政府质量奖和"浙江制造""三驾马车"，鼓励和引导优势龙头企业开展品牌经济贡献排名、品牌价值评价、用户满意度测评等活动，指导企业提升品牌价值和效应，建立健全品牌激励机制…… |
| 2018年7月 | 《浙江省数字化转型标准化建设方案（2018—2020年）》 | 强化"品字标"浙江制造标准数字化要求，促进传统制造业高质量发展。开展创业孵化、协同创新、网络众包等"双创"平台标准化复制推广，制定并推广一批支撑制造业创新基地建设的共性和前沿技术标准 |
| 2019年1月 | 《浙江省高质量发展指标体系实施办法》 | 以2022年为目标期，从质效提升、结构优化、动能转换、绿色发展、协调共享、风险防范六个方面66个指标对全省高质量发展水平和进程进行评价考核 |
| 2020年1月 | 《浙江省块状特色经济质量提升三年行动计划（2020—2022年）》 | 继续完善以"区域品牌、先进标准、市场认证、国际认同"为核心的品牌制度体系，打造一批有竞争力的"品字标浙江制造"公共品牌。加大区域品牌宣传推广力度，积极参加中国品牌日系列活动，推动块状特色经济争创国家产业集群区域品牌建设试点和火炬计划特色产业基地……力争到2022年，"品字标浙江制造"品牌企业达到1200家以上 |

其次，浙江省政府发布了相关政策推动标准的制定与认证工作。为加大"浙江制造"品牌建设力度，浙江省政府在《浙江省国家标准化综合改革试点工作方案》中提出构建新型"浙江标准"体系的要求，地方政府积极响应并设置了标准研制/修订与认证的相关奖励以激发企业的参与热情，鼓励企业参与标准修订研制以及"品字标浙江制造"认证，积极引导重点行

业龙头企业参与品牌建设工作,部分政策见表4-2。一方面,标准研制是"品字标浙江制造"活动开展的核心工作,对主导或参与制(修)订并发布"'浙江制造'团体标准"的企业,各地市分别给予5万~100万元的资金补助。另一方面,各地政府出台政策激励企业参与"品字标浙江制造"认证和"品字标浙江制造"国际互认,给予了最高达50万元的现金奖励。在浙江省各地区出台的一系列鼓励认证的相关政策中,主要以现金奖励或补助为主。这种现金奖励或补助方式不仅激励了更多的企业参与"品字标浙江制造"认证活动,更是对获得认证的企业和产品的肯定。

表4-2　浙江省各地市"浙江制造"有关奖励

| 地区 | | 标准奖励/万元 | | 认证奖励/万元 | | 总计 | 政策依据 |
|---|---|---|---|---|---|---|---|
| | | 市级 | 区县级 | 市级 | 区县级 | | |
| 宁波 | 海曙区 | 20 | 15 | 30 | 10 | 75 | 《关于宁波市推进"中国制造2025"试点示范城建设的若干意见》(甬政发〔2017〕12号),有效期至2019年12月31日<br>《海曙区全面推进"品字标浙江制造"集中培育工作实施方案》(海政办发〔2018〕99号) |
| 宁波 | 江北区 | 20 | 10 | 30 | 10 | 70 | 《江北区落实宁波建设"中国制造2025"试点示范城的若干政策》(北区政发〔2017〕42号) |
| 宁波 | 镇海区 | 20 | 10 | 30 | 20 | 80 | 《镇海区人民政府关于印发促进镇海区经济发展的若干意见的通知》镇区委〔2018〕32号 |
| 宁波 | 北仑区 | 20 | 10 | 30 | 20 | 80 | 《北仑区(开发区)促进产业结构调整专项资金扶持政策》(仑政〔2019〕34号) |
| 宁波 | 鄞州区 | 20 | 15 | 30 | 10 | 75 | 《关于2019年鄞州区经济发展的若干政策意见》(甬鄞党发〔2019〕6号),有效期至2019年12月31日 |
| 宁波 | 奉化区 | 20 | 8 | 30 | 8 | 66 | 《关于推进"中国制造2025"工作的若干意见》,有效期至2019年12月31日 |
| 宁波 | 余姚 | 20 | 5 | 30 | 10 | 65 | 《关于加快"中国制造2025浙江行动"试点示范市建设助推智能经济发展的若干意见》(余党发〔2017〕37号),有效期至2019年12月31日 |
| 宁波 | 慈溪 | 20 | 15 | 30 | 6 | 71 | 威武!慈溪:"浙江制造"标准领跑宁波,http://www.sohu.com/a/167011209_685341 |
| 宁波 | 宁海县 | 20 | 10 | 30 | 20 | 80 | 《关于进一步优化产业政策加快转型升级的若干意见》 |

续　表

| 地区 | | 标准奖励/万元 | | 认证奖励/万元 | | 总计 | 政策依据 |
|---|---|---|---|---|---|---|---|
| | | 市级 | 区县级 | 市级 | 区县级 | | |
| 宁波 | 象山县 | 20 | 10 | 30 | 15 | 75 | 《关于推进"中国制造2025"试点示范工作加快智能经济发展的若干意见》(县委发〔2017〕2号),有效期至2019年12月31日 |
| 宁波 | 杭州湾新区 | 20 | 8 | 30 | 15 | 73 | 新区已获得"浙江制造"认证证书8张,http://hzwxq.investchn.com/index.php/News/detail/id/34561.html |
| 宁波 | 保税区 | 20 | 10 | 30 | 15 | 75 | 《宁波保税区管委会关于促进工业经济稳定增长的若干意见》 |
| 宁波 | 大榭开发区 | 20 | 10 | 30 | 10 | 70 | 《宁波大榭开发区管委会关于加快推进经济高质量发展的政策意见》(甬榭管〔2018〕9号),有效期至2020年12月31日 |
| 宁波 | 国家高新区 | 20 | 5 | 30 | 15 | 70 | 《宁波国家高新区(新材料科技城)管委会关于加快推进产业发展的政策意见》 |
| 宁波 | 东钱湖 | 20 | 15 | 30 | 10 | 75 | 《关于印发宁波东钱湖旅游度假区2018—2020年加快工业经济发展若干意见的通知》,有效期至2020年12月31日 |
| 台州 | 椒江区 | 15 | 5 | 20 | 10 | 50 | 《台州人民政府关于加强"三强一制造"建设加快质量提升的若干意见》(台政发〔2017〕13号)椒江又两项"浙江制造"标准获批立项,http://www.jj.gov.cn/art/2018/4/11/art_1311043_1722799.html |
| 台州 | 黄岩区 | 15 | 0 | 20 | 10 | 45 | 《关于推进民营经济高质量发展的若干政策意见》(黄区委发〔2019〕3号) |
| 台州 | 路桥区 | 15 | 0 | 20 | 0 | 35 | 《台州人民政府关于加强"三强一制造"建设加快质量提升的若干意见》(台政发〔2017〕13号) |
| 台州 | 温岭 | 0 | 20 | 0 | 40 | 60 | 《关于进一步推进产业转型升级振兴实体经济的若干意见》 |
| 台州 | 临海 | 0 | 5 | 0 | 20 | 25 | 《临海人民政府关于印发强化创新驱动振兴实体经济若干意见的通知》(临政发〔2017〕28号) |
| 台州 | 玉环 | 0 | 10 | 0 | 50 | 60 | 《玉环市人民政府关于进一步加强"三强一制造"建设加快质量提升的若干意见》(玉政发〔2019〕11号) |

| 地区 | | 标准奖励/万元 | | 认证奖励/万元 | | 总计 | 政策依据 |
|---|---|---|---|---|---|---|---|
| | | 市级 | 区县级 | 市级 | 区县级 | | |
| 台州 | 三门县 | 0 | 10 | 0 | 20 | 30 | 《关于加快工业经济转型发展的意见》(三县委〔2016〕3号)《三门县人民政府关于鼓励工业经济发展的若干意见》 |
| 台州 | 天台县 | 0 | 10 | 0 | 20 | 30 | 《关于加快创新驱动推进工业经济高质量发展的若干意见》(天政办发〔2019〕35号) |
| 台州 | 仙居县 | 0 | 10 | 0 | 20 | 30 | 《关于促进工业经济转型升级加快生态工业发展的若干意见》(仙县委发〔2016〕81号) |
| 金华 | 婺城区 | 20 | 0 | 50 | 0 | 70 | 《金华人民政府关于加快民营经济高质量发展的若干政策意见》(金政发〔2018〕47号),有效期至2020年12月31日 |
| 金华 | 金东区 | 20 | 0 | 50 | 0 | 70 | 《金华人民政府关于加快民营经济高质量发展的若干政策意见》(金政发〔2018〕47号),有效期至2020年12月31日 |
| 金华 | 经济开发区 | 20 | 0 | 50 | 0 | 70 | 《金华人民政府关于加快民营经济高质量发展的若干政策意见》(金政发〔2018〕47号),有效期至2020年12月31日 |
| 金华 | 兰溪 | 0 | 20 | 0 | 10 | 30 | 《关于推进"浙江制造"品牌建设的实施意见》(兰政办发〔2016〕27号) |
| 金华 | 东阳 | 0 | 20 | 0 | 50 | 70 | 《东阳"浙江制造"品牌培育试点工作实施方案》(东政办发〔2018〕182号) |
| 金华 | 义乌 | 0 | 20 | 0 | 30 | 50 | 《关于推动实体经济高质量发展的若干意见(试行)》(义政发〔2018〕54号),有效期至2020年12月31日 |
| 金华 | 永康 | 0 | 20 | 0 | 50 | 70 | 《关于深入开展"中国制造2025"浙江行动试点示范全面振兴实体经济的若干意见》(永委发〔2018〕8号),有效期至2020年12月31日 |
| 金华 | 浦江县 | 0 | 30 | 0 | 50 | 80 | 《浦江县人民政府办公室关于促进实体经济稳步发展的若干意见》(浦政办发〔2019〕59号) |
| 金华 | 武义县 | 0 | 30 | 0 | 80 | 110 | 《武义县实施品牌标准战略扶持奖励办法(修订)》(武政办〔2018〕125号) |

续 表

| 地区 | | 标准奖励/万元 | | 认证奖励/万元 | | 总计 | 政策依据 |
|---|---|---|---|---|---|---|---|
| | | 市级 | 区县级 | 市级 | 区县级 | | |
| 金华 | 磐安县 | 0 | 20 | 0 | 30 | 50 | 《磐安县人民政府关于促进工业经济高质量发展的实施意见》(磐政〔2019〕88号),有效期至2022年10月27日 |
| 温州 | 鹿城区 | 0 | 30 | 0 | 30 | 60 | 《培育引进新兴产业改造提升传统产业加快壮大温州发展新动能的实施意见(试行)》 |
| 温州 | 瓯海区 | 0 | 30 | 0 | 30 | 60 | 《培育引进新兴产业改造提升传统产业加快壮大温州发展新动能的实施意见(试行)》 |
| 温州 | 龙湾区 | 0 | 30 | 0 | 30 | 60 | 《培育引进新兴产业改造提升传统产业加快壮大温州发展新动能的实施意见(试行)》 |
| 温州 | 洞头区 | 0 | 30 | 0 | 30 | 60 | 《培育引进新兴产业改造提升传统产业加快壮大温州发展新动能的实施意见(试行)》《关于加快海洋经济高质量发展促进海洋强区建设的资金扶持办法(试行)》 |
| 温州 | 乐清 | 0 | 30 | 0 | 30 | 60 | 《培育引进新兴产业改造提升传统产业加快壮大温州发展新动能的实施意见(试行)》 |
| 温州 | 瑞安 | 0 | 30 | 0 | 50 | 80 | 《培育引进新兴产业改造提升传统产业加快壮大温州发展新动能的实施意见(试行)》《瑞安支持质量强市建设奖励政策》 |
| 温州 | 永嘉县 | 0 | 30 | 0 | 30 | 60 | 《培育引进新兴产业改造提升传统产业加快壮大温州发展新动能的实施意见(试行)》 |
| 温州 | 平阳县 | 0 | 30 | 0 | 30 | 60 | 《培育引进新兴产业改造提升传统产业加快壮大温州发展新动能的实施意见(试行)》 |
| 温州 | 泰顺县 | 0 | 30 | 0 | 30 | 60 | 《培育引进新兴产业改造提升传统产业加快壮大温州发展新动能的实施意见(试行)》 |
| 温州 | 苍南县 | 0 | 30 | 0 | 30 | 60 | 《培育引进新兴产业改造提升传统产业加快壮大温州发展新动能的实施意见(试行)》《苍南县质量强县建设奖励资金管理办法(2018年修订)》 |

| 地区 | | 标准奖励/万元 | | 认证奖励/万元 | | 总计 | 政策依据 |
|------|------|------|------|------|------|------|------|
| | | 市级 | 区县级 | 市级 | 区县级 | | |
| 温州 | 文成县 | 0 | 30 | 0 | 30 | 60 | 《培育引进新兴产业改造提升传统产业加快壮大温州发展新动能的实施意见(试行)》<br>《文成县创建新时代"两个健康"先行区加快民营经济高质量发展相关政策和具体措施》 |
| 温州 | 经济技术开发区 | 0 | 30 | 0 | 30 | 60 | 《培育引进新兴产业 改造提升传统产业 加快壮大温州发展新动能的实施意见(试行)》 |
| 温州 | 瓯江口产业集聚区 | 0 | 30 | 0 | 30 | 60 | 《培育引进新兴产业改造提升传统产业加快壮大温州发展新动能的实施意见(试行)》 |
| 温州 | 浙南科技城 | 0 | 30 | 0 | 30 | 60 | 《培育引进新兴产业改造提升传统产业加快壮大温州发展新动能的实施意见(试行)》 |
| 绍兴 | 越城区 | 10 | 0 | 10 | 0 | 20 | 《关于加快经济转型升级的若干政策意见》(绍委发〔2016〕32号)<br>《越城区(高新区)加快产业高质量发展若干政策意见》(越委办〔2018〕14号) |
| 绍兴 | 柯桥区 | 0 | 20 | 0 | 20 | 40 | 今年柯桥新立项12个"浙江制造"标准,http://www.sohu.com/a/238179137_267582 |
| 绍兴 | 上虞区 | 0 | 20 | 0 | 20 | 40 | 《绍兴上虞区加快科技创新的若干政策》,有效期至2021年12月31日 |
| 绍兴 | 诸暨 | 0 | 10 | 0 | 10 | 20 | 《关于加快产业优化升级促进经济高质量发展的若干政策意见》(市委〔2018〕22号) |
| 绍兴 | 嵊州 | 0 | 20 | 0 | 20 | 40 | 《关于促进民营经济高质量发展的若干意见》(嵊市委发〔2019〕40号),有效期至2020年12月31日 |
| 绍兴 | 新昌县 | 0 | 10 | 0 | 10 | 20 | 《新昌县人民政府关于坚持创新驱动推进工业经济高质量发展的若干意见》(新政发〔2019〕10号),有效期至2019年12月31日 |
| 嘉兴 | 南湖区 | 20 | 0 | 20 | 0 | 40 | 《嘉兴市级工业和信息化发展资金补助操作细则》(嘉经信综合〔2017〕134号) |

续 表

| 地区 | | 标准奖励/万元 | | 认证奖励/万元 | | 总计 | 政策依据 |
|---|---|---|---|---|---|---|---|
| | | 市级 | 区县级 | 市级 | 区县级 | | |
| 嘉兴 | 秀洲区 | 20 | 0 | 20 | 0 | 40 | 《嘉兴市级工业和信息化发展资金补助操作细则》（嘉经信综合〔2017〕134号） |
| 嘉兴 | 平湖区 | 0 | 15 | 0 | 30 | 45 | 《平湖推进经济转型升级创新发展若干政策意见》 |
| 嘉兴 | 海宁 | 0 | 20 | 0 | 20 | 40 | 品牌培育"开门红"！海宁取得2019年"品字标浙江制造"，https://zj.zjol.com.cn/news/1256674.html |
| 嘉兴 | 桐乡 | 0 | 10 | 0 | 30 | 40 | 《关于促进特色时尚产业提升发展的政策措施》 |
| 嘉兴 | 嘉善县 | 0 | 10 | 0 | 25 | 35 | 嘉善"浙江制造"品牌培育工作获优秀殊荣！http://www.sohu.com/a/312674076_120038237 |
| 嘉兴 | 海盐县 | 0 | 20 | 0 | 20 | 40 | 《海盐县深化推进工业强县建设的若干政策》（盐政办发〔2017〕43号） |
| 嘉兴 | 经济技术开发区 | 0 | 20 | 0 | 20 | 40 | 《嘉兴市级工业和信息化发展资金补助操作细则》（嘉经信综合〔2017〕134号） |
| 舟山 | 定海区 | 0 | 20 | 0 | 20 | 40 | 解密！定海如何在这项工作中做到"全市领先"……http://www.sohu.com/a/307514700_162972 |
| 舟山 | 普陀区 | 0 | 20 | 0 | 20 | 40 | 普陀首笔"浙江制造"品牌奖励资金落实到位，http://www.zhoushan.cn/newscenten/201903/（t20190327）_920135.shtml |
| 舟山 | 岱山县 | 0 | 20 | 0 | 20 | 40 | 《关于推进"浙江制造"品牌建设的实施意见》（征求意见稿）公开征求意见的通知，http://www.daishan.gov.cn/art/2018/5/14/art_1229288133_2709437.html |
| 舟山 | 嵊泗县 | 0 | 20 | 0 | 20 | 40 | 我县"浙江制造"标准研制实现零突破，http://www.shengsi.gov.cn/art/2018/11/19/art_1354785_25293287.html |
| 衢州 | 柯城区 | 10 | 0 | 30 | 0 | 40 | 《关于推进创新驱动加快绿色发展的若干政策意见（试行）》衢政发〔2017〕46号 |
| 衢州 | 衢江区 | 10 | 0 | 30 | 0 | 40 | 《关于推进创新驱动加快绿色发展的若干政策意见（试行）》（衢政发〔2017〕46号） |

续　表

| 地区 | | 标准奖励/万元 | | 认证奖励/万元 | | 总计 | 政策依据 |
|---|---|---|---|---|---|---|---|
| | | 市级 | 区县级 | 市级 | 区县级 | | |
| 衢州 | 江山 | 0 | 10 | 0 | 30 | 40 | 《衢州支持创品牌和实施标准化战略的实施细则》（衢质技监联〔2018〕4号） |
| 衢州 | 龙游县 | 0 | 10 | 0 | 10 | 20 | 龙游县2018年度参与标准制修订奖励资金审定公示，http://www.longyou.gov.cn/art/2019/7/1/art_1229276851_2446314.html |
| 衢州 | 常山县 | 0 | 10 | 0 | 50 | 60 | 常山：聚力"三强一制造"打造"服务高地"，https://zj.zjol.com.cn/news.html?id=669016 |
| 衢州 | 开化县 | 0 | 20 | 0 | 20 | 40 | 开化精准施力推动"浙江制造"标准化工作，http://www.zjzwfw.gov.cn/art/2016/8/5/art_923933_2017983.html |
| 衢州 | 绿色产业聚集区 | 10 | 0 | 30 | 0 | 40 | 《关于推进创新驱动加快绿色发展的若干政策意见（试行）》（衢政发〔2017〕46号） |
| 湖州 | 吴兴区 | 0 | 30 | 0 | 20 | 50 | 湖州吴兴：瞄准质量提升新标杆 打造"浙江制造"金招牌，http://www.sohu.com/a/277353360_11750359 |
| 湖州 | 南浔区 | 0 | 20 | 0 | 20 | 40 | 湖州市南浔区新增2项"浙江制造"标准，http://www.zjsis.com/contents/4294/458906.html |
| 湖州 | 德清县 | 0 | 20 | 0 | 20 | 40 | 《关于推进"浙江制造"品牌建设的实施意见》《关于进一步加快转型升级打造工业强县的若干意见》 |
| 湖州 | 安吉县 | 0 | 20 | 0 | 20 | 40 | 《关于加快工业经济高质量赶超发展若干政策的意见》 |
| 湖州 | 长兴县 | 0 | 30 | 0 | 20 | 50 | 长兴持续推进"浙江制造"品牌建设培育，http://www.zjzwfw.gov.cn/art/2018/2/9/art_923932_15494264.html |
| 湖州 | 经济技术开发区 | 0 | 15 | 0 | 10 | 25 | 湖州开发区大力推进"浙江制造"品牌建设培育工作，http://www.zjzwfw.gov.cn/art/2017/6/30/art_923932_8749512.html |
| 丽水 | 莲都区 | 0 | 20 | 0 | 20 | 40 | 莲都区又一项"浙江制造"标准成功立项，http://www.liandu.gov.cn/art/2019/4/1/art_1229378627_58941505.html |

续　表

| 地区 | | 标准奖励/万元 | | 认证奖励/万元 | | 总计 | 政策依据 |
|---|---|---|---|---|---|---|---|
| | | 市级 | 区县级 | 市级 | 区县级 | | |
| 丽水 | 龙泉 | 0 | 8 | 0 | 10 | 18 | 龙泉激发创新活力打造"浙江制造"金招牌,http://lqnews.zjol.com.cn/lqnews/system/2018/12/14/031337088.shtml |
| 丽水 | 青田县 | 0 | 20 | 0 | 30 | 50 | 以品字标"浙江制造"建设引领产业转型升级,http://baijiahao.baidu.com/s?id=1645792008912822290&wfr=spider&for=pc |
| 丽水 | 云和县 | 0 | 15 | 0 | 20 | 35 | "浙江制造"为云和木玩助力 推进产业升级,http://www.zgkjcx.com/Article/ShowArticle.asp?ArticleZD=22704 |
| 丽水 | 庆元县 | 0 | 5 | 0 | 6 | 11 | 《庆元县人民政府关于印发庆元县推进品牌创建与质量建设的若干意见的通知》(庆政发〔2014〕8号)《庆元县人民政府办公室关于加强"浙江制造"品牌创建工作的意见》(庆政办发〔2015〕205号) |
| 丽水 | 缙云县 | 0 | 16 | 0 | 20 | 36 | 缙云获批第三批"浙江制造"品牌培育试点县,http://www.sohu.com/a/218625758_99911439 |
| 丽水 | 遂昌县 | 0 | 20 | 0 | 20 | 40 | 《遂昌县质量提升三年行动计划(2017—2019年)》 |
| 丽水 | 松阳县 | 0 | 10 | 0 | 15 | 25 | 《松阳县人民政府办公室关于加强"浙江制造"品牌创建工作的意见》 |
| 丽水 | 景宁县 | 0 | 10 | 0 | 20 | 30 | 关于拟发放2018年度品牌创建与质量建设等奖励资金的公示,http://www.jingning.gov.cn/art/2019/10/22/art_1377276_39136299.html |
| 丽水 | 经济开发区 | 20 | 0 | 30 | 0 | 50 | "品"字当先 丽水打响"浙江制造"品牌,http://mpnews.zjol/com.cn/xwjj15966/201808/t20180803_7937726.shiml |
| 杭州 | 上城区 | 最高20 | / | 20 | / | / | 《杭州市"浙江制造"品牌建设资助经费管理办法》(杭质发〔2018〕144号) |
| 杭州 | 淳安县 | 最高20 | / | 20 | / | / | / |

续 表

| 地区 | | 标准奖励/万元 | | 认证奖励/万元 | | 总计 | 政策依据 |
|---|---|---|---|---|---|---|---|
| | | 市级 | 区县级 | 市级 | 区县级 | | |
| 杭州 | 临安 | 最高 20 | 10 | 20 | 30 | 60 | 临安被列入"品字标浙江制造"集中培育区, http://mpnews.zjol.com.cn/xwjj15966/201807/t20180701_7666287.shtml |
| 杭州 | 滨江区 | 最高 20 | 10 | 20 | 20 | 50 | 《区管委会区政府关于进一步加强知识产权工作的实施意见》杭高新〔2017〕66号 |
| 杭州 | 富阳区 | 最高 20 | 20 | 20 | 30 | 70 | 《富阳区关于实施"新制造业计划"推进制造业高质量发展的实施意见》(征求意见稿), http://epb.hangzhou.gov.cn/art/2019/10/18/art_1692296_38969089.html |
| 杭州 | 萧山区 | 最高 20 | 10 | 20 | 20 | 50 | 浙江杭州萧山区建设"浙江制造"品牌培育试点区取得阶段性成果, http://www.clii.com.cn/qyfz/201902/t20190211_3926144.html |
| 杭州 | 余杭区 | 最高 20 | 10 | 20 | 20 | 50 | 《余杭区支持商标品牌和标准化等建设财政政策实施细则》(余市监〔2016〕160号) |
| 杭州 | 拱墅区 | 最高 20 | 20 | 20 | / | / | 杭州浙江制造认证补贴政策 找万泰认证, http://hkjum77859.51sole.com/companynewsdetail_135422419.html |
| 杭州 | 桐庐县 | 最高 20 | 20 | 20 | 30 | 70 | 《桐庐县加强知识产权建设助推高质量发展十条政策》(桐政发〔2020〕21号) |
| 杭州 | 建德 | 最高 20 | 15 | 20 | 30 | 65 | 赞！各种补贴、资助、奖励来袭！建德惠企政策摘要解读, http://www.sohu.com/a/192052564_784615 杭州浙江制造认证补贴政策 找万泰认证, http://hkjum77859.51sole.com/companynewsdetail_135422419.htm |
| 杭州 | 西湖区 | 最高 20 | / | 20 | / | / | / |
| 杭州 | 下城区 | 最高 20 | / | 20 | / | / | / |
| 杭州 | 江干区 | 最高 20 | 10 | 20 | 10 | 40 | 江干企业满足这些条件可以领最高100万元一次性补助, https://www.sohu.com/a/204142774_100016067 |

同时,浙江省政府重视对"品字标浙江制造"宣传方面的支持,在《浙江省人民政府办公厅关于打造"浙江制造"品牌的意见》(浙政办发〔2014〕110号)中提出了对加强"品字标浙江制造"

宣传引导的要求,各地区政府也纷纷出台了"品字标浙江制造"相关配套政策来促进品牌推广。

再次,政府出台了诸多配套政策、措施和奖励机制以促进"品字标浙江制造"品牌建设,进一步提高"品字标浙江制造"的含金量与影响力。各地区根据区域产业特点,行业整体质量、品牌和效益水平等具体情况,在品牌培育方面采取了不同的政策,主要可以分为以下三方面:第一,为了让县(区)政府以及企业明确品牌发展的重要性,将品牌培育工作纳入政府对县(区)质量工作考核内容;第二,对品牌培育工作落实较好的企业进行直接资金奖励,在政府采购项目,参加国内外知名展会,挂牌、上后备企业培育等方面给予重点扶持;第三,充分利用广播、电视、报刊、网络等媒介,加大对打造"品字标浙江制造"品牌工作的宣传力度,营造良好的社会舆论氛围。注重总结、推广"品字标浙江制造"品牌培育工作中的好经验、好做法,挖掘培育"品字标浙江制造"品牌企业成功案例,充分发挥典型的示范带动作用,引领更多的企业迈入"品字标浙江制造"先进行列,促进质量效益提升和产业转型升级。

浙江省政府在制度建设、标准的制定与认证、品牌宣传、品牌培育等各方面的工作都提供了政策指引和激励,以确保"品字标浙江制造"品牌的良好运营和发展,部分政策见表4-3。除此之外,政府也对企业、认证联盟、省品联会、行业协会等多元主体提供了各种更具体的政策支持,保障了"品字标浙江制造"体系的健康运转与多元主体的积极性。例如,浙江省政府对积极参与标准制定和品牌认证的企业给予多项优惠政策,包括资金支持、人才建设、技术支持、融资等方面;给予国际认证联盟经费扶持及对认证总体工作的支持;赋权省品联会负责"品字标浙江制造"公共品牌建设各项事务,使其充当政府和企业之间的桥梁,推进"品字标浙江制造"建设工作;组织行业协会召开一系列的品牌建设工作专题会议,增强行业协会对品字标建设工作的认识,协助政府部门助推品字标建设工作高效开展。

表4-3 "品字标浙江制造"其他部分政策支持

| 支持对象 | 政策类型 | 政策列举 |
|---|---|---|
| 企业 | 资金支持 | 建立专项资金等 |
| | 人才建设 | 对高技能引进人才给予相应待遇、设立教育培训专项经费等 |
| | 技术支持 | 对通过认证的产品给予项目评选加分等 |
| | 融资方面 | 优先纳入拟挂牌、上后备企业培育名单,帮助企业减轻成本负担等 |
| 国际认证联盟 | 经费支持 | 政府拨给国际认证联盟经费以支持其用于认证实施细则编制和日常工作运转 |
| | 工作支持 | 推动相关产业政策和相关合格评定活动中采信"品字标浙江制造"认证结果 |
| 省品联会 | 工作支持 | 制定发展指导意见,如《关于加快"浙江制造"标准制定和实施工作的指导意见》 |
| 行业协会 | 工作支持 | 组织行业协会召开一系列的品牌建设工作专题会议 |

# 第 五 章

# "品字标浙江制造"品牌的公众影响力

"品字标浙江制造"品牌建设经过多方努力不断稳步推进。为了解"品字标浙江制造"品牌在全社会的影响力现状,寻找品牌建设中存在的问题,以进一步提升"品字标浙江制造"品牌影响力,本书特此开展了基于社会公众感知的"品字标浙江制造"区域公共品牌影响力调查研究。本章将从调查基本情况、品牌公众知晓度、品牌公众认知评价、发展建议四方面入手,介绍并分析调查结果。

# 第一节 调查基本情况

## 一、问卷设计与回收

本次"品字标浙江制造"区域公共品牌公众影响力调查研究采用不记名的随机问卷调查法,并运用描述统计分析法对回收的问卷数据进行后续分析。在问卷设计方面,我们在查阅品牌影响力相关文献及资料的基础上(李莎莎等,2010),确定了最初版本的问卷。接着,邀请了浙江省品牌建设联合会相关负责人,以及浙江省内多所高校专家对原始问卷进行点评,并对问卷内容做进一步的完善。此后,我们于2020年9月20日开展了预调查,旨在收集问卷设计中存在的问题。预调查的具体步骤为通过问卷星平台生成"'品字标浙江制造'品牌影响力调查研究"问卷链接,并有指向性地向内部人员以及部分社会大众发放该链接,同时通过微信问询的方式收集问题。最终,我们回收了共计41份预调查问卷,在讨论、分析、反馈问题的基础上,对问卷内容再次进行调整,并形成了最终版本的问卷。

最终版本问卷涉及三方面的内容:调查对象的人口统计学特征调查、"品字标浙江制造"品牌影响力调查、"品字标浙江制造"品牌发展与建议调查。2020年9月23日,进入正式调研阶段,我们通过问卷星平台向社会大众随机发放"'品字标浙江制造'品牌公众影响力调查研究"问卷链接,最终回收共计429份有效问卷。

## 二、调查对象人口统计学特征

从429份有效问卷中,我们收集了调查对象的性别、年龄、学历、家庭年收入、职业类型、岗位类型、所处行业类型、居住地八类人口统计特征数据,具体情况如下所述。

从调查对象的性别分布来看,男女比例较为均衡。其中,男性有242人,占比为56.41%;女性有187人,占比为43.59%(见图5-1)。

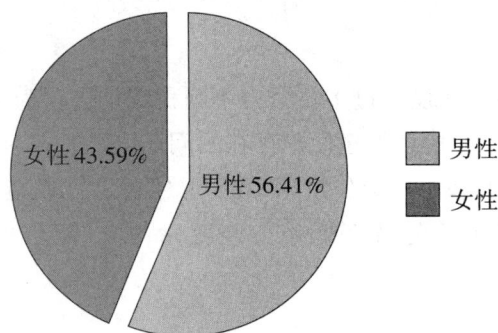

**图5-1　调查对象性别分布情况**

从年龄分布来看,调查对象大多处于31~45岁年龄区间,共有252人,占比为58.74%。其次是处于22~30岁年龄区间,共有123人,占比为28.67%;再次,是处于46~60岁年龄区间,共有48人,占比为11.19%;处于22岁以下年龄区间的,共有6人,占比为1.40%;本次调查中没有60岁以上的调查对象(见图5-2)。

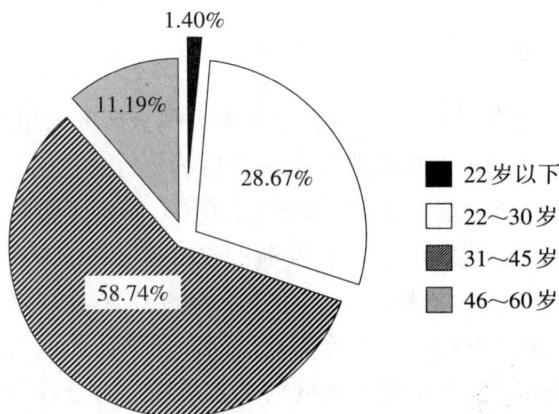

**图5-2　调查对象年龄分布情况**

从学历分布来看,调查对象大多拥有本科及以上学历。其中,学历为本科的有236人,占比为55.01%;学历为研究生的有160人,占比为37.30%;学历为大专的有27人,占比为6.29%;学历为中专及以下的有6人,占比为1.40%(见图5-3)。

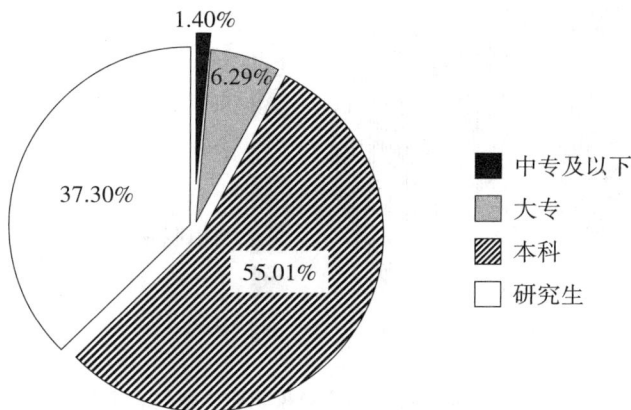

图5-3 调查对象学历分布情况

从家庭年收入情况来看,调查对象大多来自年收入为16万~30万元以及31万~50万元的中等收入家庭,分别有152人、119人,占比分别为35.43%、27.74%。其次,家庭年收入为8万~15万元(低收入家庭)的有60人,占比为13.99%,家庭年收入为51万~80万元(高收入家庭)的有56人,占比为13.05%,家庭年收入为100万元以上(富裕家庭)的有19人,占比为4.43%,家庭年收入为8万元以下(贫困家庭)的有12人,占比为2.80%,家庭年收入为81万~100万元(高收入家庭)的有11人,占比为2.56%(见图5-4)。

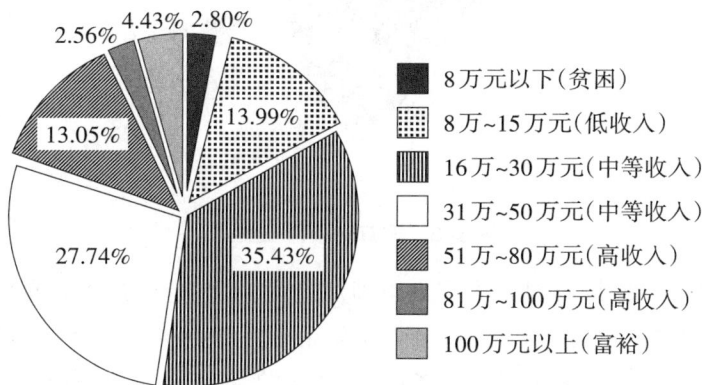

图5-4 调查对象家庭年收入情况

从职业类型分布来看,调查对象大多来自企事业单位。其中,民营企业单位人员有161人,占比为37.53%;国有企业单位人员有94人,占比为21.91%;外资及港澳台资企业单位人员有23人,占比为5.36%;事业单位人员有71人,占比为16.55%;此外,调查对象中公务人员有21人,占比为4.90%;学生有14人,占比为3.26%;自由职业者有14人,占比为3.26%;个体经营户有12人,占比为2.80%;其余19人则属于其他类型职业,占比为4.43%(见图5-5)。

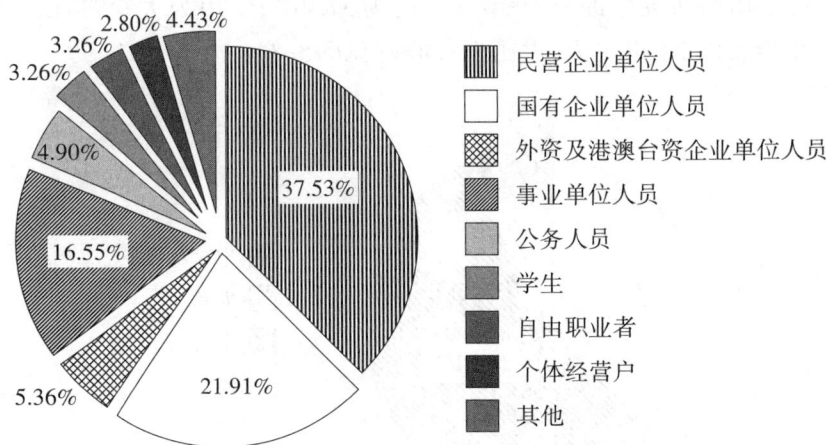

**图5-5  调查对象职业类型**

从岗位类型分布来看,调查对象大多属于基层员工,共有173人,占比为40.33%;其次是中层管理人员,有153人,占比为35.66%;再次是高层管理人员,有62人,占比为14.45%;此外,属于其他岗位类型的有41人,占比为9.56%(见图5-6)。

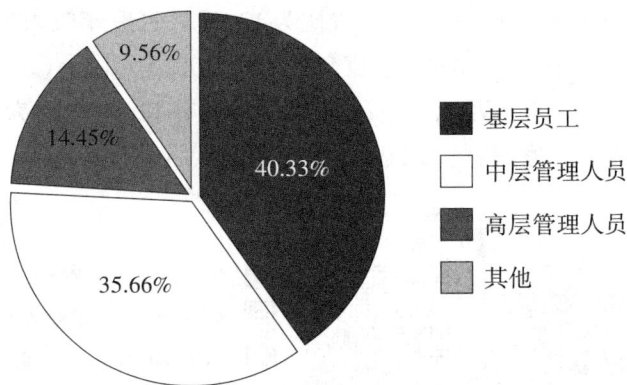

**图5-6  调查对象岗位类型**

从居住地分布来看,调查对象大多来自浙江省内,尤其是杭州市。具体来说,来自杭州的有272人,占比为63.40%;来自嘉兴的有35人,占比为8.16%;来自绍兴的有20人,占比为4.66%;来自温州的有17人,占比为3.96%;来自金华的有13人,占比为3.03%;来自丽水的有12人,占比为2.80%;来自湖州的有11人,占比为2.57%;来自台州的有11人,占比为2.57%;来自宁波的有8人,占比为1.86%;来自衢州的有3人,占比为0.70%;来自舟山的有1人,占比为0.23%。而来自浙江省外的人员则有26人,占比为6.06%(见图5-7)。

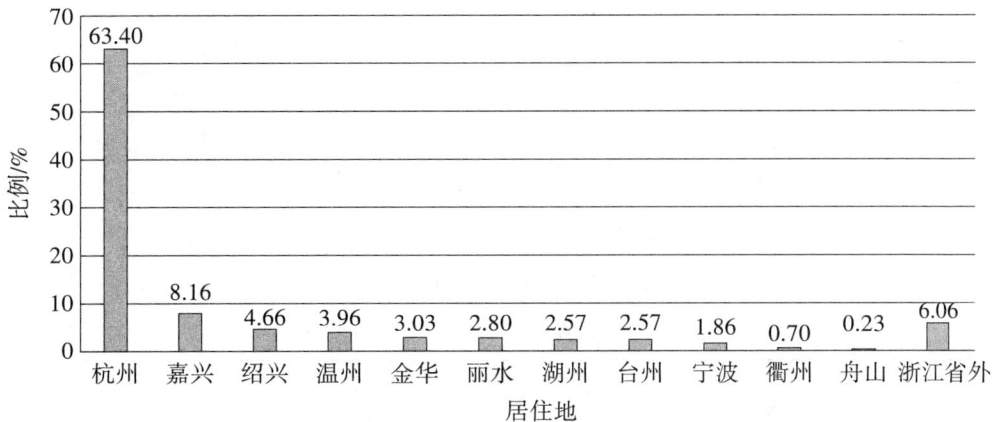

图5-7 调查对象居住地分布情况

从行业分布来看,在国民经济20个行业类别中,调查对象所处人数最多的三大行业分别是制造业(92人),占比21.45%;金融业(66人),占比15.38%;教育行业(49人),占比11.42%;其余行业分布情况如表5-1所示。

表5-1 调查对象行业分布情况

| 序号 | 行业类别 | 人数/人 | 占比/% |
|---|---|---|---|
| 1 | 制造业 | 92 | 21.45 |
| 2 | 金融业 | 66 | 15.38 |
| 3 | 教育 | 49 | 11.42 |
| 4 | 信息传输、软件和信息技术服务业 | 40 | 9.32 |
| 5 | 批发和零售业 | 28 | 6.53 |
| 6 | 建筑业 | 17 | 3.96 |
| 7 | 服务业 | 16 | 3.73 |
| 8 | 卫生和社会工作 | 16 | 3.73 |
| 9 | 科学研究和技术服务业 | 13 | 3.03 |
| 10 | 交通运输、仓储、邮政 | 10 | 2.33 |
| 11 | 租赁和商业服务业 | 9 | 2.10 |
| 12 | 房地产业 | 8 | 1.86 |
| 13 | 文化、体育和娱乐业 | 7 | 1.63 |
| 14 | 电力、热力、燃气及水生产和供应业 | 6 | 1.40 |
| 15 | 住宿餐饮业 | 3 | 0.70 |

续　表

| 序号 | 行业类别 | 人数/人 | 占比/% |
|---|---|---|---|
| 16 | 水利环境和公共设施管理业 | 3 | 0.70 |
| 17 | 采矿业 | 2 | 0.47 |
| 18 | 农林牧渔 | 1 | 0.23 |
| 19 | 居民服务、修理和其他服务业 | 1 | 0.23 |
| 20 | 其他 | 42 | 9.80 |

# 第二节　品牌公众知晓度

为有针对性地开展"品字标浙江制造"品牌公众影响力调查,我们通过设置"您是否知道'品字标浙江制造'品牌?"这一问题来区分知晓和不知晓"品字标浙江制造"品牌的人群。结果表明,在429位调查对象中,仅有90位调查对象表示自己知道"品字标浙江制造"品牌,占比为20.98%;而其余339位调查对象则表示自己不知道"品字标浙江制造"品牌,占比高达79.02%(见图5-8)。

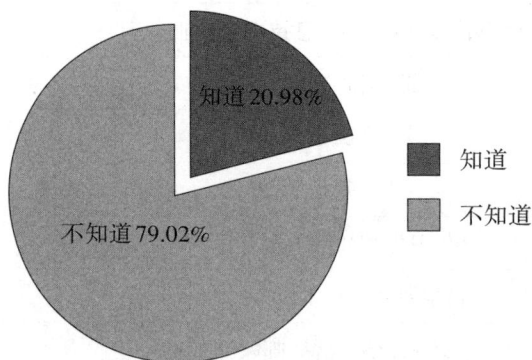

图5-8　"品字标浙江制造"品牌知晓情况

随后,我们通过对调查对象的人口统计学特征与知晓"品字标浙江制造"品牌情况做交叉分析,并综合"知晓人数"与"知晓人数占总调查人数的比重(知晓率)"两个指标结果,探讨分析了90位知晓"品字标浙江制造"品牌的人群特征(受随机抽样的系统影响,本次调研存在样本不均衡问题,为排除该干扰,我们以"知晓率"这一相对指标为主,假设各选项样本相对可比)。同时,我们还就339位不知晓"品字标浙江制造"品牌的人群简单询问了其不知晓的原因。具体情况如下所述。

## 一、品牌知晓人群特征

大龄人群中知晓"品字标浙江制造"品牌的较多。通过对调查对象的年龄与是否知晓"品字标浙江制造"品牌两个选项结果做交叉分析可知,知晓"品字标浙江制造"品牌的人群集中在22岁以上。其中,在46~60岁年龄段的调查对象中,有22人知晓"品字标浙江制造"品牌,知晓率最高,为45.83%;在22~30岁年龄段调查对象中,有27人知晓"品字标浙江制造"品牌,知晓率为21.95%;在31~45岁年龄段调查对象中,有41人知晓"品字标浙江制造"品牌,知晓率为16.27%(见图5-9)。

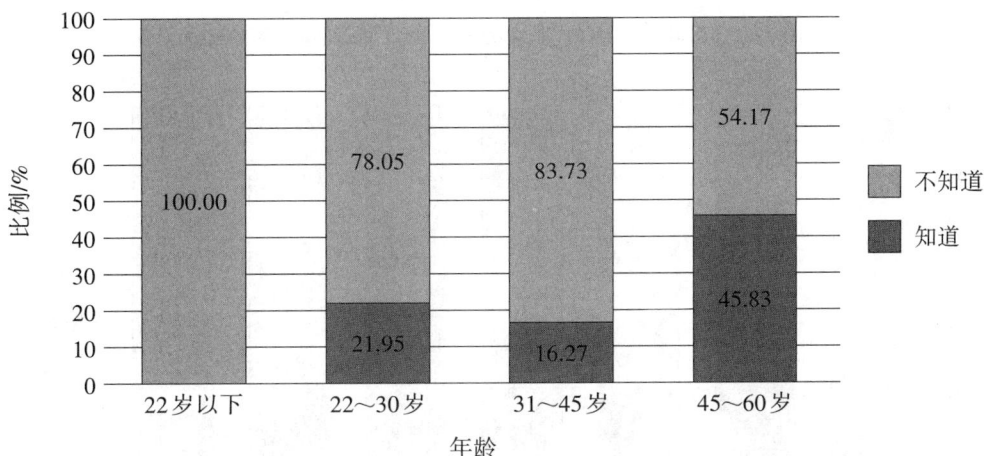

图5-9 调查对象的年龄与"品字标浙江制造"品牌知晓率的交叉分析

低学历人群中知晓"品字标浙江制造"品牌的较多。通过对调查对象的学历与是否知晓"品字标浙江制造"品牌两个选项结果做交叉分析可知,在中专及以下学历的调查对象中,6人中有5人知晓"品字标浙江制造"品牌,知晓率最高,为83.33%;在大专学历的调查对象中,有11人知晓"品字标浙江制造"品牌,知晓率为40.74%;在拥有本科、研究生学历的调查对象中,分别有38人、36人知晓"品字标浙江制造"品牌,知晓率分别为16.10%、22.50%(见图5-10)。

中低收入人群中知晓"品字标浙江制造"品牌的较多。通过对调查对象的家庭年收入与是否知晓"品字标浙江制造"品牌两个选项结果做交叉分析可知,在家庭年收入为8万元以下、8万~15万元、16万~30万元、31万~50万元(贫困、低收入、中等收入家庭)的调查对象中,"品字标浙江制造"品牌知晓率较高,分别有3人、16人、32人、27人知晓"品字标浙江制造"品牌,知晓率分别达25.00%、26.67%、22.69%、21.05%,均超过20.00%水平;而在家庭年收入为51万~80万元、81万~100万元、100万元以上(高收入、富裕家庭)的调查对象中,"品字标浙江制造"品牌知晓率较低,分别有7人、2人、3人知晓"品字标浙江制造"品牌,知晓率分别为12.50%、18.18%、15.79%,均低于20.00%水平(见图5-11)。

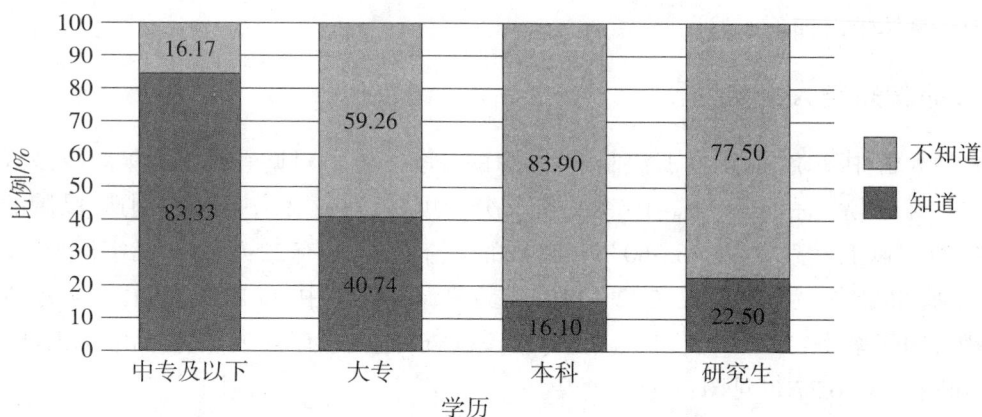

图5-10 调查对象的学历与"品字标浙江制造"品牌知晓率的交叉分析

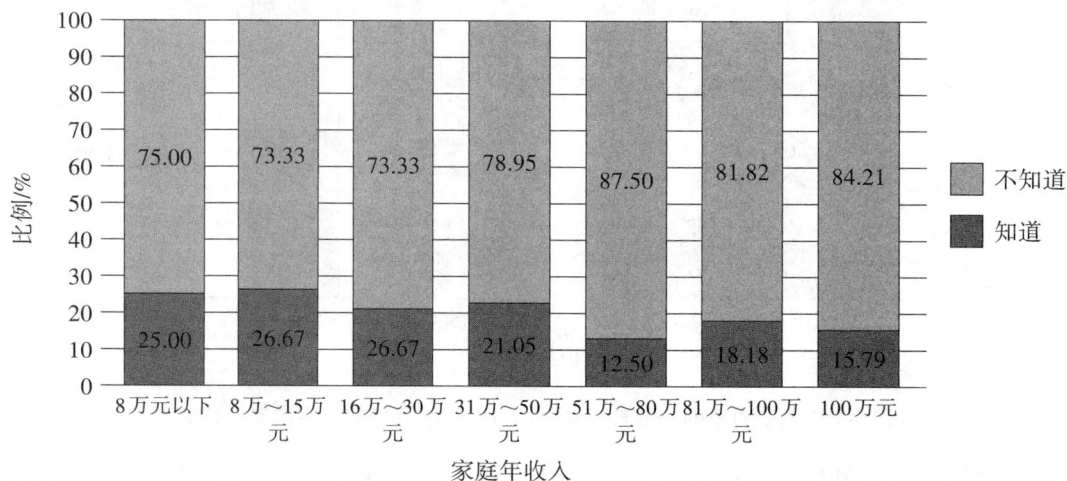

图5-11 调查对象的家庭年收入与"品字标浙江制造"品牌知晓率的交叉分析

公务员,事业、民营企业、国有企业单位人员中,知晓"品字标浙江制造"品牌的较多。通过对调查对象的职业类型与是否知晓"品字标浙江制造"品牌两个选项结果做交叉分析可知,在职业为公务员、事业、民营企业、国有企业单位人员的调查对象中,"品字标浙江制造"品牌知晓率较高,分别有7人、18人、35人、20人知晓"品字标浙江制造"品牌,知晓率分别达33.33%、25.35%、21.74%、21.28%,均超过20.00%的水平;而在职业为自由职业者、学生、外资及港澳台资企业单位人员、个体经营户、其他类型的调查对象中,"品字标浙江制造"品牌知晓率较低,分别有2人、2人、2人、1人、3人知晓"品字标浙江制造"品牌,知晓率分别为14.29%、14.29%、8.70%、8.33%、15.79%,均低于20.00%的水平(见图5-12)。

高层管理人员中知晓"品字标浙江制造"品牌的较多。通过对调查对象的岗位类型与是否知晓"品字标浙江制造"品牌两个选项结果做交叉分析可知,岗位为高层管理人员的调查对象的"品字标浙江制造"品牌知晓率最高,为35.48%,有22人知晓;岗位为基层员工的调查对象的"品字标浙江制造"品牌知晓率位列第二,为20.81%,有36人知晓;岗位为中层管理人员及其他类型的调查对象的"品字标浙江制造"品牌知晓率稍落后,分别为18.30%、9.76%,分别有28人、4人知晓(见图5-13)。

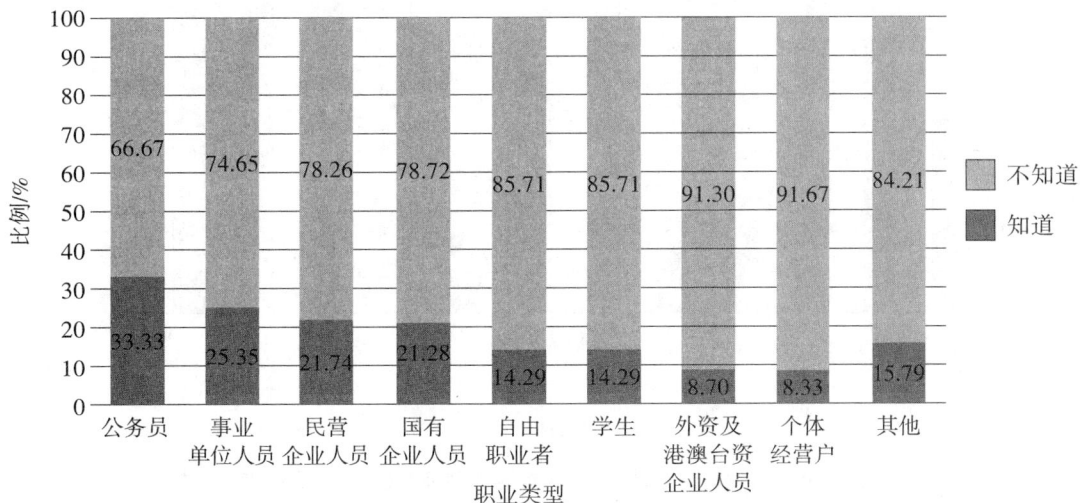

图5-12 调查对象的职业类型与"品字标浙江制造"品牌知晓率的交叉分析

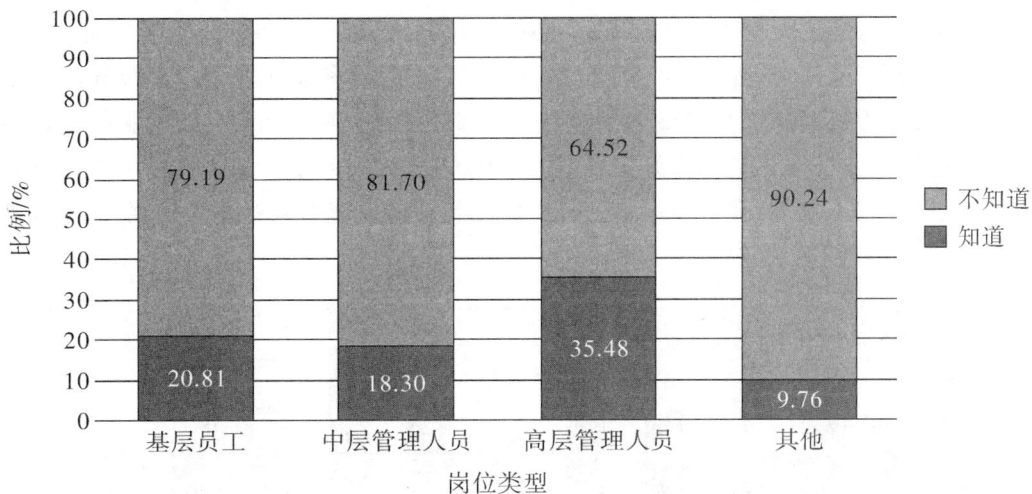

图5-13 调查对象的岗位类型与"品字标浙江制造"品牌知晓率的交叉分析

"品字标浙江制造"品牌在省内知晓率较大,尤其是在嘉兴。通过对调查对象的居住地与是否知晓"品字标浙江制造"品牌两个选项结果做交叉分析可知,省内调查对象对"品字标浙江制造"品牌的平均知晓率为20.12%,省外知晓率则为11.54%。在省内,嘉兴、湖州、台州三地知晓率超过25.00%,分别为42.86%、27.27%、27.27%;除此之外,丽水、宁波、金华三地知晓率超过20.00%,分别为25.00%、25.00%、23.08%;此外,绍兴、杭州、温州三地知晓率分别为20.00%、19.12%、11.76%;而衢州、舟山的调查对象对"品字标浙江制造"品牌并不知晓(见图5-14)。

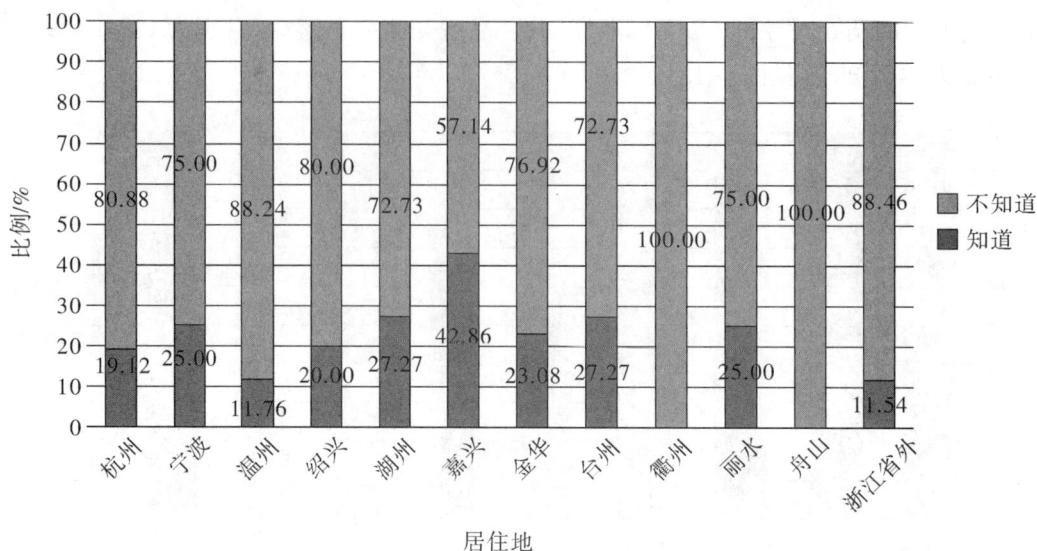

**图5-14　调查对象的居住地与"品字标浙江制造"品牌知晓率的交叉分析**

相较于其他行业,"品字标浙江制造"在制造业领域内知晓率较高。通过对调查对象的行业类型(以人数较多的前十大行业为样本)与是否知晓"品字标浙江制造"品牌两个选项结果做交叉分析可知,在从事制造业的调查对象中,有33人知晓"品字标浙江制造"品牌,知晓率最高,为35.87%。其余行业按知晓率大小顺序排列分别为科学研究和技术服务业30.77%(4人),教育20.41%(10人),建筑业17.65%(3人),信息传输、软件和信息技术服务业17.50%(7人),批发和零售业14.29%(4人),金融业13.64%(9人),服务业12.50%(2人),卫生和社会工作12.50%(2人)。此外,在交通运输、仓储、邮政行业的调查对象中无人知晓"品字标浙江制造"品牌,其知晓情况较差(见图5-15)。

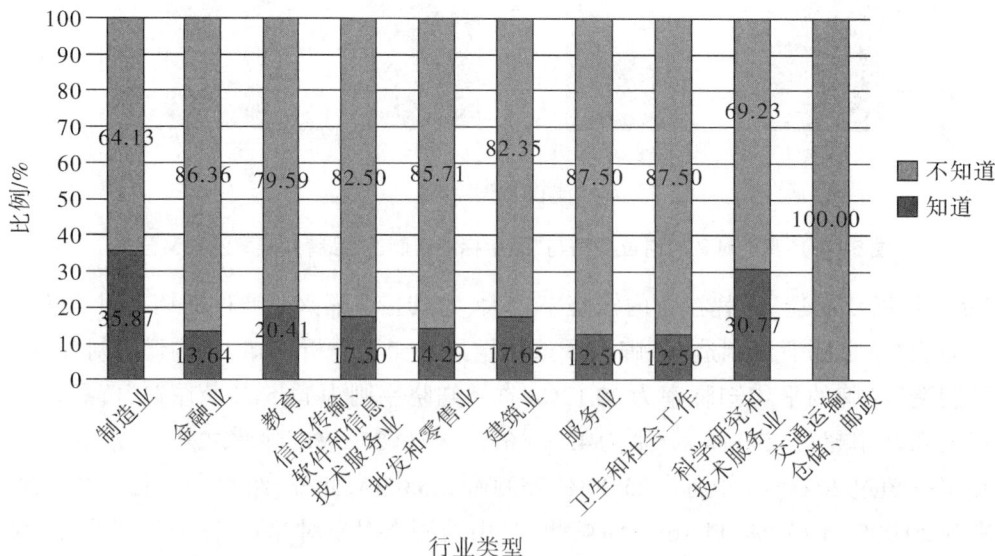

**图5-15　调查对象的行业类型与"品字标浙江制造"品牌知晓率的交叉分析**

## 二、品牌不知晓原因分析

针对339位不知晓"品字标浙江制造"品牌的人群,我们询问了其原因。结果表明,导致该人群先前不了解"品字标浙江制造"品牌的原因依次为"'品字标浙江制造'品牌宣传力度不够、'品字标浙江制造'品牌知名度不高、个人更关注产品本身而非品牌、个人品牌意识不强及其他"。具体来看,有69.32%(235人)认为"品字标浙江制造"品牌宣传力度不够是主要原因;有53.10%(180人)认为"品字标浙江制造"品牌知名度不高是主要原因;有20.65%(70人)认为其个人更关注产品本身而非品牌是主要原因;有15.63%认为其个人品牌意识不强是主要原因。此外,在选择"其他"选项的1.18%(4人)调查对象中,有1人认为"品字标浙江制造"品牌没有特别优势,1人认为"品字标浙江制造"品牌在外省影响力不强,2人表示不明白"品字标浙江制造"是什么(见图5-16)。

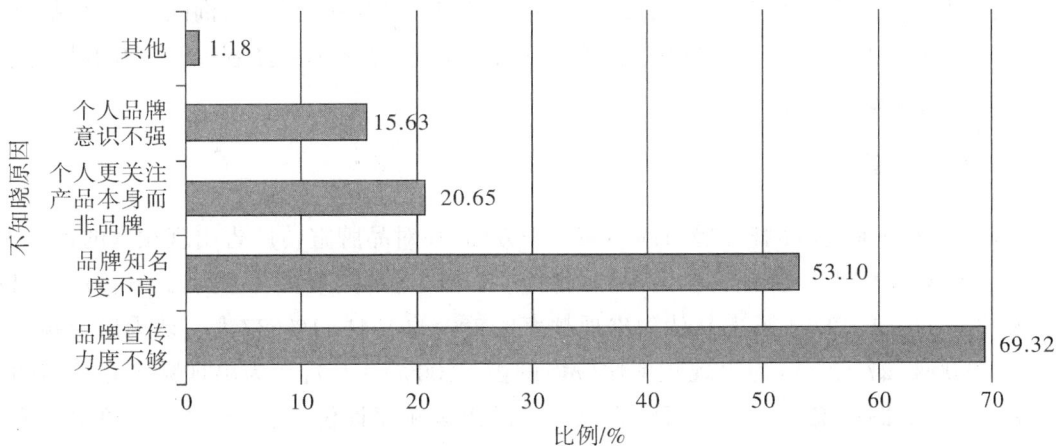

图5-16　不知晓"品字标浙江制造"品牌的原因(多选)

综合本节所阐述的调查结果,目前,"品字标浙江制造"品牌知晓度尚不高。从知晓人群特征来看,首先,知晓人群多集中在年龄较大、学历较低人群,可能多为平时较多接触社会信息的父母长辈,年轻人相对较少;其次,知晓人群多集中在所从事岗位级别较高的人群,可能多为平时因企业发展(工作)所需而接触品牌相关信息的中高层领导,基层员工相对较少;最后,受"品字标浙江制造"品牌申请的行业、区域限制,一方面,知晓人群多集中于省内,总的来看,省内各地知晓度与各地"品字标浙江制造"标准及认证通过数量表现较为一致,即标准与认证通过数量越多的区域,知晓度越高;另一方面,知晓人群多集中在制造业领域,其他行业知晓度较低。结合知晓人群特征与不知晓人群所阐述的原因可知,"品字标浙江制造"品牌传播力度不够是导致"品字标浙江制造"品牌知晓度尚不高的主要原因。

# 第三节　品牌公众认知评价

在"品字标浙江制造"品牌公众影响力调查问卷中,调研小组针对90位已知晓"品字标浙江制造"品牌的人群,从"品字标浙江制造"品牌传播、"品字标浙江制造"品牌形象、"品字标浙江制造"产品使用评价三方面,设置了一系列题目,以了解公众对"品字标浙江制造"品牌的认知评价,并探索品牌建设中存在的问题。同时,调研小组针对339位不知晓"品字标浙江制造"品牌的人群,在对其简单介绍"品字标浙江制造"品牌信息后,询问了其对"品字标浙江制造"产品的购买意向与品牌信息了解意向,以探究"品字标浙江制造"品牌的潜在发展空间。具体情况如下所述。

## 一、品牌传播

"品字标浙江制造"品牌传播力尚不强。一方面,在对品牌宣传广告出现频率的评价中,多数调查对象认为"品字标浙江制造"品牌宣传广告较少,具体来看,认为看到宣传广告出现频率非常少的占17.78%(16人),认为出现频率比较少的占41.11%(37人),认为出现频率一般的占30.00%(27人),认为出现频率比较多的占10.00%(9人),认为出现频率非常多的占1.11%(1人)(见图5-17)。另一方面,在品牌产品出现频率评价中,多数调查对象也认为看到"品字标浙江制造"产品的出现频率比较少,具体来看,认为看到产品出现频率非常少的占23.33%(21人),认为看到产品出现频率比较少的占32.22%(29人),认为看到产品出现频率一般的占33.33%(30人),认为看到产品出现频率比较多的占10.00%(9人),认为看到产品出现频率非常多的占1.11%(1人)(见图5-18)。

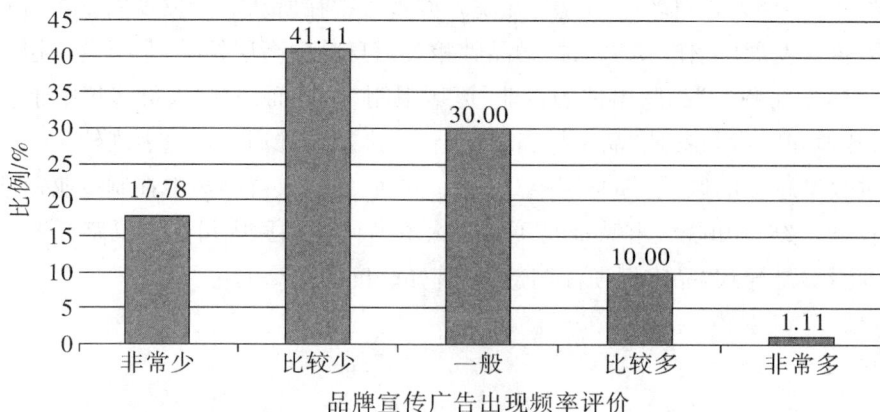

图5-17　"品字标浙江制造"品牌宣传广告出现频率评价

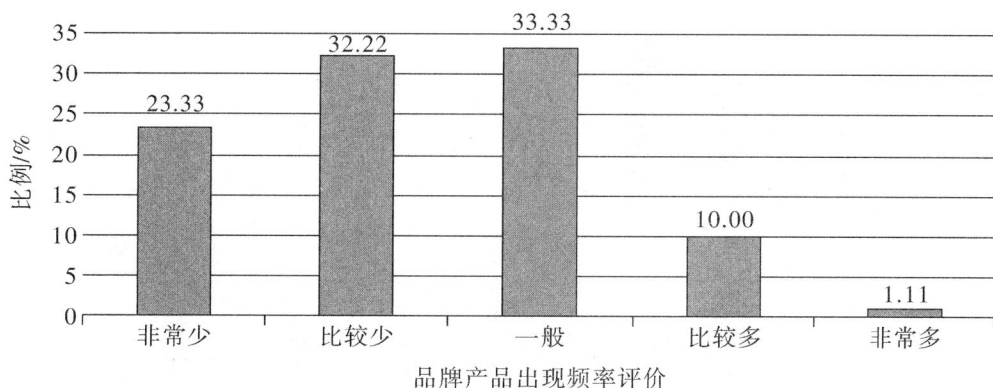

**图5-18　"品字标浙江制造"品牌产品出现频率评价**

"品字标浙江制造"品牌传播渠道集中在大众媒体宣传报道、商业广告等方面,对于多数人来说渠道相对单一。一方面,最普遍的三个品牌传播渠道分别是大众媒体宣传报道、商业广告和工作涉及,具体来看,有51.11%(46人)的调查对象表明是通过大众宣传媒体报道(包括电视节目、报纸新闻、杂志报道、地方政府官网与博客、微信公众号等)知道"品字标浙江制造"品牌的,有37.78%(34人)是通过商业广告(包括电视广告、报纸广告、杂志广告、宣传册广告、互联网广告等)知道的,有24.44%(22人)是因为工作涉及知道的;此外,有21.11%(19人)是通过亲朋好友及同事介绍知道的,有16.67%是通过使用"品字标浙江制造"产品知道的,有16.67%(15人)是通过线下实体店、展厅知道的,有7.78%(7人)是通过线上产品展厅知道的(见图5-19)。另一方面,品牌传播渠道较为单一,具体来看,有55.57%(50人)的调查对象仅从一种渠道了解"品字标浙江制造"品牌,有24.44%(22人)是从两种渠道了解,有14.44%(13人)是从三种渠道了解,有3.33%(3人)是从四种渠道了解,有2.22%(2人)是从六种渠道了解(见图5-20)。

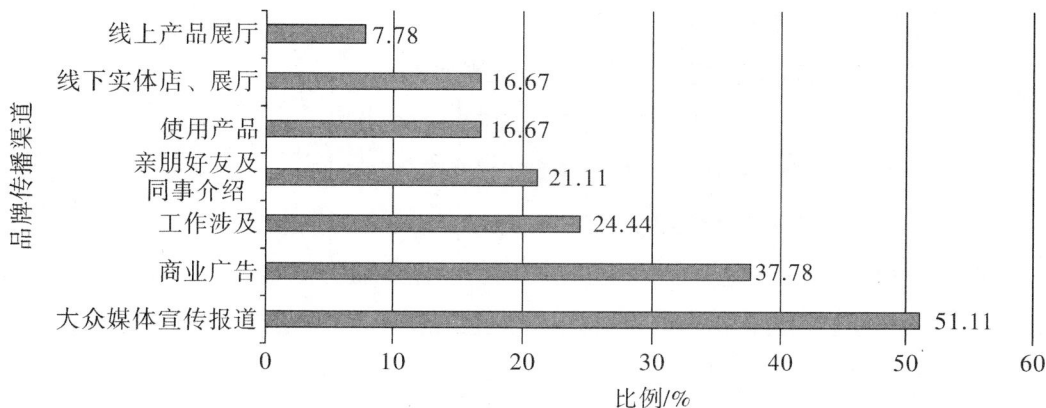

**图5-19　"品字标浙江制造"品牌传播渠道情况**

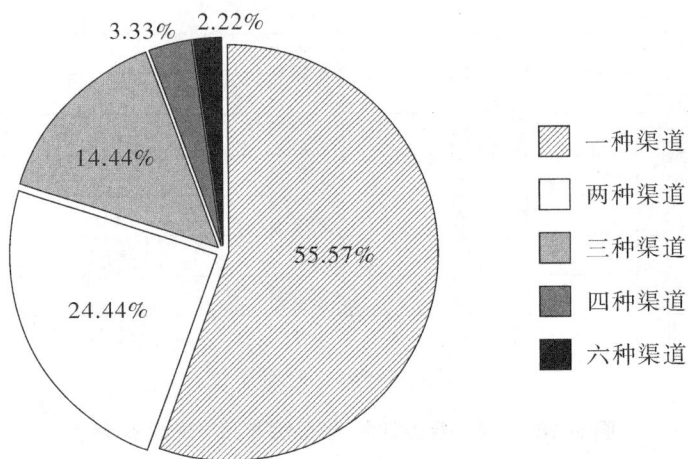

**图5-20 "品字标浙江制造"品牌传播渠道**

"品字标浙江制造"品牌文化传播较浅显。"品字标浙江制造"品牌文化传播情况的调查结果表明,调查对象对"品字标浙江制造"品牌的了解程度较为浅显,仅停留在诸如品牌理念、标识、产品这些表层因素上,而对更为细致、深入的品牌建设相关内容了解较少。具体来看,有58.89%(53人)的调查对象表示了解"品字标浙江制造"品牌理念,有43.33%(39人)表示了解"品字标浙江制造"品牌标识,有40.00%(36人)表示了解"品字标浙江制造"品牌的产品,有35.56%(32人)表示了解"品字标浙江制造"标准相关知识,有30.00%(27人)表示了解"品字标浙江制造"获证企业信息,有28.89%(26人)表示了解"品字标浙江制造"发展历程,有22.22%(20人)表示了解"品字标浙江制造"认证相关知识,有3.33%(3人)选择其他的调查对象均表示对"品字标浙江制造"不了解(见图5-21)。

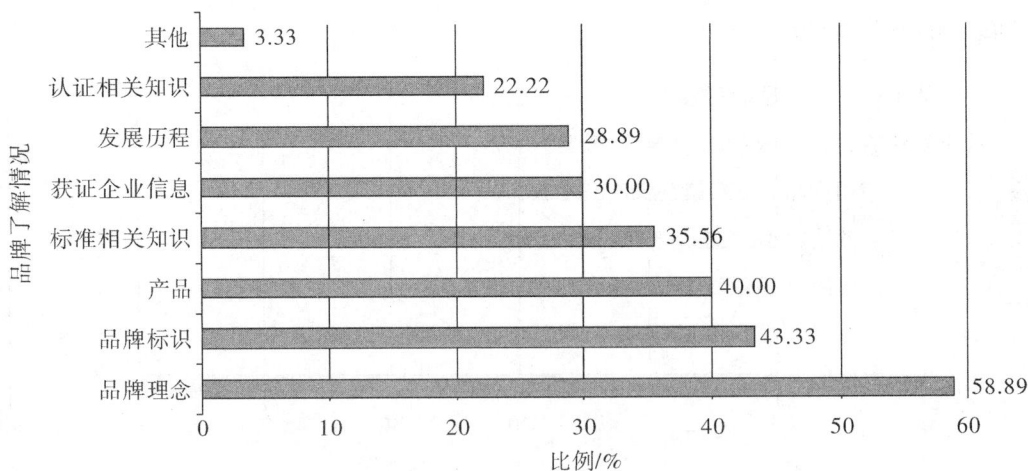

**图5-21 "品字标浙江制造"品牌文化传播情况(多选)**

## 二、品牌形象

"品字标浙江制造"品牌总体印象感知较好。"品字标浙江制造"品牌总体印象感知的调查结果表明,多数调查对象对"品字标浙江制造"品牌总体印象较好。具体来看,没有人对"品字标浙江制造"品牌总体印象非常不好,仅有1.11%(1人)的调查对象对"品字标浙江制造"品牌总体印象比较不好,有34.44%(31人)对"品字标浙江制造"品牌总体印象一般,有58.89%(53人)对"品字标浙江制造"品牌总体印象比较好,有5.56%(5人)对"品字标浙江制造"品牌总体印象非常好(见图5-22)。

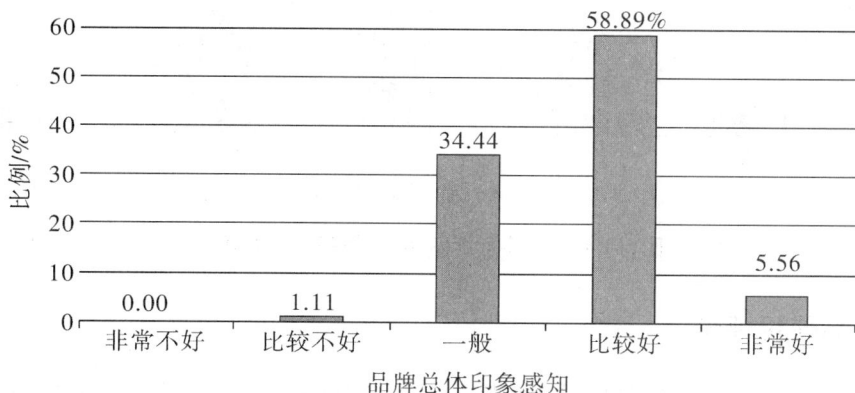

图5-22 "品字标浙江制造"品牌总体印象感知

"品字标浙江制造"品牌知名度较一般。"品字标浙江制造"品牌知名度感知的调查结果表明,多数调查对象认为"品字标浙江制造"品牌知名度一般。具体来看,仅有4.44%(4人)的调查对象认为"品字标浙江制造"知名度非常低,有15.56%(14人)认为知名度比较低,有46.67%(42人)认为知名度一般,有30.00%(27人)认为知名度比较高,有3.33%(3人)认为知名度非常高(见图5-23)。

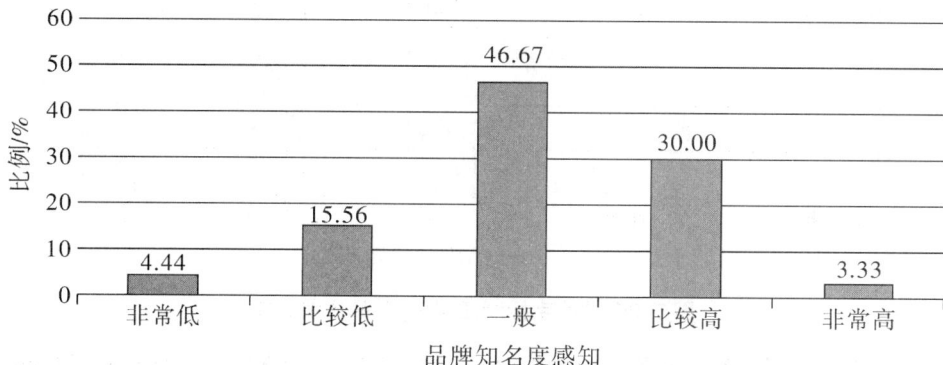

图5-23 "品字标浙江制造"品牌知名度感知

"品字标浙江制造"品牌影响力较一般。对"品字标浙江制造"品牌影响力感知的调查结果表明,多数调查对象认为"品字标浙江制造"品牌影响力一般。具体来看,仅有4.44%

（4人）的调查对象认为"品字标浙江制造"品牌影响力非常小,有15.56%（14人）认为品牌影响力比较小,有48.89%（44人）认为品牌影响力一般,有27.78%（25人）认为品牌影响力比较大,有3.33%（3人）认为品牌影响力非常大（见图5-24）。

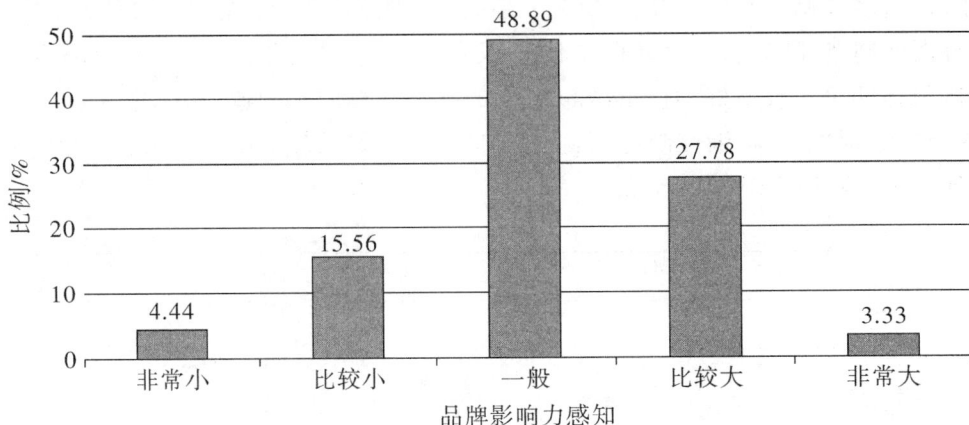

图5-24 "品字标浙江制造"品牌影响力感知

### 三、产品使用评价

"品字标浙江制造"产品质量感知较好。对"品字标浙江制造"产品质量感知的调查结果表明,多数调查对象认为"品字标浙江制造"产品质量较好。具体来看,没有人认为"品字标浙江制造"产品质量非常差,仅有1.11%（1人）的调查对象认为产品质量比较差,有36.67%（33人）认为产品质量一般,有52.22%（47人）认为产品质量比较好,有10.00%（9人）认为产品质量非常好（见图5-25）。

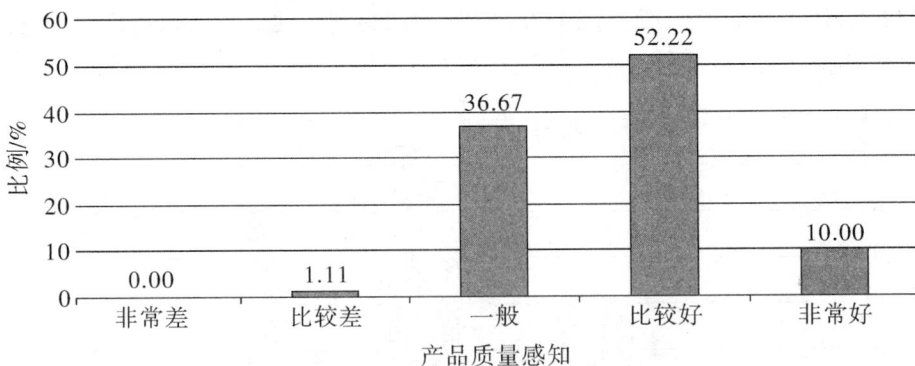

图5-25 "品字标浙江制造"产品质量感知

"品字标浙江制造"产品新颖性感知较高。对"品字标浙江制造"产品新颖性的调查结果表明,多数调查对象认为"品字标浙江制造"产品新颖性较大。具体来看,仅有1.11%（1人）的调查对象认为"品字标浙江制造"产品新颖性非常小,有5.56%（5人）认为产品新颖性比较小,有43.33%（39人）认为产品新颖性一般,有47.78%（43人）认为产品新颖性比较大,有

2.22%（2人）认为产品新颖性非常大（见图5-26）。

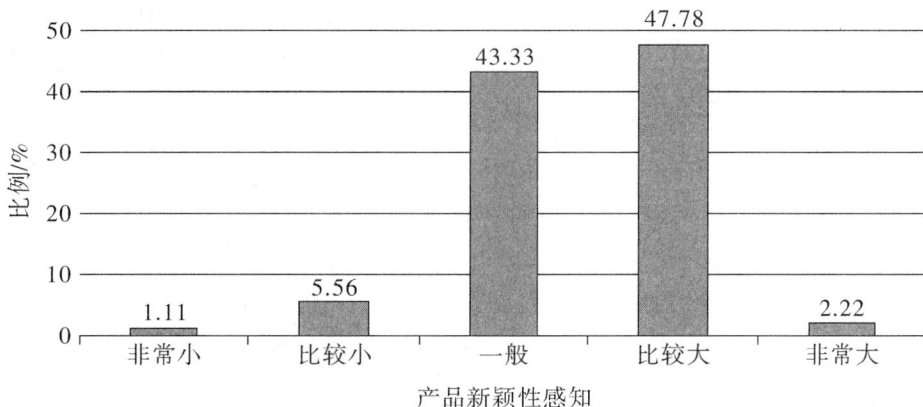

图5-26 "品字标浙江制造"产品新颖性感知

"品字标浙江制造"获证企业服务水平感知较高。对"品字标浙江制造"获证企业服务水平的调查结果表明，多数调查对象认为"品字标浙江制造"获证企业服务水平较高。具体来看，仅有1.11%（1人）的调查对象认为"品字标浙江制造"获证企业服务水平非常低，有2.22%（2人）认为服务水平比较低，有33.33%（30人）认为服务水平一般，有58.89%（53人）认为服务水平比较高，有4.44%（4人）认为服务水平非常高（见图5-27）。

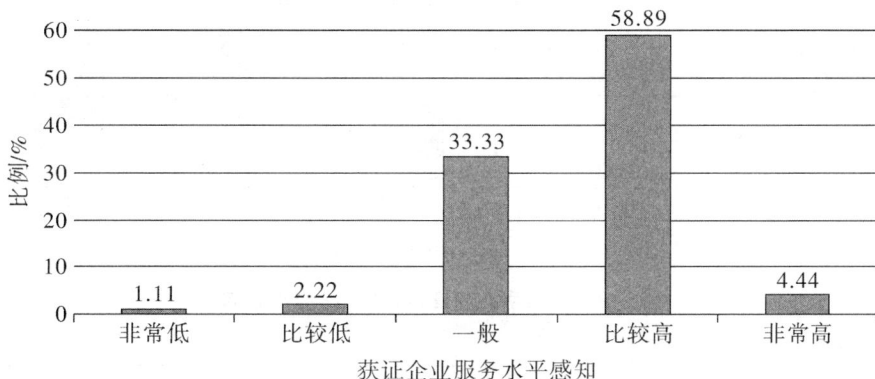

图5-27 "品字标浙江制造"获证企业服务水平感知

"品字标浙江制造"产品满意度较高。对"品字标浙江制造"产品满意度感知的调查结果表明，多数调查对象对"品字标浙江制造"产品较满意。具体来看，没有人对"品字标浙江制造"产品非常不满意，仅有1.11%（1人）调查对象对其产品不满意，有33.33%（30人）对产品满意度一般，有56.67%（51人）对产品感到满意，有8.89%（8人）对产品非常满意（见图5-28）。

"品字标浙江制造"产品忠诚度较高。一方面，在对"品字标浙江制造"产品购买意向的调查中，多数调查对象给予了肯定的答复，具体来看，没有人明确表示将不会（再）购买"品字标浙江制造"产品，有17.78%（16人）的调查对象表示不确定是否会（再）购买，有51.11%（46人）表示可能会（再）购买，有31.11%（28人）表示肯定会（再）购买（见图5-29）。另一方面，在对"品字标浙江制造"产品推荐意向的调查中,多数调查对象同样给予了肯定的答复,具体来看,没有人表示肯定不会推荐"品字标浙江制造"产品,仅有2.22%(2人)的调查对象可能不会推荐,有20.00%(18人)表示不确定是否会推荐,有54.45%(49人)表示可能会推荐,有23.33%(21人)表示肯定会推荐(见图5-30)。

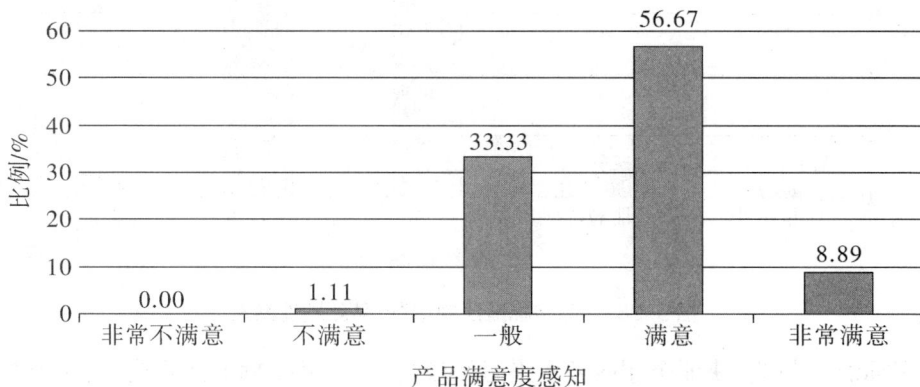

**图5-28 "品字标浙江制造"产品满意度感知**

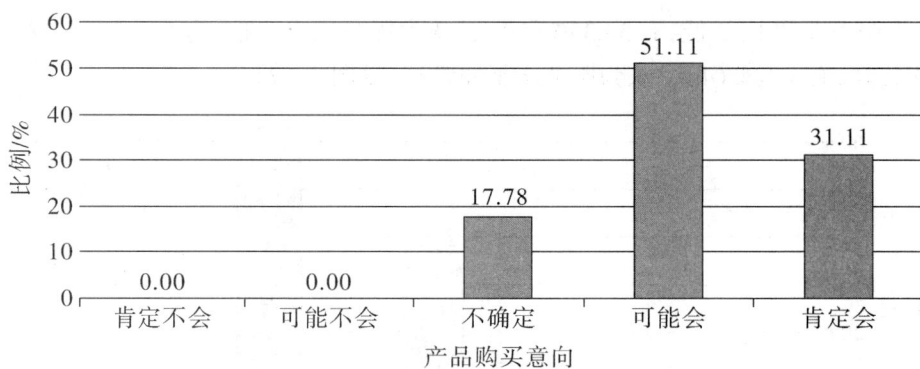

**图5-29 "品字标浙江制造"产品购买意向**

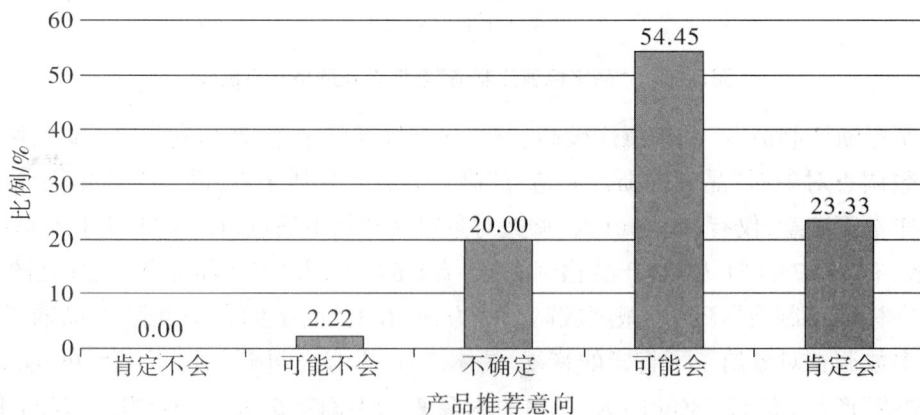

**图5-30 "品字标浙江制造"产品推荐意向**

## 四、品牌潜在发展空间

针对不知晓"品字标浙江制造"品牌的调查对象,我们给出了一段关于"品字标浙江制造"品牌的文字介绍。具体介绍内容为"'品字标浙江制造'是2014年浙江省市场监督管理局联合多方主体共同发起的区域公共品牌建设项目(常见的区域公共品牌包括西湖龙井、绍兴黄酒等)。作为一个省域级区域公共品牌,'品字标浙江制造'在浙江省品牌建设联合会发布系列先进标准的基础上,通过国际认证联盟,为符合要求的制造业企业产品颁布'品字标浙江制造'认证,以此促进浙江制造业向高质量水平发展。目前,已有包括'方太吸油烟机、万事利蚕丝围巾、海康威视网络摄像机、星星便洁宝智能马桶'等在内的1891件产品获证'品字标',涉及企业达1062家"。在了解上述信息后,调查对象针对购买意向和对相关信息的了解意愿进行了回答,具体结果如下所述。

"品字标浙江制造"产品的潜在购买意向较大。大多数调查对象表示相较于同类产品,其更愿意购买"品字标浙江制造"产品。具体来看,有1.77%(6人)的调查对象表示非常不愿意购买"品字标浙江制造"产品,有3.83%(13人)表示不愿意购买,有38.35%(130人)表示不确定,有45.43%(154人)表示愿意购买,有10.62%(36人)表示非常愿意购买(见图5-31)。

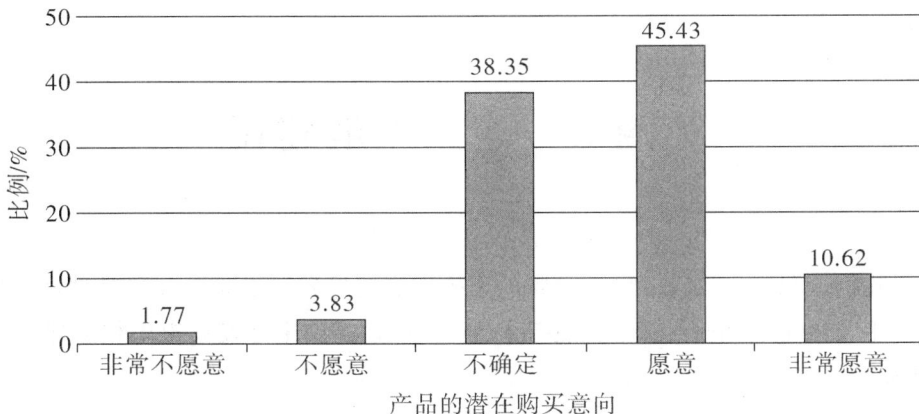

**图5-31 "品字标浙江制造"产品的潜在购买意向**

"品字标浙江制造"相关信息的了解意愿较大。具体的,有63.72%(216人)的调查对象表示希望了解更多"品字标浙江制造"产品信息,有60.18%(204人)表示希望了解更多"品字标浙江制造"认证相关信息,有50.44%(171人)表示希望了解更多"品字标浙江制造"获证企业相关信息,有49.26%(167人)表示希望了解更多"品字标浙江制造"品牌理念,有46.31%(157人)表示希望了解更多"品字标浙江制造"标准相关信息,有29.50%(100人)表示希望了解更多"品字标浙江制造"发展历程。另有选择其他的0.59%(2人)的调查对象表示不想了解"品字标浙江制造"信息(见图5-32)。

综合本节所阐述的调查结果可知,调查对象对"品字标浙江制造"品牌的总体印象较好、评价较高,且知晓该品牌的调查对象对"品字标浙江制造"产品的好评率较高。尽管如此,

"品字标浙江制造"品牌影响力的进一步提升仍存在一定挑战,主要受限于品牌传播方面的因素,具体表现为宣传力度不够强、传播渠道不够丰富、传播内容不够有深度等。

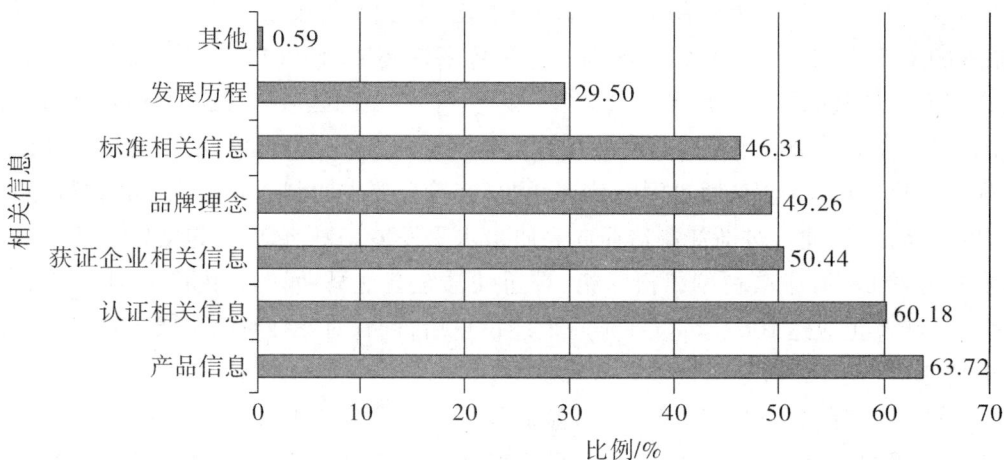

图 5-32　"品字标浙江制造"相关信息的了解情况(多选)

# 第四节　未来发展建议

最后,我们就"品字标浙江制造"品牌的未来发展与提升建议向所有调查对象展开调查。同时,结合上文得出的调研结果,对"品字标浙江制造"品牌未来发展提出相关建议,具体情况如下所述。

## 一、"品字标浙江制造"未来发展

"品字标浙江制造"未来发展前景比较乐观。具体来看,在429位调查对象中,有0.47%(2人)的调查对象表示非常不看好"品字标浙江制造"品牌未来发展前景,有2.56%(11人)表示比较不看好其未来发展前景,有40.79%(175人)表示对其未来发展前景持不确定性意见,有47.32%(203人)表示比较看好其未来发展前景,有8.86%(38人)表示非常看好其未来发展前景(见图5-33)。

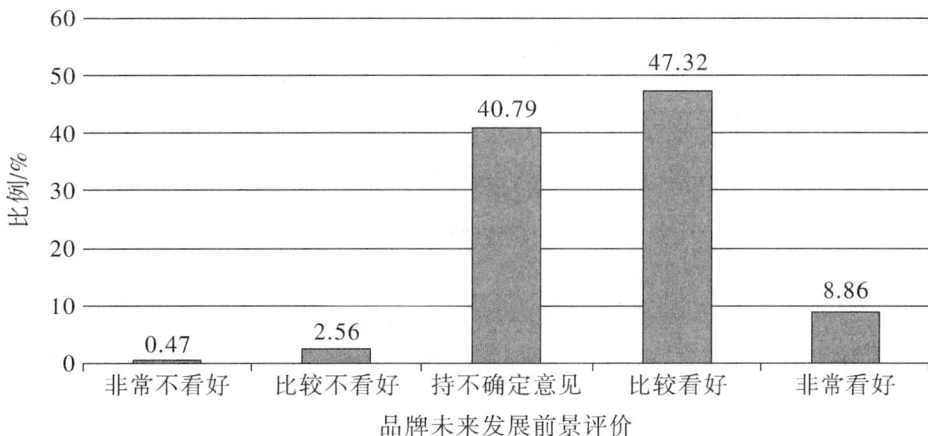

图5-33 "品字标浙江制造"品牌未来发展前景评价

受品牌影响力限制,"品字标浙江制造"未来申请意向尚不大。在限定公司所属行业为制造业且未申请过"品字标浙江制造"两个条件后,调研小组共筛选出76位调查对象,并进一步向其询问贵公司对"品字标浙江制造"品牌的未来申请意向。其中,有51.32%(39人)的调查对象表示会申请,有48.68%(37人)的调查对象表示不会申请(见图5-34)。针对选择不申请的37位调查对象,进一步询问其原因,结果显示,有48.65%(18人)的调查对象认为"品字标浙江制造"作用不大,有18.92%(7人)、8.11%(3人)认为其企业技术水平、质量管理水平不高是主要限制因素,有2.70%(1人)认为"品字标浙江制造"申请要求过高,其他原因则主要集中在企业类型受限(外资)、企业所处地域受限(省外)、对"品字标浙江制造"不了解等方面(见图5-35)。

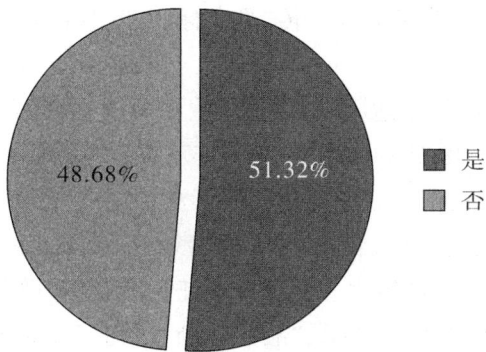

图5-34 "品字标浙江制造"品牌未来申请意向

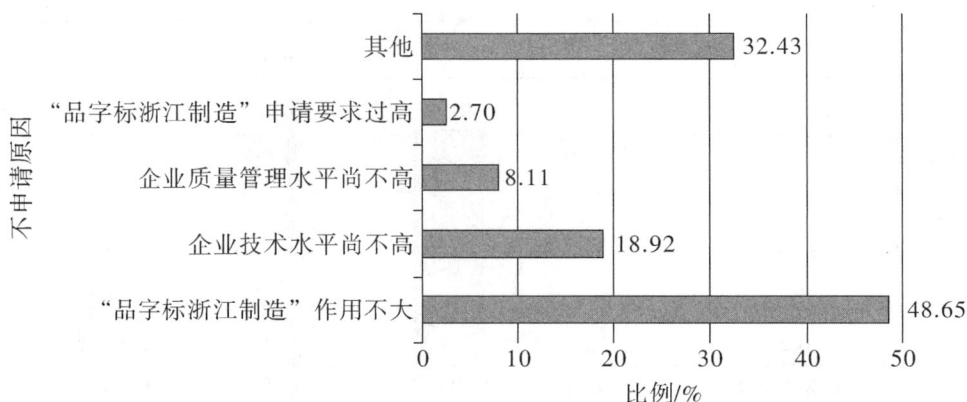

**图5-35 不申请"品字标浙江制造"品牌的原因（多选）**

## 二、"品字标浙江制造"品牌建设建议

从上述"品字标浙江制造"品牌公众影响力调查结果来看，尽管"品字标浙江制造"已经具备一定的知名度和品牌影响力，但仍然有很大的提升空间。未来，为推进"品字标浙江制造"品牌建设，政府仍需联合浙江省品牌建设联合会、国际认证联盟等主要相关方，从以下几方面加强"品字标浙江制造"品牌宣传推广和建设工作。

第一，加强对更广泛人群进行"品字标浙江制造"品牌宣传。基于"品字标浙江制造"品牌知晓情况的调查结果，目前"品字标浙江制造"品牌知晓度尚不高，且在不同类型人群中表现出差异，品牌宣传力度不够成为制约知晓度提升的关键原因。未来，政府一方面应加强向青少年人群、高学历人群、高收入人群、基层岗位人群宣传"品字标浙江制造"品牌。同时，政府也应重视向各行各业人群、省外人群宣传"品字标浙江制造"品牌，以进一步提升该品牌的区域影响力。

第二，加强对"品字标浙江制造"品牌相关信息的科普。在"品字标浙江制造"品牌未来建设提升意见的调查中，有48.25%（207人）的调查对象表示希望政府未来能够加强对"品字标浙江制造"品牌基本情况的科普。同时，"品字标浙江制造"品牌传播的调查结果也表明社会大众对"品字标浙江制造"品牌文化的认知较为浅显。未来，政府可以向社会大众多介绍"品字标浙江制造"品牌建设发展历程、"品字标浙江制造"品牌理念、"品字标浙江制造"组织体系、"品字标浙江制造"标准相关知识、"品字标浙江制造"认证相关知识、"品字标浙江制造"获证情况等科普信息。

第三，增加"品字标浙江制造"品牌的推广手段。在"品字标浙江制造"品牌未来建设提升意见的调查中，有48.95%（210人）的调查对象表示希望政府未来能够增加"品字标浙江制造"品牌的推广手段。未来，政府可在以下几方面促进品牌推广，为"品字标浙江制造"品牌树立良好形象：一是增加大众媒体的宣传报道（如电视节目、报纸新闻、杂志报道、地方政府官网、博客、微信公众号等）；二是增加商业广告（如电视广告、报纸广告、杂志广告、宣传册广告、互联网广告等）；三是以浙江省品牌建设联合会为主体，积极开办、参与具有全国乃至全球影响力的品牌活动。

第四，拓宽"品字标浙江制造"产品展示渠道。在"品字标浙江制造"品牌未来建设提升意见的调查中，有36.13%（155人）的调查对象表示希望政府未来能够拓宽"品字标浙江制造"产品展示渠道。一方面，政府应加强对产品的线上展示，具体来说，可以完善浙江省品牌建设联合会官网设立的产品线上展厅功能，并引导消费者自行浏览产品信息；还可以借助各种媒体媒介展示各类产品。另一方面，政府应加强对产品的线下展示，具体来说，可以增加线下展会、线下展厅，让消费者亲身体验各类产品。

第五，继续严守对"品字标浙江制造"标准的把关。在"品字标浙江制造"品牌未来建设提升意见的调查中，有61.77%（265人）的调查对象表示希望政府未来加强对"品字标浙江制造"产品质量的把关，有27.97%（120人）表示希望政府未来加强对"品字标浙江制造"获证企业服务水平的把关，有10.96%（47人）表示希望政府未来加强对"品字标浙江制造"产品新颖性的把关。"品字标浙江制造"标准是规范乃至提升获证"品字标浙江制造"企业产品质量、产品新颖性及企业服务水平的重要手段，在现有的"品字标浙江制造"标准规范下，"品字标浙江制造"产品已获得社会大众的多方肯定，这为"品字标浙江制造"品牌长远发展奠定了扎实的基础。未来，需要政府继续以"国内一流、国际先进"乃至更高的要求，严守对"品字标浙江制造"标准的把关，以保证产品质量、产品的新颖性，推动企业服务迈向更高水平。

# 第六章

## "品字标浙江制造"对获证企业的影响

通过建设"品字标浙江制造"区域公共品牌,浙江省政府致力于打造一批在国内外市场上具有竞争力的"品字标浙江制造"品牌产品,以品牌引领质量提升,最终推动浙江省迈入标准时代、质量时代和品牌时代,将"品字标"打造成为浙江经济的金字招牌和"中国制造"的闪亮标杆。为深入了解"品字标浙江制造"区域公共品牌近几年的建设成效,本章着重通过调查的方式从基本情况、获证企业"品字标浙江制造"品牌建设成效、问题与对策三个方面展开具体的分析。

# 第一节　调查基本情况

本次调查研究以"品字标浙江制造"获证企业为对象展开,"品字标浙江制造"获证企业包括所有通过"第三方认证"和"自我声明"两种认定模式获得"品字标"授权证书的企业。调研采取网上问卷的形式,共回收有效调查问卷177份。本节就总体调研设计、受访人员人口统计学分析和受访企业基本情况这三个部分展开,详细介绍本次调查研究的基本情况。

### 一、调研设计

本次"品字标浙江制造"对获证企业的影响力调查研究采用线上调研方式,后续用描述性统计分析法对采集的数据进行分析。本次调研主要根据企业基本情况和"品字标浙江制造"品牌的四大基本理念——"品质卓越、自主创新、产业协同、社会责任"设计了初始的问卷。我们邀请了浙江省品牌建设联合会相关负责人、浙江制造国际认证联盟相关负责人和浙江省内多所高校的专家对问卷进行点评与修改,在此基础上完善了问卷。2020年9月21日,浙江省品牌建设联合会相关负责人、浙江制造国际认证联盟相关负责人通过邮件、微信群等渠道发放初始问卷,开展了预调查。预调查共回收问卷29份,根据预调查的情况调整了初始问卷中的问题设计、语言文字以及格式排版等问题,形成了最终的问卷定稿。

最终版问卷涉及四方面的内容:调研企业基本情况、"品字标浙江制造"品牌建设成效、"品字标浙江制造"品牌建设中的问题与建议、受访对象个人基本情况。正式调研于2020年9月23日开展,我们通过问卷星平台向获证企业发放"'品字标浙江制造'品牌建设成效调查"问卷链接,最终回收共计177份有效问卷。

## 二、人口统计学分析

在本次调查研究中,共有177名获证企业的工作人员参与了调查。本小节就调查对象的性别、年龄、学历、工作部门以及在调研企业的工作年限等五个方面收集了相应的基本信息数据,具体情况如下所述。

从调查对象的性别分布来看,男性有106人,占比59.89%;女性有71人,占比40.11%(见图6-1)。

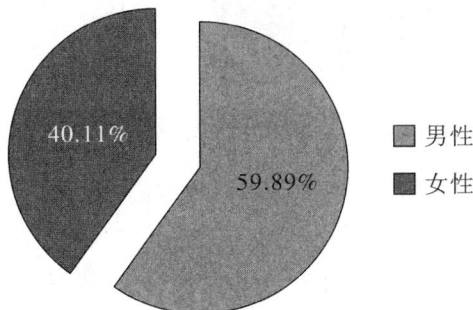

图6-1 受访对象性别分布情况

从年龄分布来看,本次调研的受访对象大多处于30～45岁(含30岁)的年龄区间,有126人,占比71.19%;其次是处于45～60岁(含45岁)的年龄区间,有36人,占比20.34%;再次是30岁以下,有14人,占比7.91%;仅有1人处于60岁及以上的年龄区间,占比0.56%(见图6-2)。

从调查对象的学历分布来看,本科及以上的多于专科及以下的。其中,学历为中专及以下的有9人,占比5.08%;学历为专科的有66人,占比37.29%;学历为大学本科的有87人,占比49.15%;学历为研究生的有15人,占比8.48%(见图6-3)。

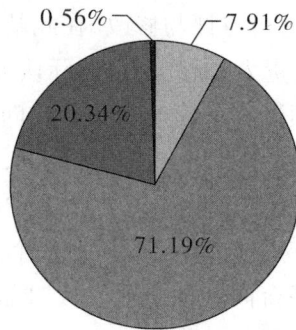

图6-2 受访对象年龄分布情况

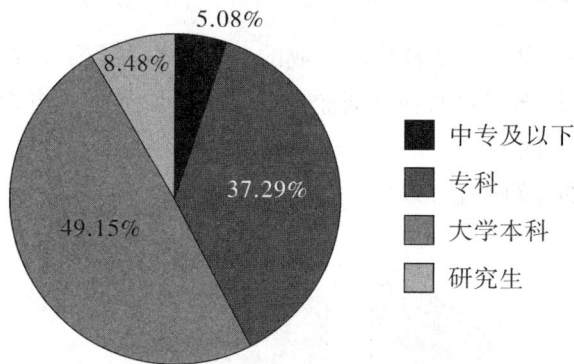

- 中专及以下
- 专科
- 大学本科
- 研究生

图6-3 受访对象学历分布情况

从调查对象的工作部门来看,大多来自于行政部门、研发部门、技术部门与其他部门,说明企业开展"品字标浙江制造"品牌建设与这几个部门的联系比较紧密。具体来说,市场部门的有6人,占比3.39%;生产部门的有3人,占比1.69%;研发部门的有25人,占比14.13%;技术部门的有25人,占比14.13%;销售部门的有2人,占比1.13%;财务部门的有5人,占比2.82%;人力资源部门的有10人,占比5.65%;行政部门的有52人,占比29.38%;此外,其他部门的有49人,占比27.68%(见图6-4)。

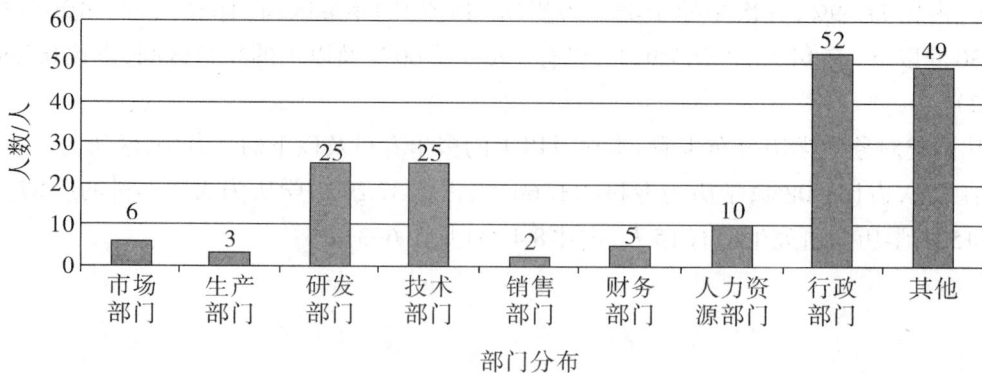

图6-4 受访对象工作部门分布情况

从调查对象在调研企业的工作年限来看,本次调研受访对象在调研公司的工作年限集中于1~20年。其中,工作年限在1年以下的有2人,占比1.13%;工作年限在1~5年的有50人,占比28.25%;工作年限在6~10年的有57人,占比32.20%;工作年限在11~20年的有54人,占比30.51%;工作年限在20年以上的有14人,占比7.91%(见图6-5)。

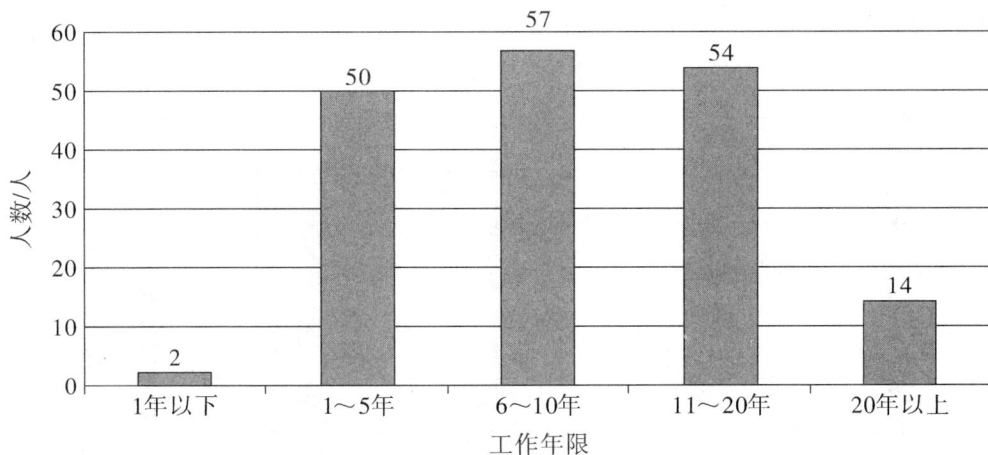

图 6-5　受访对象工作年限分布情况

### 三、企业基本情况

在本次调查研究中,剔除重复数据,总共有166家获证企业参与了调查。本小节就调研企业的所在地、成立年限、企业性质、标准制定情况、产品认定情况以及企业规模等六个方面收集的基本信息数据展开论述。

从企业所在地来看,在受访企业中,企业所在地在浙江台州的最多,有41家,占比24.70%;其次是在宁波和杭州的,分别有35家和31家,占比21.08%和18.67%;再次是在金华的,有23家,占比13.86%。相对来说,企业所在地在舟山、绍兴和衢州的较少,都仅有两三家。在受访企业中,没有一家企业所在地在浙江丽水(见图6-6)。

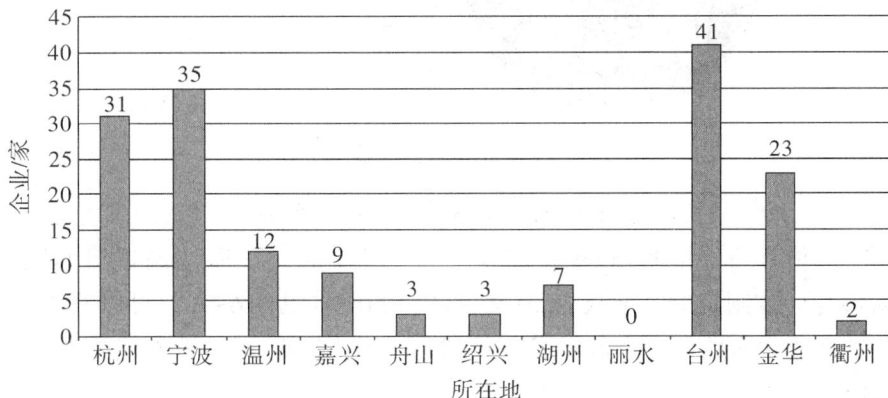

图 6-6　企业在浙江省内分布情况

从企业成立年限来看,在受访企业中,仅有1家企业成立年限小于5年,占比为0.60%;成立5~10年的企业有16家,占比为9.64%;成立11~20年的企业有64家,占比为38.55%;成立21~30年的企业有50家,占比为30.12%,这些企业是浙江省制造业中的中流砥柱;成立30年以上的企业有35家,占比为21.09%,这些企业在制造业中摸爬滚打多年,有较强的影响力(见图6-7)。

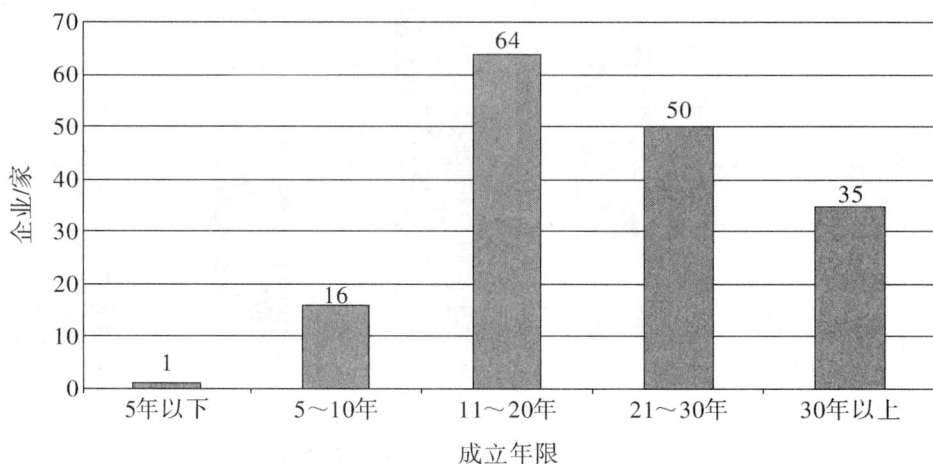

图6-7　企业成立年限

从企业性质来看,受访的"品字标浙江制造"获证企业中,民营企业占大多数,有146家,占比87.95%。非民营企业有20家,其中,国有企业有4家,占比2.41%;外资及港澳台资企业有4家,占比2.41%;其他性质的企业有12家,占比7.23%(见图6-8)。

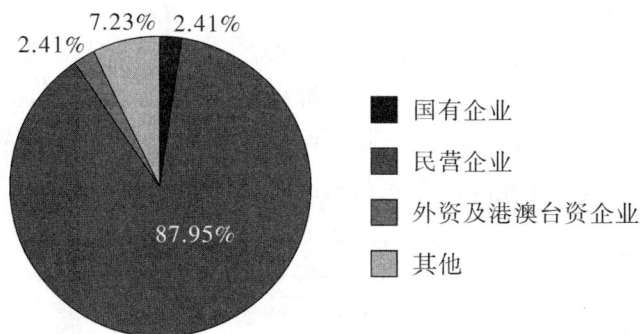

图6-8　企业性质

从企业"浙江制造"团体标准制定的情况来看,受访企业中,有123家企业主导制定了"浙江制造"团体标准,占比74.09%;23家企业参与制定了"浙江制造"团体标准,占比13.86%;未参与标准制定的企业仅有20家,占比12.05%(见图6-9)。可以看出,"品字标浙江制造"获证企业大多数都自主制定了"浙江制造"团体标准,较为积极地参与了"品字标浙江制造"区域公共品牌的建设。

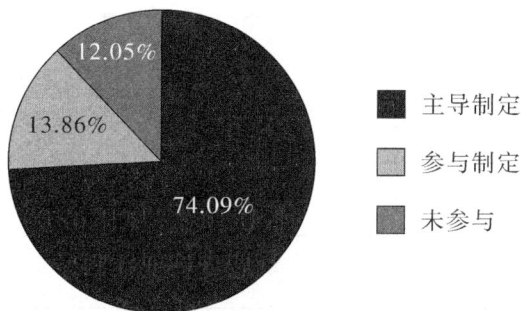

图6-9 企业"浙江制造"团体标准制定情况

从企业"品字标浙江制造"认定情况来看,在受访企业中,116家企业仅有1项产品获得了"品字标浙江制造"的认定;34家企业有2项产品获得了"品字标浙江制造"的认定;7家企业有3项产品获得了"品字标浙江制造"的认定;有3项以上产品获得"品字标浙江制造"认定的企业较少,仅有9家(见图6-10)。由此可见,企业参与"品字标浙江制造"品牌建设的总体积极性还不够高,绝大部分企业仅有1项产品获得了认定,而多项产品获得认定的企业较少。

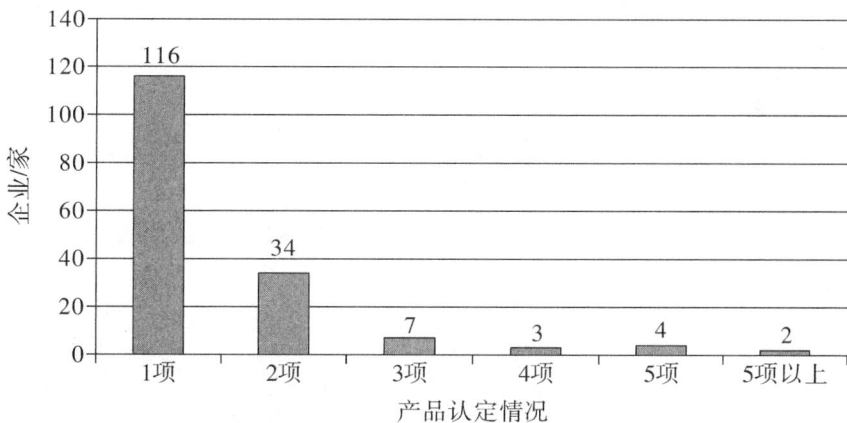

图6-10 企业产品认定情况

在受访企业中,仅有一家企业在2014年就获得了"品字标浙江制造"认定,占比0.60%;而首次获得了"品字标浙江制造"认定的企业中,2015年有6家,占比3.61%;2016年有4家,占比2.41%;2017年有14家,占比8.43%;2018年有46家,占比27.71%;2019年则多达67家,占比40.36%;2020年1—9月有28家,占比16.87%(见图6-11)。调查结果显示,"品字标浙江制造"区域公共品牌在2014—2017年认定的企业都比较少,从2018年开始,越来越多的企业加入"品字标浙江制造"品牌,说明从2018年开始"品字标浙江制造"品牌逐渐被大众所知晓,被大众所认可。

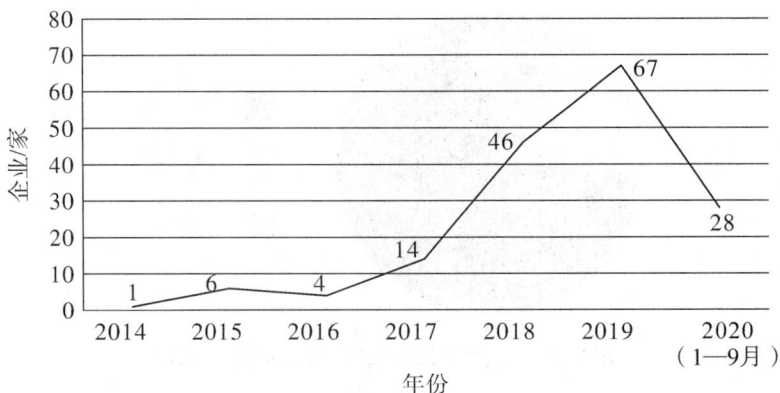

**图6-11 历年来企业获得"品字标浙江制造"认定情况(2014—2020年9月)**

从企业规模来看,受访企业中从业人数在20人以下的有2家,占比1.20%;20~300人(含20人)的有74家,占比44.58%;300~1000人(含300人)的有62家,占比37.35%;1000人及以上的有28家,占比16.87%(见图6-12)。2019年,销售收入2000万~4亿元(含2000万元)的企业最多,有101家,占比60.84%,其次是销售收入4亿元及以上的企业,有59家,占比35.54%;再次是销售收入300万~2000万元(含300万元)的企业,有6家,占比3.62%;没有一家企业2019年的销售收入低于300万元(见图6-13)。

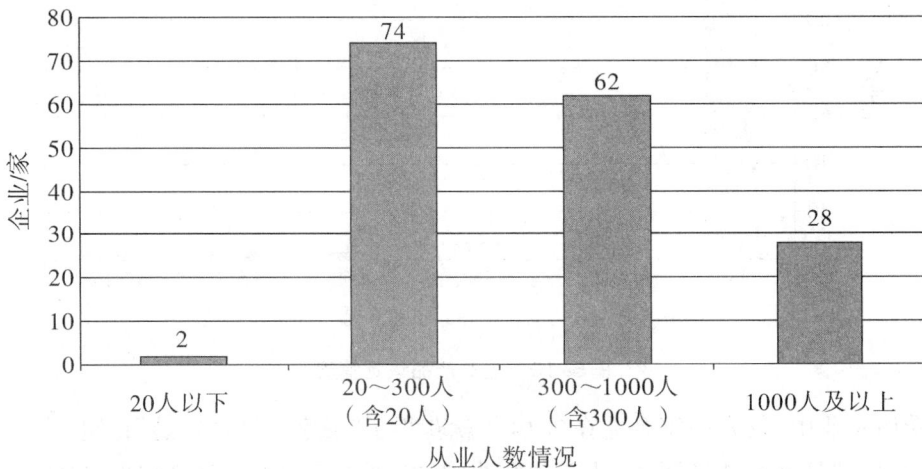

**图6-12 企业从业人数情况**

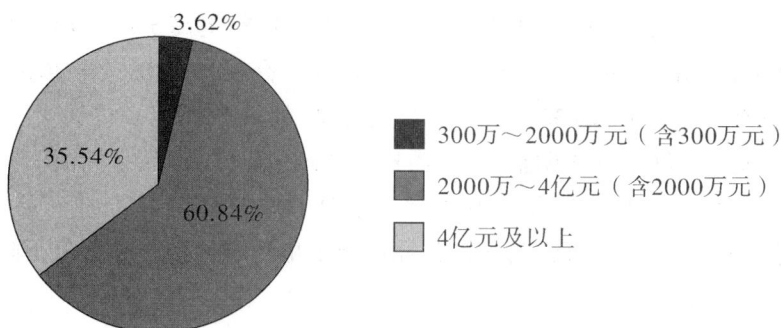

图6-13　2019年企业销售收入情况

3.62%

35.54%

60.84%

- 300万～2000万元（含300万元）
- 2000万～4亿元（含2000万元）
- 4亿元及以上

依据从业人数、销售额等可以将受访企业划分为大型企业、中型企业、小型企业、微型企业四类。从调查结果可以看出,本次受访企业中,小型企业最多,有74家,占比44.58%;其次是中型企业,有64家,占比38.55%;再次是大型企业,有26家,占比15.67%;微型企业最少,仅有2家,占比1.20%(见图6-14)。

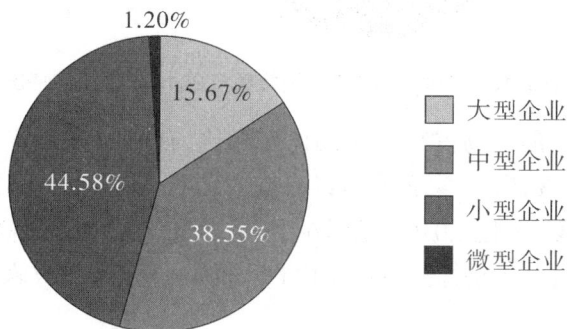

图6-14　企业规模分布情况

1.20%

15.67%

44.58%

38.55%

- 大型企业
- 中型企业
- 小型企业
- 微型企业

# 第二节　品牌建设成效

上一节介绍了参与本次调研的受访人员和企业的基本情况,本节将从企业产品市场竞争力、企业形象、产品质量、自主创新能力、产业协同能力和社会责任感等六个方面的提升情况分析企业启动"品字标浙江制造"品牌建设后所产生的主要成效。

## 一、企业产品市场竞争力

根据调研,将受访企业2019年的销售额与2018年相比,有115家"品字标浙江制造"企业产品销售额提高,占比69.27%(见图6-15)。其中销售额提高5%~10%(含5%)和10%~20%(含10%)的企业最多,都是28家;其次是销售额提高20%~30%(含20%)的企业,有20家;销售额提高5%以下和提高30%以上的企业较少,都只有18家。受访企业中36家"品字标浙江制造"企业产品销售额无明显变化,占比21.69%;而15家"品字标浙江制造"企业产品销售额下降,占比9.04%,但下降幅度基本都小于20.00%,仅有1家企业产品销售额下降了25.00%。下降原因主要有以下两点:①产品原材料价格下降导致产品售价下降;②产品外贸形势不好。

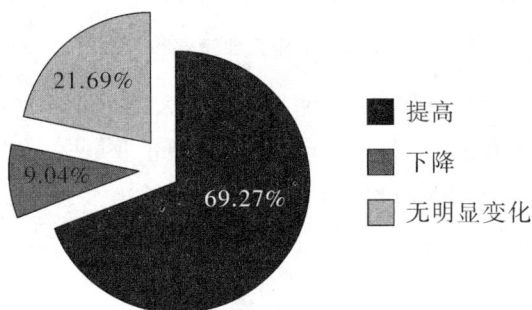

图6-15 企业2019年的销售额与2018年相比的情况

将受访企业2019年的市场占有率与2018年相比,有100家"品字标浙江制造"企业市场占有率提高,占比60.24%;有61家企业市场占有率无明显变化,占比36.75%;市场占有率下降的企业较少,仅有5家,占比3.01%(见图6-16)。在市场占有率提高的企业中,提高5%以下的企业最多,有35家;其次是提高5%~10%(含5%)的企业,有27家,提高的幅度都不大。

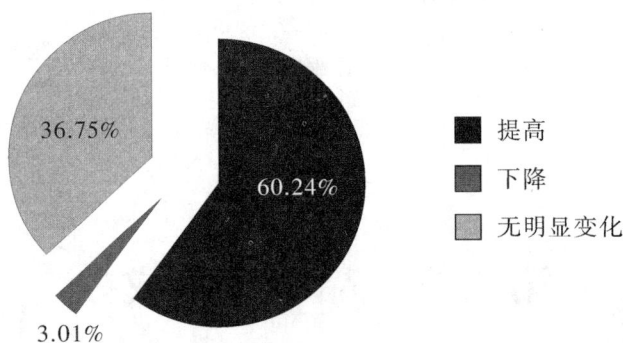

图6-16 企业2019年的市场占有率与2018年相比的情况

基于2020年年初疫情蔓延的特殊情况,本次调研还调查了此次疫情对"品字标浙江制造"企业经营活动造成的影响,调查结果显示,此次疫情对大部分企业造成的负面影响还是比较大的(见图6-17)。

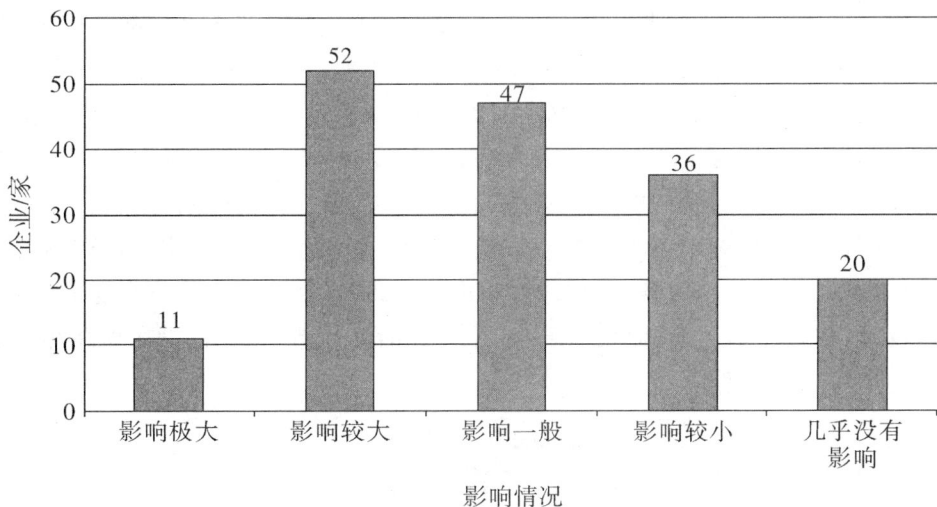

图6-17 2020年疫情对企业造成的负面影响情况

综上,说明大多数企业开展"品字标浙江制造"品牌建设对其销售额和市场占有率的提高是有促进作用的,但是作用并没有预计的大,而且还存在一部分企业开展"品字标浙江制造"品牌建设后对企业发展无任何作用的情况,因此开展"品字标浙江制造"品牌建设还需要结合企业实际情况进行改进,必须更科学、先进、合理、完善。

## 二、企业形象提升情况

对于企业是否同意"获得'品字标浙江制造'认定后,客户满意度提高了"这一问题,根据调查,37.35%的企业表示完全同意;44.58%的企业表示同意;但有16.27%的企业对于获得认定后,客户满意度是否提高感到不确定,占比相对较大;此外,还有1.80%的企业对此表示不太同意或者不同意(见图6-18)。而对于"获得'品字标浙江制造'认定后,企业是否同意在同行业内的知名度提高了"这一问题,38.56%的企业表示完全同意;48.80%的企业表示同意;10.84%的企业对于获得认定后,企业在同行业内的知名度是否提高感到不确定;还有1.80%的企业对此表示不太同意或者不同意(见图6-19)。对于"获得'品字标浙江制造'认定后,企业是否同意在同行业内的影响力提高了"这一问题,36.15%的企业表示完全同意;51.21%的企业表示同意;10.84%的企业对于获得认定后,企业在同行业内的影响力是否提高感到不确定;还有1.80%的企业对此表示不太同意或者不同意(见图6-20)。

总体来说,绝大部分企业认为"品字标浙江制造"品牌建设有助于企业总体形象的提升,其中,46.99%的企业表示完全同意,45.79%表示同意;仅有5.42%的企业对于获得认定后,企业的总体形象是否得到提升感到不确定;还有1.80%的企业对此表示不太同意或者不同意(见图6-21)。调研说明,"品字标浙江制造"品牌建设对于提升企业总体形象具有一定的促进作用,但与提升企业知名度和影响力相比,"品字标浙江制造"品牌建设在提高客户满意度方面的促进作用较弱。

上述情况可能与"品字标浙江制造"品牌的建设重心有关,"品字标浙江制造"品牌建设在前几年更加注重于对企业管理体系和产品质量的把控,自2014年起就发布了"'浙江制造'评价规范"与各类产品的"浙江制造"团体标准来对其进行评价,企业管理体系的完善和产品质量的提高使得企业综合能力提高,从而提升了企业在行业内的知名度和影响力。而企业客户满意度与企业的客户服务能力密切相关,"品字标浙江制造"品牌建设在企业服务方面的评价相对来说略微欠缺一些。2019年,浙江省市场监督管理局发布实施了《"品字标浙江制造"品牌服务评价要求》(DB33/T 2221-2019),来评价企业的服务能力,由于为时较短,成效还不显著,但相信未来"品字标浙江制造"品牌建设在提高客户满意度方面的促进作用会逐渐增强。

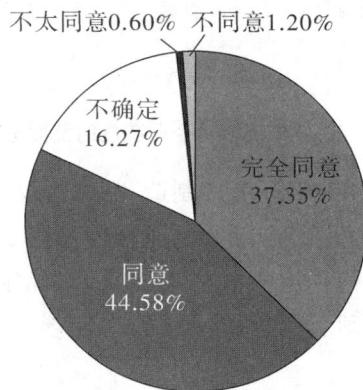

图6-18　企业对"获'品字标浙江制造'认定后,客户满意度提高"的看法

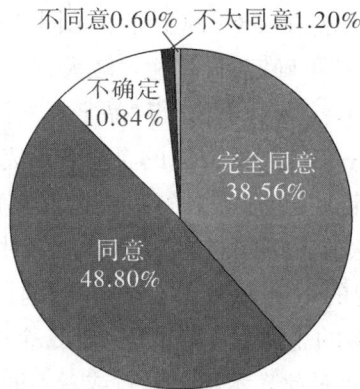

图6-19　企业对"获'品字标浙江制造'认定后,同行业内知名度提高"的看法

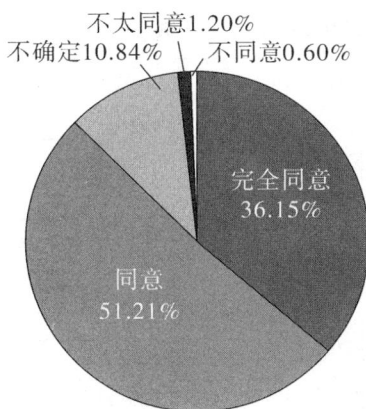

图6-20 企业对"获'品字标浙江制造'认定后,同行业内影响力提高"的看法

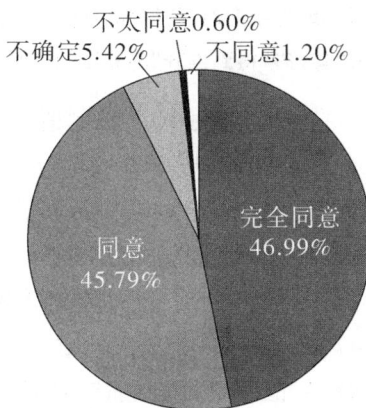

图6-21 企业对"获'品字标浙江制造'认定后,总体形象提升"的看法

　　我们对企业所在地与企业对"获得'品字标浙江制造'认定后,企业的总体形象得到提升"的看法两个选项结果做交叉分析,由于受访企业的所在地分布并不均匀,故主要对调查样本大于20的企业所在地(杭州、金华、宁波、台州)进行分析,后文的分析亦是如此。由调查结果可知,在金华、宁波和台州的企业中,对于"获得'品字标浙江制造'认定后,企业的总体形象得到提升"的看法表示同意或完全同意的企业分别有22家、33家和39家,占比95.65%、94.29%和95.12%,均超过90.00%。而在杭州企业中,对于"获得'品字标浙江制造'认定后,企业的总体形象得到提升"的看法表示同意或完全同意的企业占比较小,有24家,占比77.42%,低于80.00%(见图6-22)。

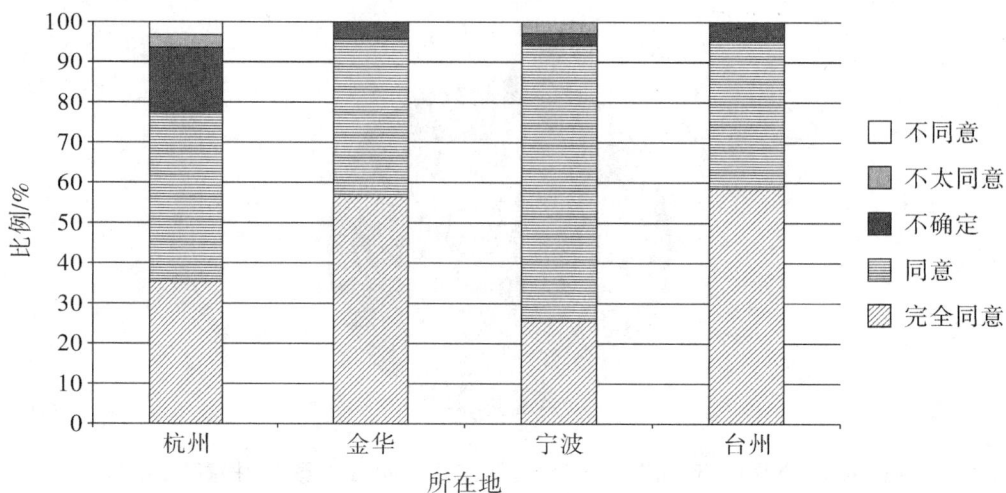

**图6-22　企业所在地与企业对"获得'品字标浙江制造'认定后，企业的总体形象得到提升"的看法的交叉分析**

通过对企业成立年限与企业对"获得'品字标浙江制造'认定后，企业的总体形象得到提升"的看法两个选项结果做交叉分析可知，在成立30年以上的企业中，对于"获得'品字标浙江制造'认定后，企业的总体形象得到提升"的看法表示同意或完全同意的企业有34家，占比97.14%，超过95.00%。而在成立5～10年、11～20年和21～30年的企业中，对于"获得'品字标浙江制造'认定后，企业的总体形象得到提升"的看法表示同意或完全同意的企业占比相对较小，分别有15家、58家和47家，占比93.75%、90.62%和94.00%，均低于95.00%。成立5年以下的企业仅有1家，对于"获得'品字标浙江制造'认定后，企业的总体形象得到提升"的看法表示不确定（见图6-23）。

通过对企业性质与企业对"获得'品字标浙江制造'认定后，企业的总体形象得到提升"的看法两个选项结果做交叉分析可知，在146家民营企业中，对于"获得'品字标浙江制造'认定后，企业的总体形象得到提升"的看法表示同意或完全同意的企业有135家，占比92.47%。而在20家非民营企业中，对于"获得'品字标浙江制造'认定后，企业的总体形象得到提升"的看法表示同意或完全同意的企业有19家，占比95.00%（见图6-24），两者相差不大。

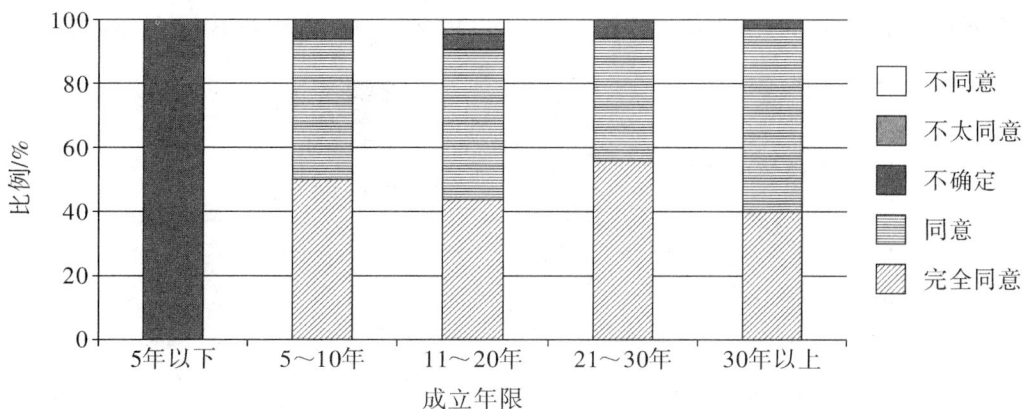

图6-23 企业成立年限与企业对"获得'品字标浙江制造'认定后，
企业的总体形象得到提升"的看法的交叉分析

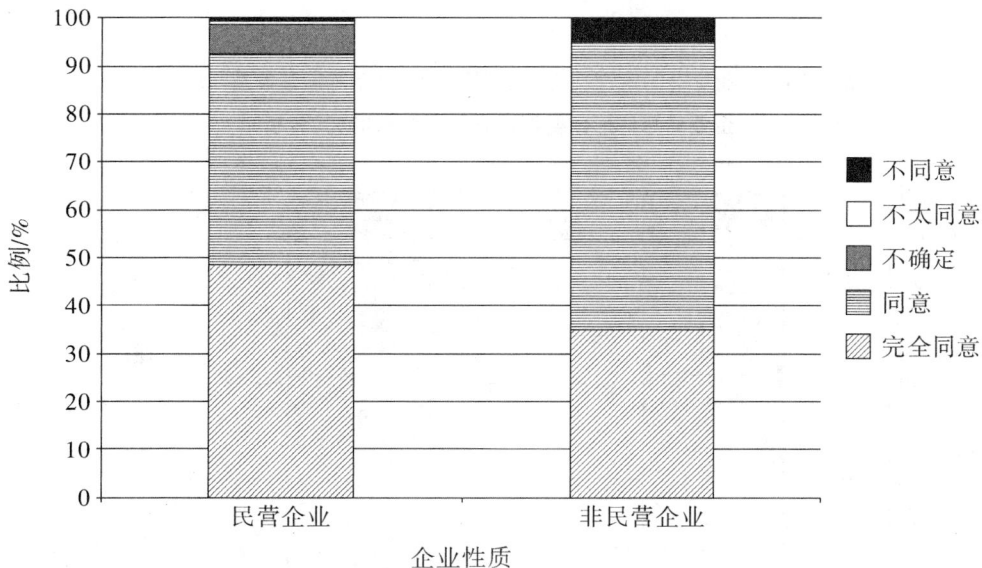

图6-24 企业性质与企业对"获得'品字标浙江制造'认定后，
企业的总体形象得到提升"的看法的交叉分析

通过对企业"浙江制造"团体标准制定情况与企业对"获得'品字标浙江制造'认定后，企业的总体形象得到提升"的看法两个选项结果做交叉分析可知，在主导制定标准、参与制定标准和未参与制定标准的企业中，对于"获得'品字标浙江制造'认定后，企业的总体形象得到提升"的看法表示同意或完全同意的企业分别有115家、21家和18家，占比93.50%、91.30%和90.00%，相差不大（见图6-25）。

通过对企业产品认定情况与企业对"获得'品字标浙江制造'认定后，企业的总体形象得到提升"的看法两个选项结果做交叉分析可知，仅有一项产品获得认定和多项产品获得认定的企业中，对于"获得'品字标浙江制造'认定后，企业的总体形象得到提升"的看法表示同意或完全同意的企业分别有107家和47家,占比92.24%和94.00%,相差不大(见图6-26)。

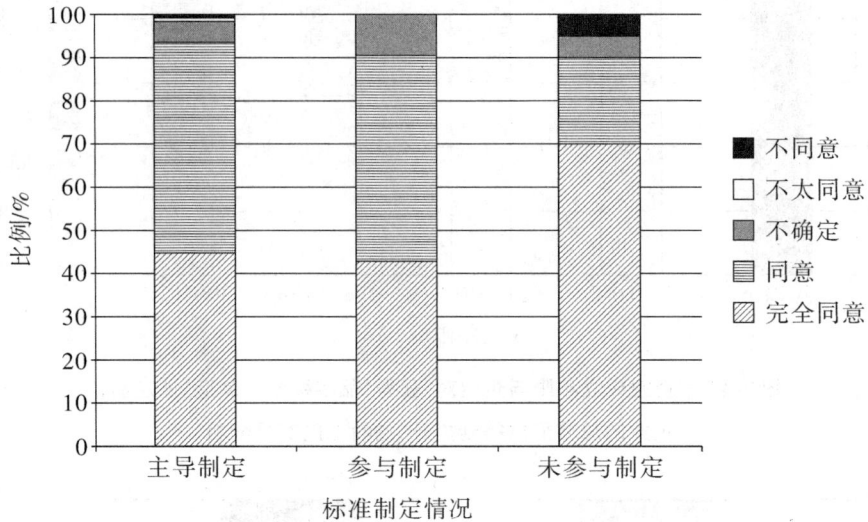

图6-25 企业标准制定情况与企业对"获得'品字标浙江制造'认定后,
企业的总体形象得到提升"的看法的交叉分析

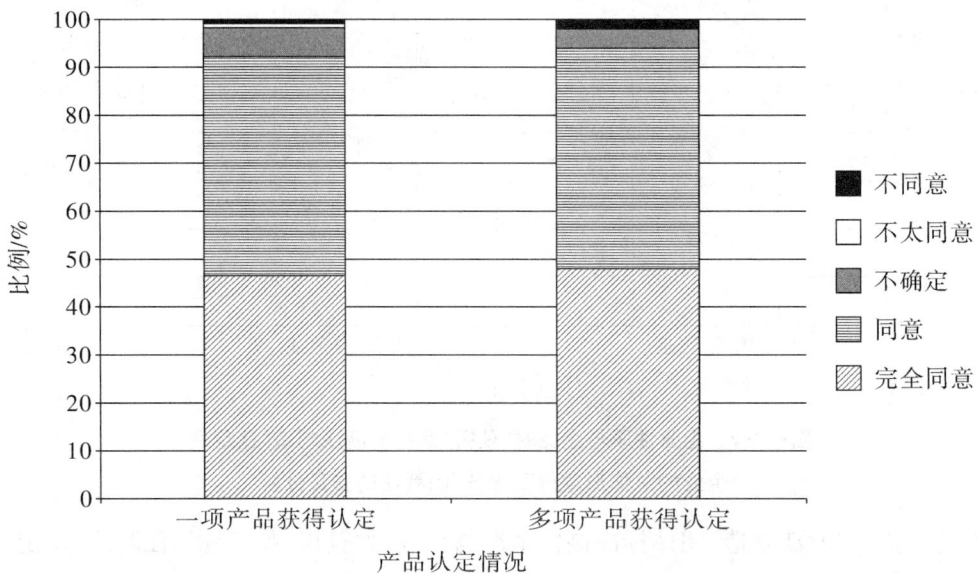

图6-26 企业产品认定情况与企业对"获得'品字标浙江制造'认定后,
企业的总体形象得到提升"的看法的交叉分析

通过对企业规模与企业对"获得'品字标浙江制造'认定后,企业的总体形象得到提升"的看法两个选项结果做交叉分析可知,在小型企业和微型企业中,对于"获得'品字标浙江制造'认定后,企业的总体形象得到提升"的看法表示同意或完全同意的企业分别有71家和2家,占比95.95%和100.00%,均超过95.00%。而在大型企业和中型企业中,对于"获得'品字标浙江制造'认定后,企业的总体形象得到提升"的看法表示同意或完全同意的企业占比相对较小,分别有23家和58家,占比88.46%和90.63%,均低于95.00%(见图6-27),不同规模企业的看法有一定的差距。

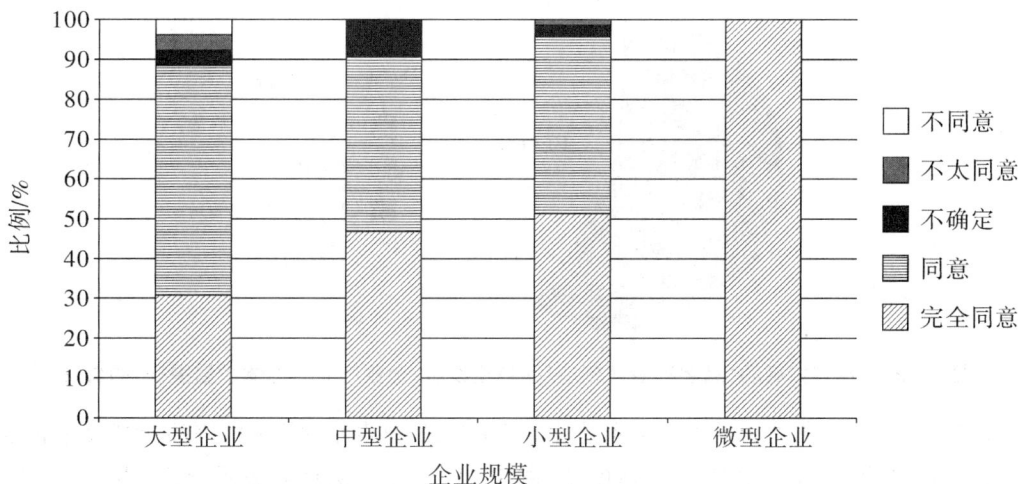

图6-27 企业规模与企业对"获得'品字标浙江制造'认定后,企业的总体形象得到提升"的看法的交叉分析

## 三、产品质量提升情况

产品质量特性可概括为产品性能、寿命、可靠性、安全性和经济性等方面。根据调查结果显示,受访企业普遍认为"品字标浙江制造"品牌建设有助于企业质量管理体系的完善。其中,有73家企业表示完全同意在启动"品字标浙江制造"品牌建设后,企业质量管理体系更加完善,占比43.98%;有88家企业也对此表示同意,占比53.01%;有4家企业对此表示不确定,占比2.41%;仅有1家企业对此表示不同意,占比0.60%(见图6-28)。

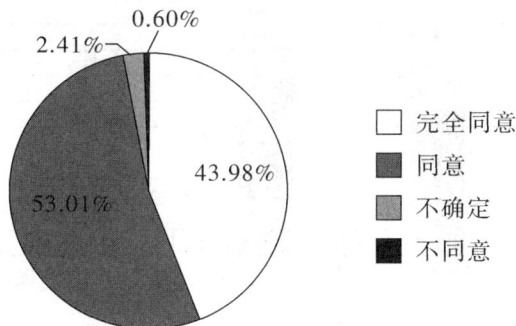

图6-28 企业对"启动'品字标浙江制造'品牌建设后,企业质量管理体系更加完善"的看法

绝大多数受访企业认为"品字标浙江制造"品牌建设有助于企业产品质量的提升。其中,有68家企业表示完全同意,占比40.96%;有91家企业表示同意,占比54.83%;有5家企

业对此表示不确定,占比3.01%;仅有1家企业对此表示不太同意,占比0.60%;此外,还有1家企业对此表示不同意,占比0.60%(见图6-29)。

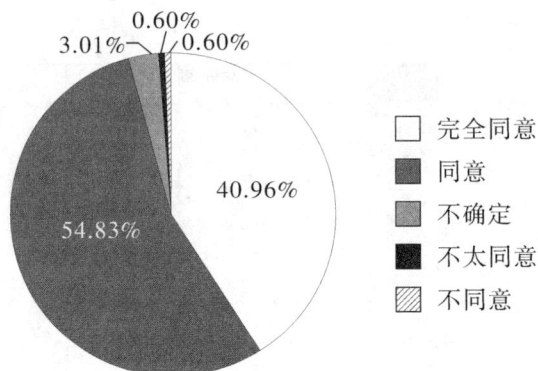

图6-29 企业对"启动'品字标浙江制造'品牌建设后,企业产品的总体质量提升"的看法

如图6-30所示,在受访的166家企业中,有67家企业表示完全同意在启动"品字标浙江制造"品牌建设后,企业产品性能得到提升,占比40.36%;91家企业表示同意,占比54.82%;6家企业对启动"品字标浙江制造"品牌建设后,产品性能是否得到提升感到不确定,占比3.61%;还有2家企业对此表示不太同意或者不同意,占比1.21%。产品的可靠性提高情况的调查结果与产品性能的调查结果类似。而在产品的经济性和与人的交互性提高方面,分别有23家和18家企业对此感到不确定,占比相对较高。在产品使用寿命延长方面,有1家企业对此表示不同意,有6家企业对此表示不太同意,有14家企业对此表示不确定。可见"品字标浙江制造"品牌建设对于提升企业产品的总体质量具有一定的促进作用,但在提升产品经济性、与人的交互性以及延长产品使用寿命方面的作用相对较弱,产生这一结果的主要原因可能是因为产品的经济性、与人的交互性和使用寿命方面的提升对于消费者来说感受会更加明显,而对于企业来说,产品性能方面的提升会更加显著。

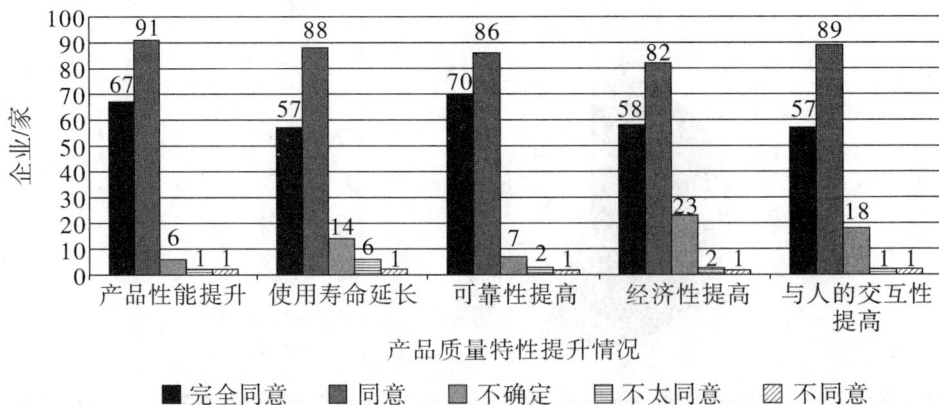

图6-30 企业对"启动'品字标浙江制造'品牌建设后,产品质量特性得到提升"的看法

通过对企业所在地与企业对"获得'品字标浙江制造'认定后,企业产品的总体质量得到

提升"的看法两个选项结果做交叉分析可知,在金华、宁波和台州的企业中,对于"获得'品字标浙江制造'认定后,企业产品的总体质量得到提升"的看法表示同意或完全同意的企业分别有22家、34家和40家,占比95.65%、97.14%和97.56%,均超过95.00%。而在杭州企业中,对于"获得'品字标浙江制造'认定后,企业产品的总体质量得到提升"的看法表示同意或完全同意的企业占比相对较小,有28家,占比90.32%,低于95.00%(见图6-31)。

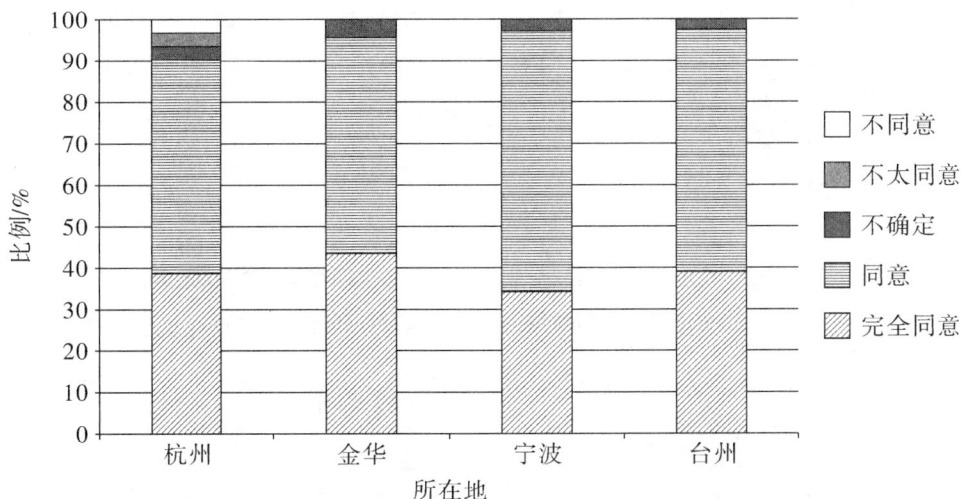

图6-31　企业所在地与企业对"启动'品字标浙江制造'品牌建设后,
企业产品的总体质量得到提升"的看法的交叉分析

通过对企业成立年限与企业对"获得'品字标浙江制造'认定后,企业产品的总体质量得到提升"的看法两个选项结果做交叉分析可知,在成立5年以下、5~10年和30年以上的企业中,对于"获得'品字标浙江制造'认定后,企业产品的总体质量得到提升"的看法表示同意或完全同意的企业占比均达到100%。在成立21~30年的企业中,对于"获得'品字标浙江制造'认定后,企业产品的总体质量得到提升"的看法表示同意或完全同意的企业有48家,占比96.00%。而在成立11~20年的企业中,对于"获得'品字标浙江制造'认定后,企业产品的总体质量得到提升"的看法表示同意或完全同意的企业占比相对较小,有59家,占比92.19%,低于95.00%(见图6-32)。

通过对企业性质与企业对"获得'品字标浙江制造'认定后,企业产品的总体质量得到提升"的看法两个选项结果做交叉分析可知,在民营企业中,对于"获得'品字标浙江制造'认定后,企业产品的总体质量得到提升"的看法表示同意或完全同意的企业有141家,占比96.58%。而在非民营企业中,对于这一看法表示同意或完全同意的企业有18家,占比90.00%,略低一些(见图6-33)。

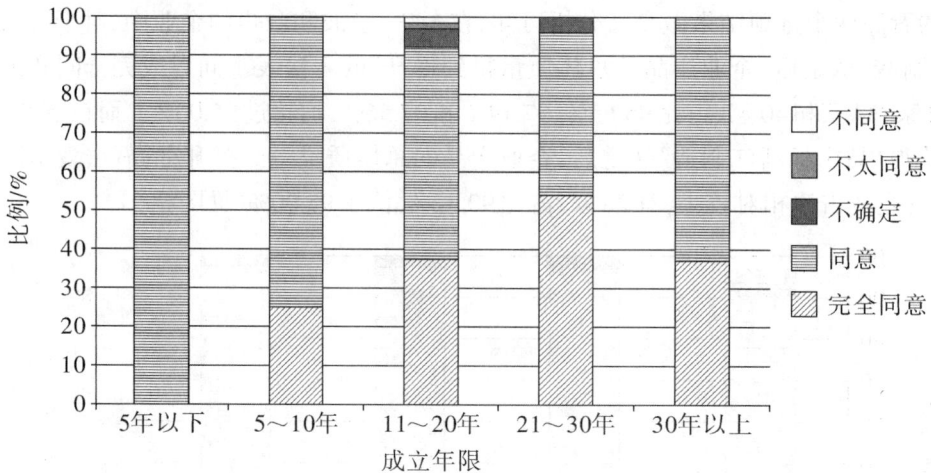

图6-32　企业成立年限与企业对"获得'品字标浙江制造'认定后，
企业产品的总体质量得到提升"的看法的交叉分析

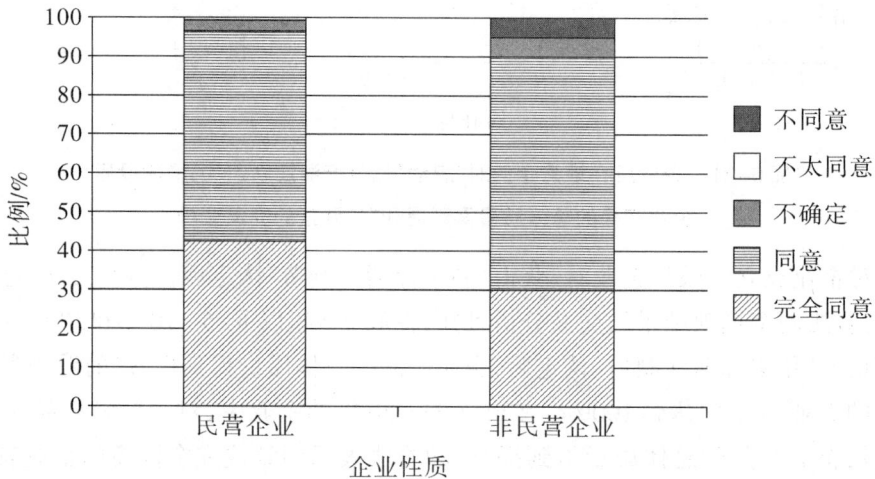

图6-33　企业性质与企业对"获得'品字标浙江制造'认定后，
企业产品的总体质量得到提升"的看法的交叉分析

通过对企业"浙江制造"团体标准制定情况与企业对"获得'品字标浙江制造'认定后，企业产品的总体质量得到提升"的看法两个选项结果做交叉分析可知，在主导制定标准、参与制定标准和未参与制定标准的企业中，对于"获得'品字标浙江制造'认定后，企业产品的总体质量得到提升"的看法表示同意或完全同意的企业分别有118家、22家和19家，占比95.93%、95.65%和95.00%（见图6-34），相差并不大。

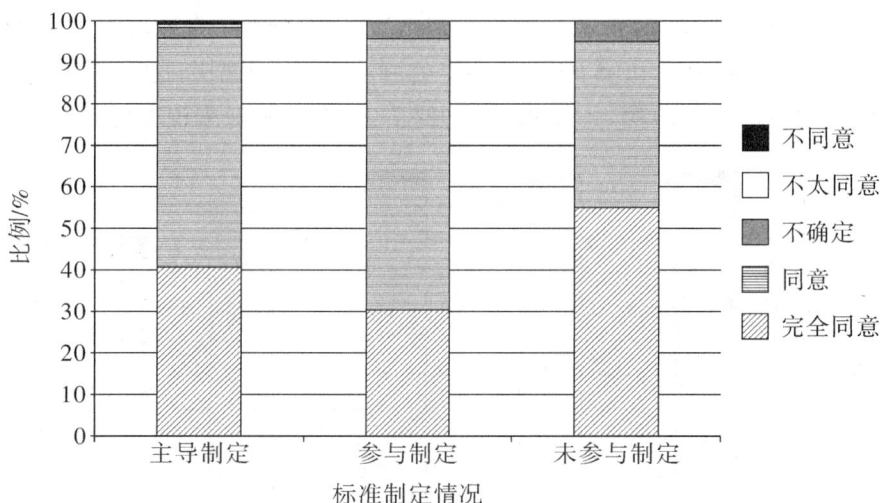

图6-34　企业标准制定情况与企业对"获得'品字标浙江制造'认定后，
企业产品的总体质量得到提升"的看法的交叉分析

通过对企业产品认定情况与企业对"获得'品字标浙江制造'认定后，企业产品的总体质量得到提升"的看法两个选项结果做交叉分析可知，仅有一项产品获得认定的企业中，对于"获得'品字标浙江制造'认定后，企业产品的总体质量得到提升"的看法表示同意或完全同意的企业有111家，占比95.69%。多项产品获得认定的企业中，对于这一看法表示同意或完全同意的企业有48家，占比96.00%（见图6-35），结果相差不大。

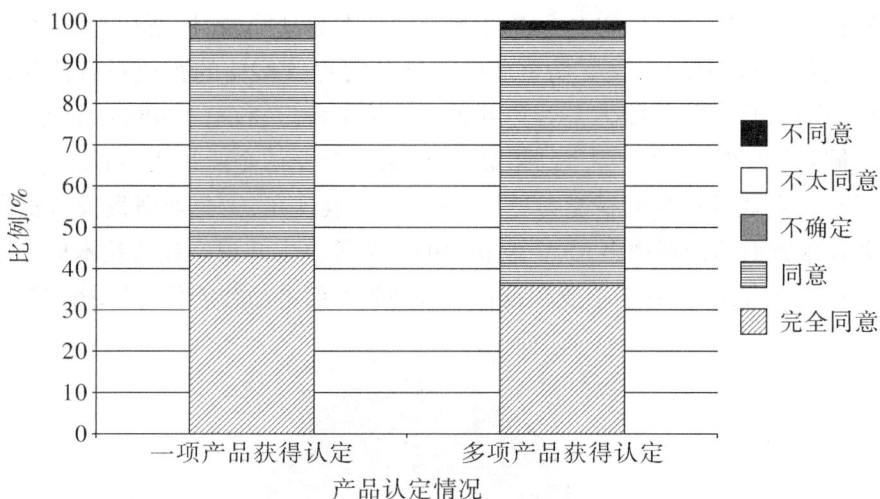

图6-35　企业产品认定情况与企业对"获得'品字标浙江制造'认定后，
企业产品的总体质量得到提升"的看法的交叉分析

通过对企业规模与企业对"启动'品字标浙江制造'品牌建设后，企业产品的总体质量得到提升"的看法两个选项结果做交叉分析可知，在微型企业中，对于"启动'品字标浙江制造'品牌建设后，企业产品的总体质量提升"的看法表示同意或者完全同意的企业占比最大，达到

100.00%。在中小型企业中,对于这一看法表示同意或完全同意的企业占比也相对较大,分别有62家和71家,占比96.88%和95.95%,均高于95.00%。而在大型企业中,对于这一看法表示同意或完全同意的企业有24家,占比92.31%,低于95.00%,相对来说略低一些(见图6-36)。

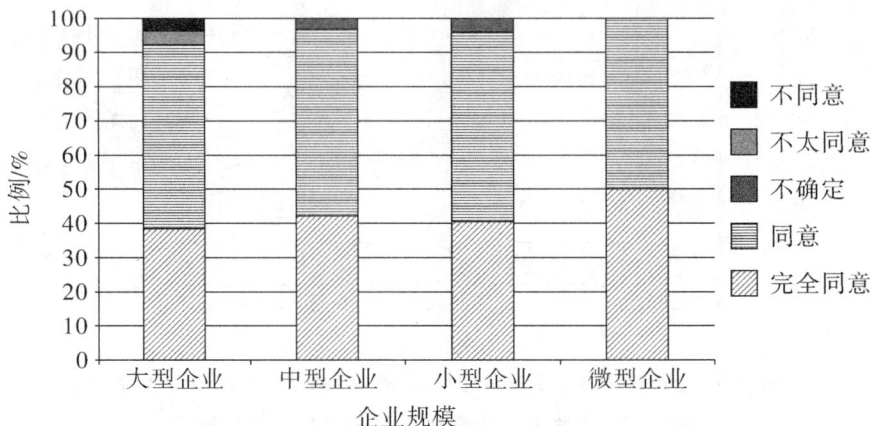

图6-36 企业规模与企业对"启动'品字标浙江制造'品牌建设后,企业产品的总体质量得到提升"的看法的交叉分析

### 四、自主创新能力提升情况

在受访企业中,37.35%的企业表示完全同意在"启动'品字标浙江制造'品牌建设后,企业自主创新能力得到提升";56.03%的企业表示同意在启动"品字标浙江制造"品牌建设后,企业自主创新能力得到提升,是受访企业中占比最大的;5.42%的企业对启动"品字标浙江制造"品牌建设后,自主创新能力是否得到提升感到不确定;仅有1.20%的企业对此感到不同意或不太同意(见图6-37)。调查结果显示,绝大部分受访企业认为,启动"品字标浙江制造"品牌建设后,企业对自主创新能力更加重视,具体表现在:①企业研发投入提高;②企业在生产工艺技术方面的创新增多;③企业获得的专利等自主知识产权或技术成果增多;④企业新产品销售收入占比提高;⑤企业在设备和管理等方面更加智能化(见图6-38)。

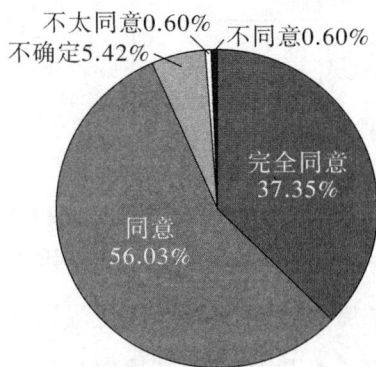

图6-37 企业对"启动'品字标浙江制造'品牌建设后,自主创新能力得到提升"的看法

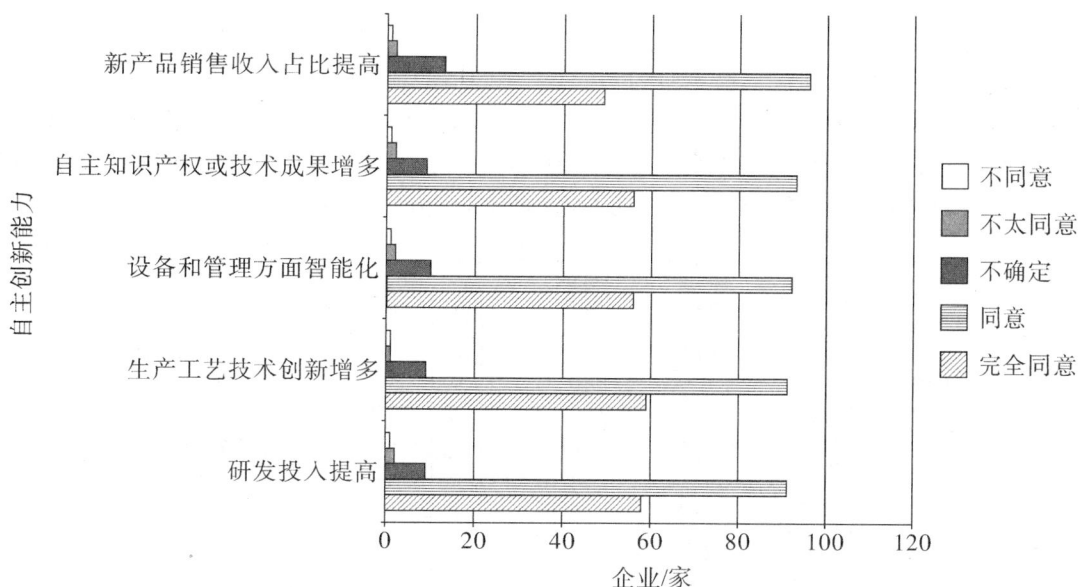

**图6-38 企业对"启动'品字标浙江制造'品牌建设后,研发投入提高"等具体方面的看法**

通过对企业所在地与企业对"获得'品字标浙江制造'认定后,企业自主创新能力提升"的看法两个选项结果做交叉分析可知,在杭州和金华的企业中,对于"获得'品字标浙江制造'认定后,企业自主创新能力提升"的看法表示同意或完全同意的企业分别有28家和21家,占比90.32%和91.30%。而在宁波和台州的企业中,对于"获得'品字标浙江制造'认定后,企业自主创新能力提升"的看法表示同意或完全同意的企业分别有33家和39,占比94.29%和95.12%(见图6-39)。

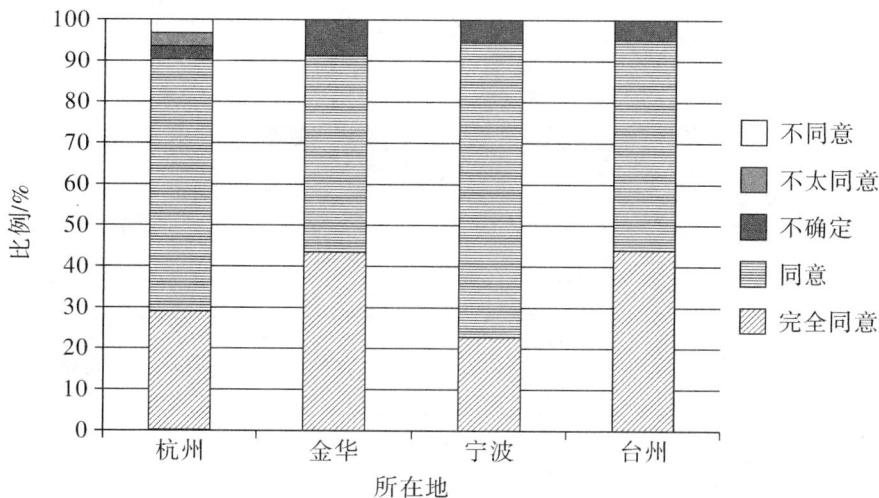

**图6-39 企业所在地与企业对"启动'品字标浙江制造'品牌建设后,
企业自主创新能力提升"的看法的交叉分析**

通过对企业成立年限与企业对"获得'品字标浙江制造'认定后,企业自主创新能力提升"的看法两个选项结果做交叉分析可知,在成立5~10年、21~30年和30年以上的企业中,对于"获得'品字标浙江制造'认定后,企业自主创新能力提升"的看法表示同意或完全同意的企业分别有15家、49家和33家,占比93.75%、98%和94.29%。成立5年以下的企业仅有1家,对于这一看法表示同意。而在成立11~20年的企业中,对于这一看法表示同意或完全同意的企业占比相对较小,有57家,占比89.06%,低于90.00%(见图6-40)。

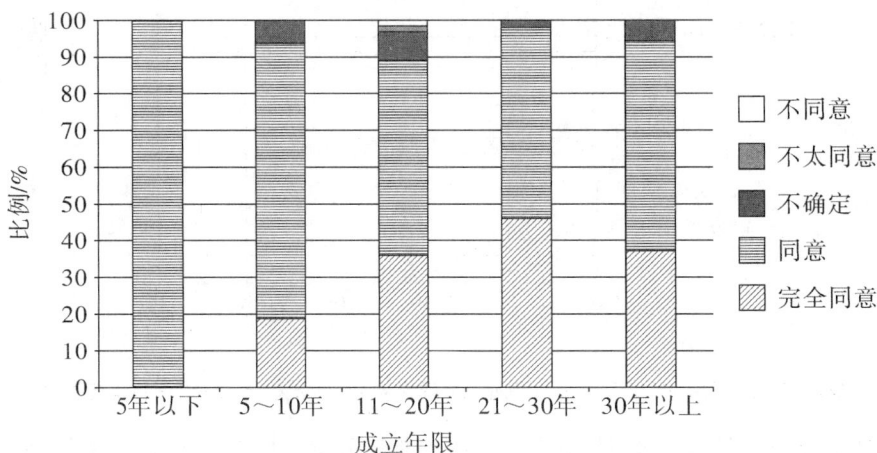

图6-40　企业成立年限与企业对"获得'品字标浙江制造'认定后,
企业自主创新能力提升"的看法的交叉分析

通过对企业性质与企业对"获得'品字标浙江制造'认定后,企业自主创新能力提升"的看法两个选项结果做交叉分析可知,在民营企业中,对于"获得'品字标浙江制造'认定后,企业自主创新能力提升"的看法表示同意或完全同意的企业有138家,占比94.52%。而在非民营企业中,对于这一看法表示同意或完全同意的企业有17家,占比85.00%(见图6-41),两者有一定差距。

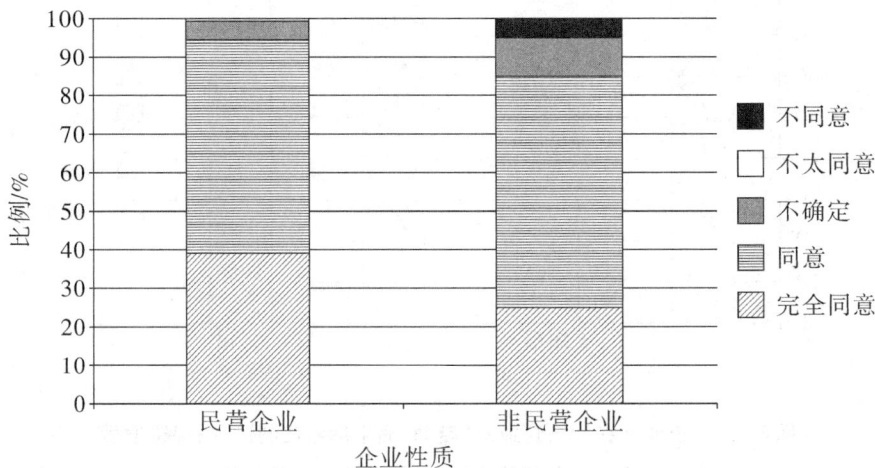

图6-41　企业性质与企业对"获得'品字标浙江制造'认定后,
企业自主创新能力提升"的看法的交叉分析

通过对企业"浙江制造"团体标准制定情况与企业对"获得'品字标浙江制造'认定后,企业自主创新能力提升"的看法两个选项结果做交叉分析可知,在主导制定标准的企业中,对于"获得'品字标浙江制造'认定后,企业自主创新能力提升"的看法表示同意或完全同意的企业有114家,占比92.68%。在参与制定标准和未参与制定标准的企业中,对于这一看法表示同意或完全同意的企业分别有22家和19家,占比95.65%和95.00%(见图6-42),相差并不大。

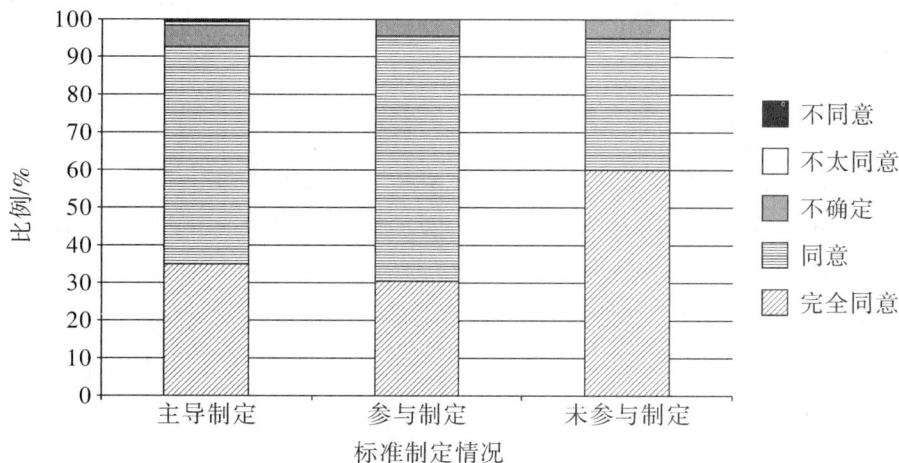

图6-42　企业标准制定情况与企业对"获得'品字标浙江制造'认定后,
企业自主创新能力提升"的看法的交叉分析

通过对企业产品认定情况与企业对"获得'品字标浙江制造'认定后,企业自主创新能力提升"的看法两个选项结果做交叉分析可知,仅有一项产品获得认定的企业中,对于"获得'品字标浙江制造'认定后,企业自主创新能力提升"的看法表示同意或完全同意的企业有110家,占比94.83%。多项产品获得认定的企业中,对于这一看法表示同意或完全同意的企业有45家,占比90.00%(见图6-43)。

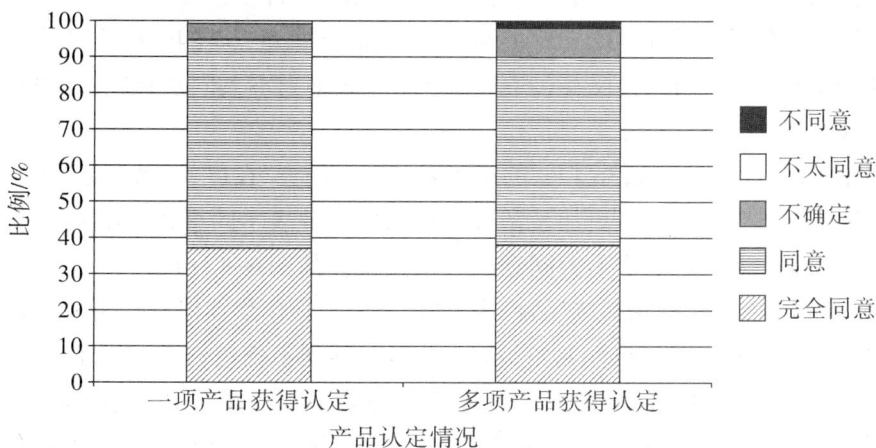

图6-43　企业产品认定情况与企业对"获得'品字标浙江制造'认定后,
企业自主创新能力提升"的看法的交叉分析

通过对企业规模与企业对"启动'品字标浙江制造'品牌建设后,企业自主创新能力提升"的看法两个选项结果做交叉分析可知,所有微型企业都完全同意"启动'品字标浙江制造'品牌建设后,企业自主创新能力提升"的看法,占比100.00%。在中型企业中,对于这一看法表示同意或完全同意的企业有62家,占比96.88%,高于95.00%。在小型企业中,对于这一看法表示同意或完全同意的企业有70家,占比94.59%,略低于95.00%。而在大型企业中,对于这一看法表示同意或者完全同意的企业占比最小,有21家,占比80.77%,低于90.00%(见图6-44)。

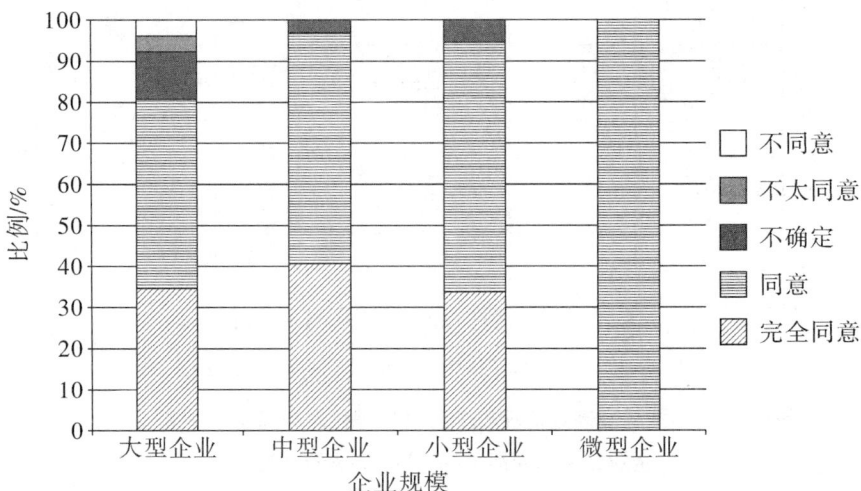

图6-44　企业规模与企业对"启动'品字标浙江制造'品牌建设后,
企业自主创新能力提升"的看法的交叉分析

## 五、产业协同能力提升情况

根据调查结果,绝大部分企业认为"品字标浙江制造"品牌建设对提升企业产业协同能力有一定的促进作用。其中,32.53%的企业表示完全同意;57.84%的企业表示同意;有8.43%的企业对此感到不确定;仅有0.60%的企业对此感到不太同意;还有0.60%的企业对此表示不同意(见图6-45)。

具体来说,如图6-46所示,36.14%的企业表示完全同意"在启动'品字标浙江制造'品牌建设后,企业与合作伙伴的交流更加紧密",53.02%的企业表示同意;9.64%的企业对此感到不确定;1.20%的企业对此表示不太同意或者不同意。如图6-47所示,34.34%的企业表示完全同意"在启动'品字标浙江制造'品牌建设后,企业与合作伙伴建立了更加良好的战略合作关系";55.43%的企业表示同意;8.43%的企业对此感到不确定;1.80%的企业对此表示不太同意或者不同意。可见,"品字标浙江制造"品牌建设有助于企业以"产业协同"为己任,与关键供方和合作伙伴建立良好的合作关系,促进双向交流,共同提高交流过程的有效性和效率,确保企业外部提供的产品和服务等符合要求,扩大品牌影响力。

不太同意0.60% 不同意0.60%
不确定8.43%

完全同意
32.53%

同意
57.84%

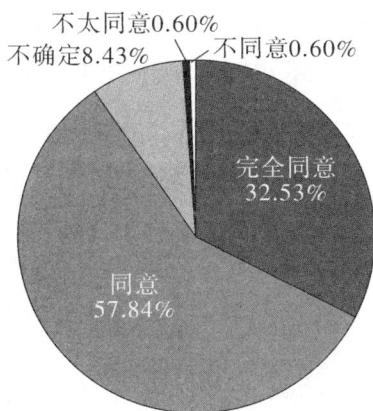

**图6-45 企业对"启动'品字标浙江制造'品牌建设后,企业的产业协同能力提升"的看法**

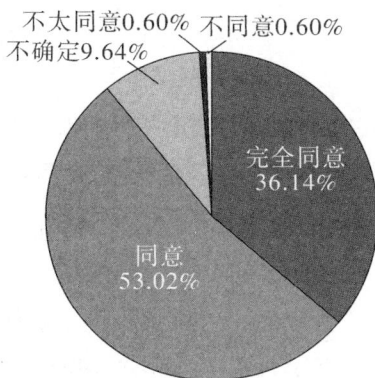

不太同意0.60% 不同意0.60%
不确定9.64%

完全同意
36.14%

同意
53.02%

**图6-46 企业对"启动'品字标浙江制造'品牌建设后,对其与合作伙伴的交流更加紧密"的看法**

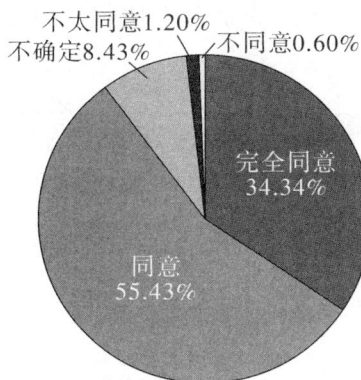

不太同意1.20% 不同意0.60%
不确定8.43%

完全同意
34.34%

同意
55.43%

**图6-47 企业对"启动'品字标浙江制造'品牌建设后,
对其与合作伙伴建立了更加良好的战略合作关系"的看法**

通过对企业所在地与企业对"获得'品字标浙江制造'认定后,企业产业协同能力提升"的看法两个选项结果做交叉分析可知,杭州企业中,对于"获得'品字标浙江制造'认定后,企业产业协同能力提升"的看法表示同意或完全同意的企业有29家,占比93.55%。而在金华、宁波和台州的企业中,对于这一看法表示同意或完全同意的企业分别有20家、31家和37家,占比86.96%、88.57%和90.24%(见图6-48)。

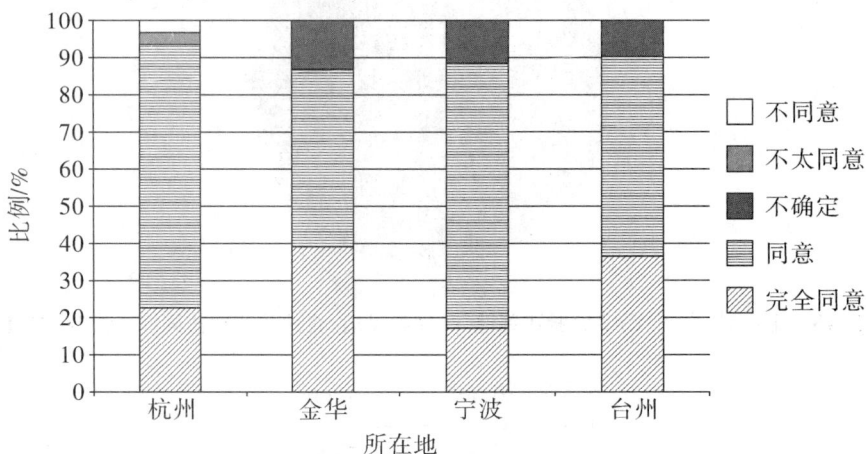

图6-48 企业所在地与企业对"启动'品字标浙江制造'品牌建设后,
企业产业协同能力提升"的看法的交叉分析

通过对企业成立年限与企业对"获得'品字标浙江制造'认定后,企业产业协同能力提升"的看法两个选项结果做交叉分析可知,在成立5~10年、21~30年和30年以上的企业中,对于"获得'品字标浙江制造'认定后,企业产业协同能力提升"的看法表示同意或完全同意的企业分别有15家、47家和33家,占比93.75%、94.00%和94.29%。成立5年以下的企业仅有1家,对于"获得'品字标浙江制造'认定后,企业产业协同能力提升"的看法表示不确定。而在成立11~20年的企业中,对于"获得'品字标浙江制造'认定后,企业产业协同能力提升"的看法表示同意或完全同意的企业占比相对较小,有55家,占比85.94%,低于90.00%(见图6-49)。

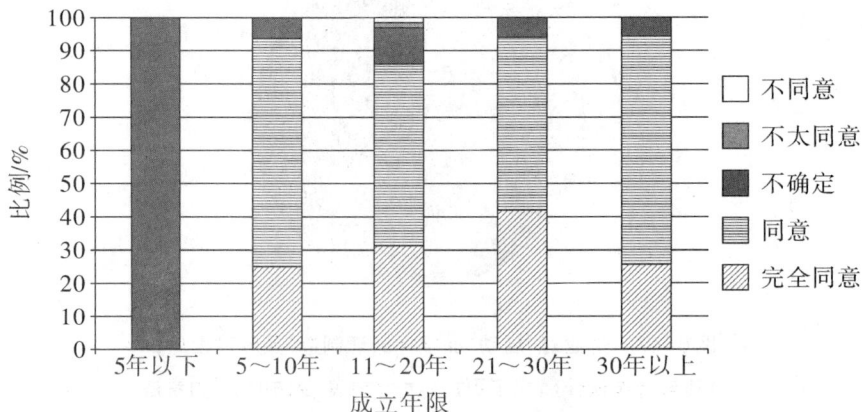

图6-49 企业成立年限与企业对"获得'品字标浙江制造'认定后,
企业产业协同能力提升"的看法的交叉分析

通过对企业性质与企业对"获得'品字标浙江制造'认定后,企业产业协同能力提升"的看法两个选项结果做交叉分析可知,在民营企业中,对于"获得'品字标浙江制造'认定后,企业产业协同能力提升"的看法表示同意或完全同意的企业有133家,占比91.10%。而在非民营企业中,对于这一看法表示同意或完全同意的企业有17家,占比85.00%,低于90.00%(见图6-50)。

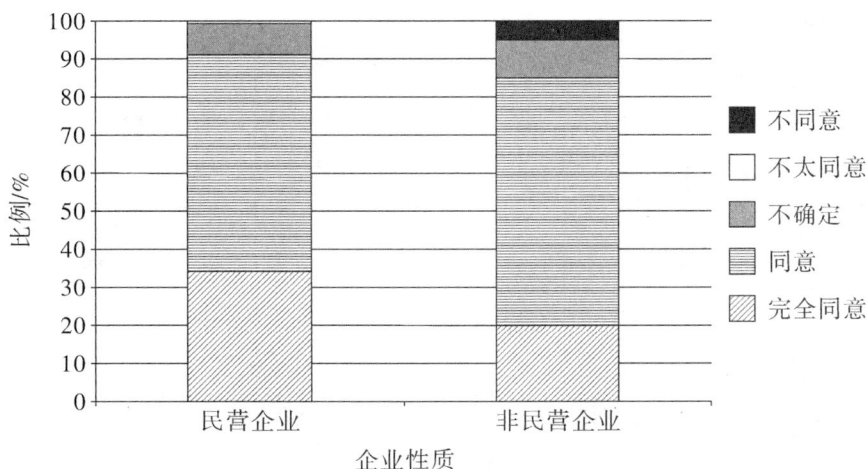

**图6-50 企业性质与企业对"获得'品字标浙江制造'认定后,企业产业协同能力提升"的看法的交叉分析**

通过对企业"浙江制造"团体标准制定情况与企业对"获得'品字标浙江制造'认定后,企业产业协同能力提升"的看法两个选项结果做交叉分析可知,在主导制定标准、参与制定标准和未参与制定标准的企业中,对于"获得'品字标浙江制造'认定后,企业产业协同能力提升"的看法表示同意或完全同意的企业分别有111家、21家和18家,占比90.24%、91.30%和90.00%(见图6-51),相差不大。

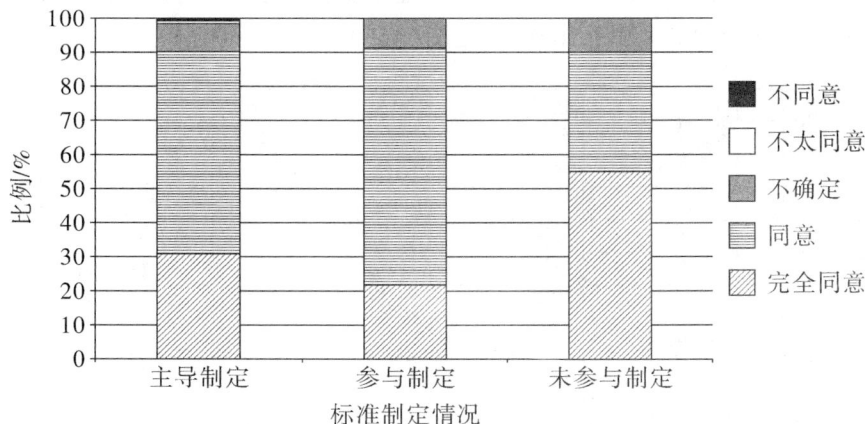

**图6-51 企业标准制定情况与企业对"获得'品字标浙江制造'认定后,企业产业协同能力提升"的看法的交叉分析**

　　通过对企业产品认定情况与企业对"获得'品字标浙江制造'认定后,企业产业协同能力提升"的看法两个选项结果做交叉分析可知,仅有一项产品获得认定的企业中,对于"获得'品字标浙江制造'认定后,企业产业协同能力提升"的看法表示同意或完全同意的企业有106家,占比91.38%。多项产品获得认定的企业中,对于这一看法表示同意或完全同意的企业有44家,占比88.00%(见图6-52)。

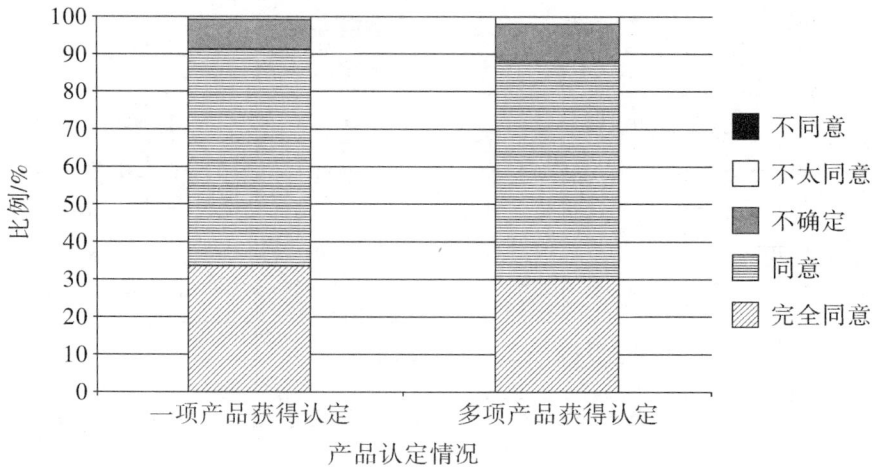

**图6-52　企业产品认定情况与企业对"获得'品字标浙江制造'认定后,
企业自主创新能力提升"的看法的交叉分析**

　　通过对企业规模与企业对"启动'品字标浙江制造'品牌建设后,企业产业协同能力提升"的看法两个选项结果做交叉分析可知,所有微型企业都完全同意"启动'品字标浙江制造'品牌建设后,企业产业协同能力提升"的看法,占比高达100.00%。在中型企业和小型企业中,对于这一看法表示同意或完全同意的企业占比也相对较大,分别有59家和69家,占比92.19%和93.24%,都超过90.00%。而在大型企业中,对于这一看法表示同意或者完全同意的企业有20家,占比76.92%,低于80.00%(见图6-53)。

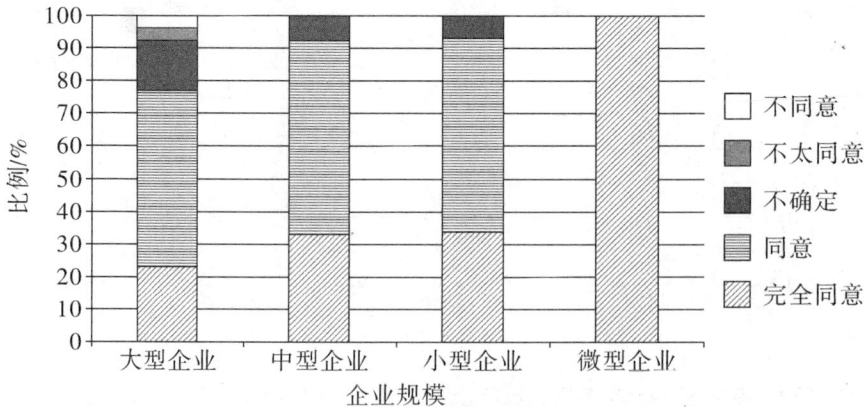

**图6-53　企业规模与企业对"启动'品字标浙江制造'品牌建设后,
企业产业协同能力提升"的看法的交叉分析**

## 六、社会责任感提高情况

据调查,如图6-54所示,绝大部分受访企业认为,启动"品字标浙江制造"品牌建设后,企业更加重视对公众的质量承诺,企业的质量诚信管理体系也更加完善,进一步提升了客户满意度;企业安全生产管理等所有生产经营活动更加科学化、规范化和法制化,职业健康安全管理体系得以完善;企业生产方式更加绿色化,环境管理体系也更加完善,企业可持续发展更有保障。如图6-55所示,45.78%的企业完全同意在启动"品字标浙江制造"品牌建设后,企业社会责任感提高;50.01%的企业持同意态度;3.01%的企业对此感到不确定;仅有1.20%的企业对此感到不同意或不太同意。可见,"品字标浙江制造"品牌建设有助于企业提高社会责任感,树立更加良好的企业形象。

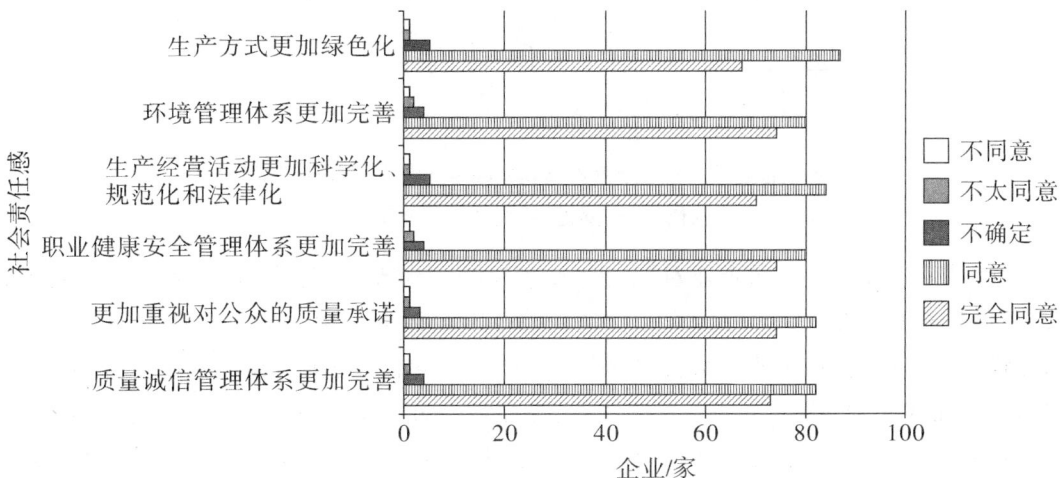

**图6-54 企业对启动"品字标浙江制造"品牌建设后,质量诚信管理体系更加完善等具体方面的看法**

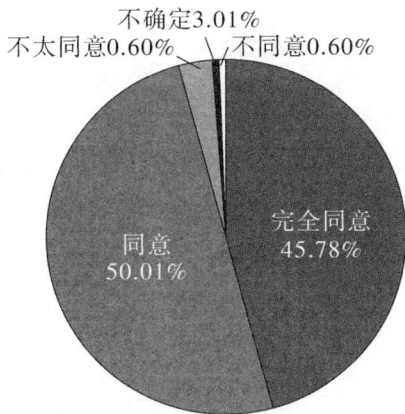

**图6-55 企业对启动"品字标浙江制造"品牌建设后,社会责任感提高的看法**

通过对企业所在地与企业对"获得'品字标浙江制造'认定后,企业社会责任感提高"的看法两个选项结果做交叉分析可知,杭州企业中,对于"获得'品字标浙江制造'认定后,企业社会责任感提高"的看法表示同意或完全同意的企业有29家,占比93.55%。在金华、宁波和台州的企业中,对于这一看法表示同意或完全同意的企业分别有22家、34家和39家,占比95.65%、97.14%和95.12%(见图6-56),相差不大。

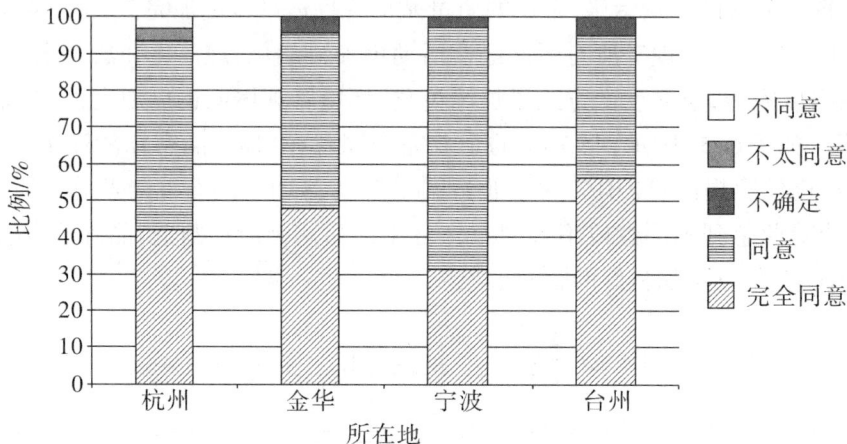

**图6-56 企业所在地与企业对"启动'品字标浙江制造'品牌建设后,企业社会责任感提高"的看法的交叉分析**

通过对企业成立年限与企业对"获得'品字标浙江制造'认定后,企业社会责任感提高"的看法两个选项结果做交叉分析可知,在成立5~10年和30年以上的企业中,对于"获得'品字标浙江制造'认定后,企业社会责任感提高"的看法表示同意或完全同意的企业占比达到100.00%。在成立21~30年的企业中,对于这一看法表示同意或完全同意的企业有49家,占比98.00%。成立5年以下的企业仅有1家,对于这一看法表示不确定。而在成立11~20年的企业中,对于这一看法表示同意或完全同意的企业占比相对较小,有59家,占比92.19%,低于95.00%(见图6-57)。

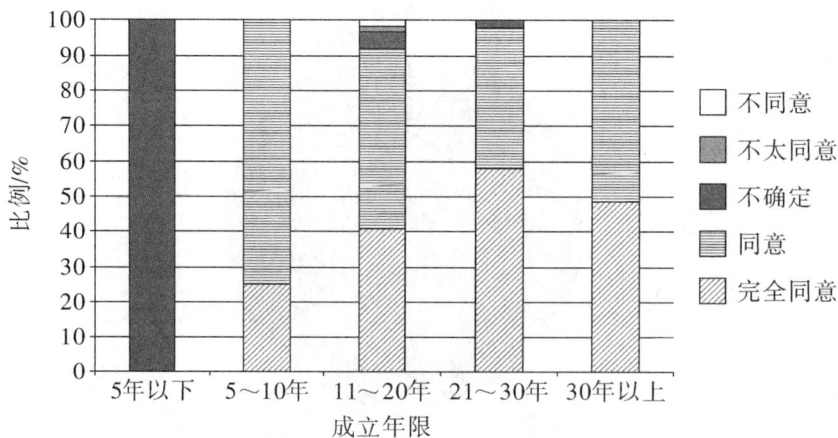

**图6-57 企业成立年限与企业对"获得'品字标浙江制造'认定后,企业社会责任感提高"的看法的交叉分析**

在民营企业和非民营企业中,对于"获得'品字标浙江制造'认定后,企业社会责任感提高"的看法表示同意或完全同意的企业占比相差不大。通过对企业性质与企业对"获得'品字标浙江制造'认定后,企业社会责任感提高"的看法两个选项结果做交叉分析可知,在民营企业和非民营企业中,对于这一看法表示同意或完全同意的企业分别有140家和19家,占比95.89%和95.00%(见图6-58),相差并不大。

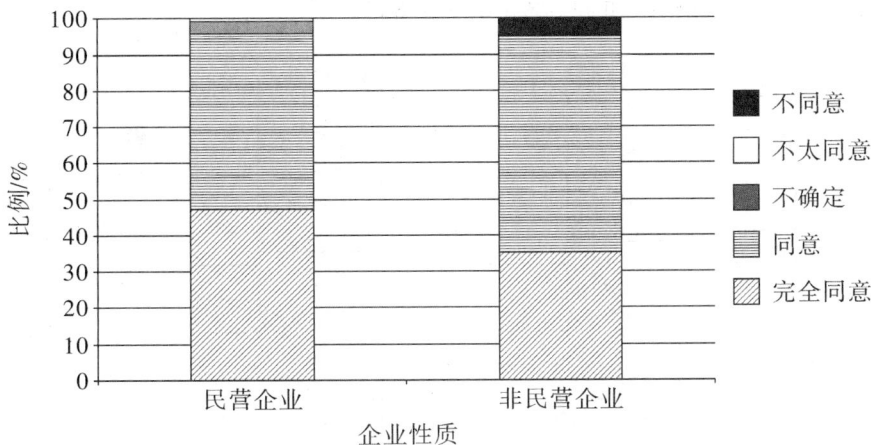

图6-58　企业性质与企业对"获得'品字标浙江制造'认定后,
企业社会责任感提高"的看法的交叉分析

通过对企业"浙江制造"团体标准制定情况与企业对"获得'品字标浙江制造'认定后,企业社会责任感提高"的看法两个选项结果做交叉分析可知,在主导制定标准和未参与制定标准的企业中,对于"获得'品字标浙江制造'认定后,企业社会责任感提高"的看法表示同意或完全同意的企业分别有119家和19家,占比96.75%和95.00%。在参与制定标准的企业中,对于"获得'品字标浙江制造'认定后,企业社会责任感提高"的看法表示同意或完全同意的企业有21家,占比91.30%(见图6-59)。

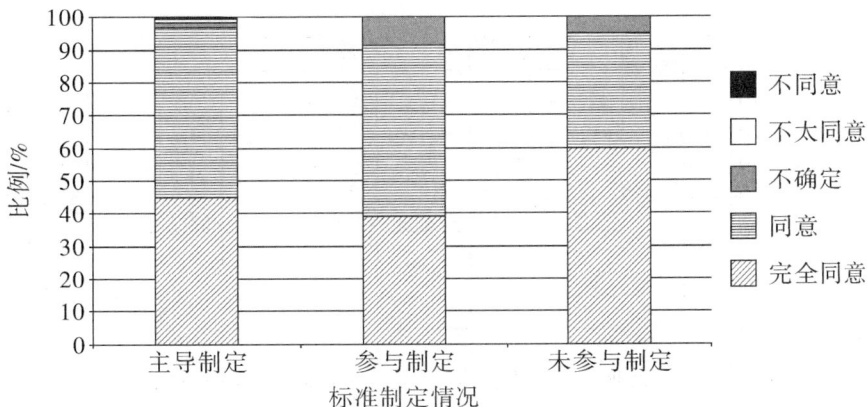

图6-59　企业标准制定情况与企业对"获得'品字标浙江制造'认定后,
企业社会责任感提高"的看法的交叉分析

仅有一项产品获得认定和多项产品获得认定的企业中,对于"获得'品字标浙江制造'认定后,企业社会责任感提高"的看法表示同意或完全同意的企业占比相差不大。通过对企业产品认定情况与企业对"获得'品字标浙江制造'认定后,企业社会责任感提高"的看法两个选项结果做交叉分析可知,仅有一项产品获得认定和多项产品获得认定的企业中,对于"获得'品字标浙江制造'认定后,企业社会责任感提高"的看法表示同意或完全同意的企业分别有112家和47家,占比96.55%和94.00%(见图6-60)。

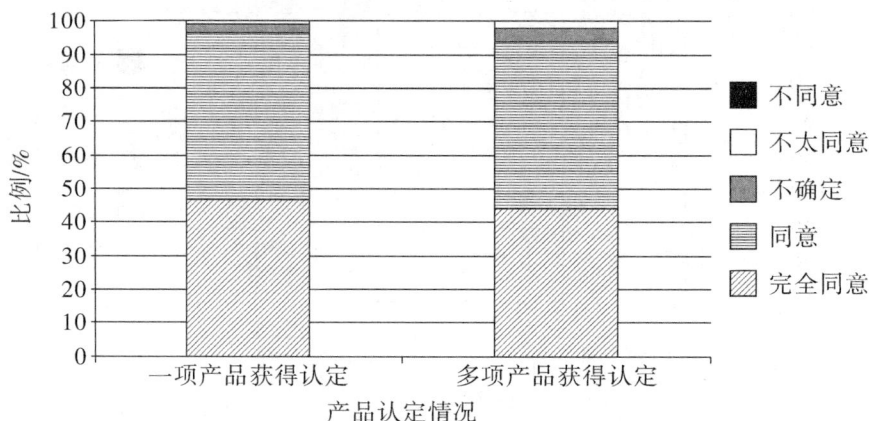

**图6-60 企业产品认定情况与企业对"获得'品字标浙江制造'认定后,企业社会责任感提高"的看法的交叉分析**

通过对企业规模与企业对"启动'品字标浙江制造'品牌建设后,企业社会责任感提高"的看法两个选项结果做交叉分析可知,所有微型企业都完全同意"启动'品字标浙江制造'品牌建设后,企业社会责任感提高"的看法。中小型企业对于这一看法表示同意或完全同意的企业分别有63家和71家,占比98.44%和95.95%,都高于95.00%。而大型企业对于这一看法表示同意或者完全同意的企业占比较小,有23家,占比88.46%,低于90.00%(见图6-61)。

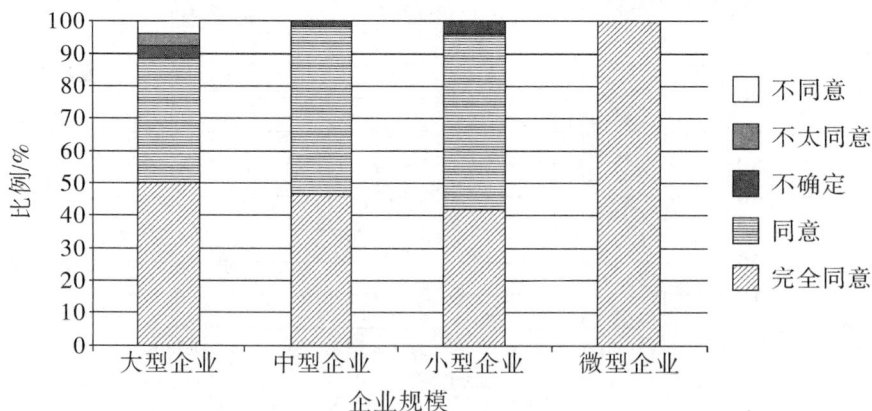

**图6-61 企业规模与企业对"启动'品字标浙江制造'品牌建设后,企业社会责任感提高"的看法的交叉分析**

# 第三节　主要问题与对策建议

　　"品字标浙江制造"品牌建设成效有目共睹,但仍然存在一些问题,本节将详细阐述企业在"品字标浙江制造"品牌建设过程中存在的问题,并从政府、省品联会、浙江制造国际认证联盟、企业等"品字标浙江制造"区域公共品牌建设相关主体层面提出更高要求,以进一步提高"品字标浙江制造"品牌对企业发展和区域经济发展的作用。

## 一、"品字标浙江制造"品牌建设存在的主要问题

　　截至2020年9月30日,有1138家企业通过了"品字标浙江制造"认定成了"品字标"品牌企业,但是根据调查结果显示,大部分"品字标浙江制造"企业仅有一项产品获得了认定,而多项产品获得认定的企业较少,企业对"品字标浙江制造"品牌建设的总体积极性还不够高。据调查,目前企业在开展"品字标浙江制造"品牌建设过程中,主要存在的问题有以下几点。

　　第一,企业自身的管理制度不够完善。"品字标浙江制造"品牌建设引入了质量管理体系、环境管理体系和职业健康与安全管理体系,对企业提出了更高的要求:①稳定服务质量,提高客户满意度,提高企业信誉,进一步拓展市场;②节约能源资源,减少排污费用,降低企业成本的同时为保护环境做贡献;③改善劳动条件,减少工伤事故,杜绝职业病危害,调动员工积极性,为保持社会稳定做贡献。前文的调研结果显示,绝大部分受访企业认为,在启动"品字标浙江制造"品牌建设后,企业的质量管理制度、环境管理体系和职业健康与安全管理体系都更加完善了,说明企业在管理制度的建设方面还有较大的进步空间。根据调研结果显示,在受访企业中,仍有25.40%的企业认为自身管理制度不够完善是开展"品字标浙江制造"品牌建设的主要困难之一。

　　第二,企业的技术创新能力不足导致产品先进性不足。据调研,有19.88%的企业认为自身的技术创新能力不足,这也是"品字标浙江制造"品牌建设过程中面临的较大困难。前文的调研结果显示,绝大部分受访企业认为,在启动"品字标浙江制造"品牌建设后,企业自主创新能力得到了一定的提升,说明企业的自主创新能力也有较大的提升空间。"品字标浙江制造"品牌的定位是"国内一流,国际先进"水平,技术创新能力的不足必然会制约企业产品更新换代的速度以及产品质量水平的提升,导致产品先进性不足,使企业无法满足不断变化的市场需求,进而不利于企业的进步与发展,使得企业无法达到"品字标浙江制造"的品牌定位。

　　第三,认证工作及后续的品牌维护工作成本较高。在"品字标浙江制造"认证时有一定

的收费标准,需要企业自行负担,认证费用不低。在后续品牌的维护工作中,所花费的时间、人力、物力等成本更是不少,例如"品字标浙江制造"认证企业的年度抽查与整改等。因此,在本次调研中,认为认证工作及后续的品牌维护工作成本较高是开展"品字标浙江制造"品牌建设过程中的主要困难之一的企业最多,有70家,占比43.48%。

第四,政府给予的资金支持等政策力度不足。浙江省下辖的11个地级市、89个县级行政区中,大部分地方政府都设置了标准研制/修订与品牌认定的相关奖励政策,鼓励企业开展"品字标浙江制造"品牌建设。但是,据调研,在此次受访企业中,有27.33%的企业仍旧认为政府给予的资金支持不足,主要是因为这些激励政策都是在企业制定标准发布后或是品牌认定后才能获得政府给予的资金奖励,而在企业开展"品字标浙江制造"建设的过程中,政府并没有给予政策支持,并且,不同地区的政府对于企业的激励资金相差较大,不利于"品字标浙江制造"品牌的建设。

## 二、"品字标浙江制造"品牌建设建议

根据调研结果可见,大部分企业开展"品字标浙江制造"品牌建设对其市场竞争力、企业形象、产品质量、自主创新能力、产业协同能力和社会责任感的提高有一定的促进作用,但是还有一部分企业认为开展"品字标浙江制造"品牌建设后对其进步和发展没有任何帮助或者帮助不大。为提高"品字标浙江制造"品牌建设的成效,在开展"品字标浙江制造"品牌建设的过程中,政府、省品联会、浙江制造国际认证联盟等区域品牌建设的主体单位应该加强以下几个方面的工作。

第一,帮助并指导企业加强管理体系建设,提升企业综合能力。在此次调研中,有部分受访企业认为企业自身管理制度不够完善、企业产品先进性不足等是开展"品字标浙江制造"品牌建设的难点。因此,一方面,企业自身要加强管理体系建设,建立文件化的管理体系并使其有效地运行,提高精细化、规范化管理水平,不断提升企业的产品质量和服务水平,增强企业综合实力,以达到"品字标浙江制造"标准的要求;另一方面,政府、省品联会、浙江制造国际认证联盟等作为"品字标浙江制造"区域品牌建设的主体单位,应该持续开展"品字标浙江制造"标准制定和品牌认定的培训,分阶段、分批次、阶梯状开展专题会议,指导企业完善管理体系,提升产品的先进性,以满足"品字标浙江制造"品牌"国内一流,国际先进"的定位,并且进一步提升企业对"品字标浙江制造"品牌的理解,推动企业开展"品字标浙江制造"品牌建设的进程,必要时,还可以通过电话咨询、微信辅导等,对企业进行一对一的指导。

第二,重点关注非杭州地区企业的"品字标浙江制造"品牌建设情况。从前文的调研结果来看,总体来说,非杭州地区的企业中,对于"获得'品字标浙江制造'认定后,企业的总体形象、产品的总体质量、企业自主创新能力和产业协同能力得到提升,企业社会责任感提高"的看法表示同意或者完全同意的企业占比相对较大,杭州企业中的占比相对较小。说明"品字标浙江制造"品牌建设对于非杭州地区的企业来说成效更大。杭州市是浙江省的省会城市,发展相对会比浙江省其他的10个地级市更好,能在杭州市立足的企业自身的综合实力

都比较强,本身企业的管理体系处于较完善的水平,产品质量也处于较高的水平,所以"品字标浙江制造"品牌对于杭州企业来说有一定的成效,但成效并不显著。"品字标浙江制造"品牌建设主体单位想要重振"浙江制造",后续应该将"品字标浙江制造"品牌建设的重心有意识地向非杭州地区的企业倾斜,进一步提升浙江省其他10个地级市的制造业水平,促进整个浙江省制造业的发展,推动浙江省工业化建设,提升浙江省在国内甚至国际的竞争力。

第三,重点关注成立10年及以下和20年以上的企业的"品字标浙江制造"品牌建设情况。调研结果显示,总体来说,成立11~20年的企业中,对于"获得'品字标浙江制造'认定后,企业的总体形象、产品的总体质量、企业自主创新能力和产业协同能力得到提升,企业社会责任感提高"的看法表示同意或者完全同意的企业占比相对较小,说明"品字标浙江制造"品牌建设对于此类企业的成效并不显著,因为成立11~20年的企业在十几年的积累后,企业规模、绩效都有很大的发展和提升,拥有了一定的资源和组织能力,正处于蓬勃发展的阶段。而成立10年及以下的企业属于新创企业,正逐渐步入正轨,"品字标浙江制造"品牌建设可以帮助企业更好地建立自身的管理体系,更严格地把控产品质量,并且给企业带来区域品牌的效益,促使企业发展。成立20年以上的企业在创新精神上逐渐淡薄,企业组织和流程的僵化日趋严重,在管理模式、设备工艺等方面都比较传统,"品字标浙江制造"品牌建设有助于加速这类企业的转型升级,使得企业进行全面革新,寻找新的发展机会。"品字标浙江制造"品牌建设主体单位后续应该将"品字标浙江制造"品牌建设的重心有意识地向成立10年及以下和20年以上的企业倾斜,促进浙江新创企业成长和成熟企业的转型升级,逐渐拉开"浙江制造"新时代的序幕。

第四,重点关注民营企业的"品字标浙江制造"品牌建设情况。调研结果显示,总体来说,民营企业中,对于"获得'品字标浙江制造'认定后,企业的总体形象、产品的总体质量、企业自主创新能力和产业协同能力得到提升,企业社会责任感提高"的看法表示同意或者完全同意的企业占比相对较大,说明"品字标浙江制造"品牌建设对于民营企业来说成效显著,因为民营企业普遍存在管理水平低下、设备科技含量低、技术改造相对滞后等问题,"品字标浙江制造"品牌建设正好能帮助民营企业解决这些难点,促进企业的发展。而非民营企业在管理水平、设备科技等方面都优于民营企业,所以"品字标浙江制造"品牌建设对其成效并不如民营企业那么显著。"品字标浙江制造"品牌建设主体单位后续应该将"品字标浙江制造"品牌建设的重心有意识地向民营企业倾斜,帮助民营企业建立现代企业管理模式,引导民营企业研究开发具有自主产权的核心技术和主导产品,增强民营企业国际化经营和竞争的意识,从而推动浙江省整个制造业的发展。

第五,重点关注仅有一项产品获得认定的企业的"品字标浙江制造"品牌建设情况。从前文的调研结果来看,仅有一项产品获得认定的企业中,对于"获得'品字标浙江制造'认定后,企业的总体形象、产品的总体质量、企业自主创新能力和产业协同能力得到提升,企业社会责任感提高"的看法表示同意或者完全同意的企业占比相对略高一些,说明"品字标浙江制造"品牌建设对于仅有一项产品获得认定的企业来说成效更加显著。能有多项产品获得认定的企业本身在管理水平、综合实力上就优于仅有一项产品获得认定的企业，所以"品字标浙江制造"品牌建设对于多项产品获得认定的企业的成效不如仅有一项产品获得认定的企业那么显著。"品字标浙江制造"品牌建设主体单位后续应该将"品字标浙江制造"品牌建设的重心有意识地向仅有一项产品获得认定的企业倾斜，帮助企业完善其管理体系，督促企业进行多项产品的认定，加快企业"品字标浙江制造"品牌建设的步伐。

第六，重点关注中小微企业的"品字标浙江制造"品牌建设情况。从前文的调研结果来看，总体来说，中型企业、小型企业和微型企业中，对于"获得'品字标浙江制造'认定后，企业的总体形象、产品的总体质量、企业自主创新能力和产业协同能力得到提升，企业社会责任感提高"的看法表示同意或者完全同意的企业占比较大，大型企业中的占比相对较小。说明目前"品字标浙江制造"品牌建设对于企业未来的发展和进步有一定的促进效果，而这些大型企业，已经在这个行业中摸索了几十年，企业本身就具有较高的知名度和较强的影响力，"品字标浙江制造"品牌建设对于大型企业来说成效不大，对于中小微企业来说成效显著。所以，"品字标浙江制造"品牌建设主体单位后续应该将"品字标浙江制造"品牌建设的重心有意识地向中小微企业倾斜，在中小微企业中加强宣传，更加注重中小微企业开展"品字标浙江制造"品牌建设的进程，着重帮助中小微企业提高其产品质量，提升其综合实力，进一步将"品字标浙江制造"品牌推向全国，走向世界。而对于大型企业，"品字标浙江制造"品牌建设主体单位也应制定特定的品牌发展战略，进一步促进大型企业的发展与进步，促进大型企业迈向更高的平台。

第七，完善"品字标浙江制造"政策支持体系。各级政府和相关部门要落实扶持政策，支持"品字标浙江制造"区域公共品牌地建设。各级政府和相关部门要在"品字标浙江制造"品牌建设的各个阶段颁布支持"品字标浙江制造"品牌建设的政策法规，提出品牌建设的指导意见，完善品牌培育措施，加强品牌建设资金激励措施，不断完善品牌发展培育的长效机制，考虑"品字标浙江制造"品牌建设的实际情况来制定有利于品牌培育的投资、财税、金融、贸易、科技等政策，为企业加入"品字标浙江制造"区域公共品牌建设提供良好的环境和政策支持，推进企业启动"品字标浙江制造"品牌建设，推动"品字标浙江制造"品牌良性发展。

第八，进一步规范"品字标浙江制造"认定工作。据调查，有19.25%的企业认为"品字标浙江制造"区域品牌建设的主体单位应进一步规范认定工作。在"第三方认证"模式中，"品字标浙江制造"区域品牌建设的主体单位应建立起一整套更加完整、更加系统的认证活动规范和认证实施程序，包括规范认证工作机构的行为、规范认证工作人员的行为、规范检验工作的行为、规范认证收费的行为、规范认证实施活动的行为，等等。在"自我声明"模式中，更应该规范对文件的评审工作，把握好"品字标浙江制造"的品牌内涵，对任何一个企业都严格要求，绝不放松。

第九，提高"品字标浙江制造"品牌的准入门槛。在受访企业中，有24.84%的企业认为"品字标浙江制造"区域品牌建设的主体单位应提高"品字标浙江制造"品牌的准入门槛。可以看到，从2018年起，越来越多的企业加入"品字标浙江制造"区域品牌的建设中来，在2020

年9月30日,认定企业高达1138家,所以,根据"品字标浙江制造"品牌"国内一流,国际先进"的定位,提高准入门槛,严格对企业的筛选,减少较低质量企业的数量,提高"品字标浙江制造"品牌高质量企业的占比,有助于进一步提高"品字标浙江制造"品牌的水平和定位。

第十,加强对"品字标浙江制造"品牌的监管与维护。在这次调研中,有22.36%的企业认为"品字标浙江制造"区域品牌建设的主体单位应该加强对"品字标浙江制造"品牌的监管与维护。"品字标浙江制造"是反映浙江省制造业先进性的区域公共品牌,具有公共物品属性,假冒伪劣产品等"搭便车"的行为会给区域品牌的建设和发展带来巨大的影响和危害,严重破坏区域品牌的形象。浙江省市场监督管理局、省品联会和浙江制造国际认证联盟作为"品字标浙江制造"区域公共品牌发展的主要监督者和管理者,应当负起最主要的责任。首先,要由浙江省市场监督管理局和省品联会制定相应的政策和品牌管理办法来加强"品字标浙江制造"品牌监管与维护,加大对生产假冒伪劣产品企业的打击力度,还要严厉打击侵犯知识产权的各种行为,为"品字标浙江制造"品牌的发展创造一个良好的环境。其次,要加强对"品字标浙江制造"企业和产品质量的监管,要建立一个从产品生产开始到消费"品字标浙江制造"产品这一全过程的监控体系,保证"品字标浙江制造"品牌下的产品达到规定的要求。

# 第七章

# 工匠精神与"品字标浙江制造"

工匠精神作为"品字标浙江制造"的核心精神,贯穿企业生产制造的全过程,是企业不断发展、壮大的基础。工匠精神是一种职业精神,它是职业道德、职业能力、职业品质的体现,是从业者的一种职业价值取向和行为表现。本章以双童、寿仙谷、蚕缘这三家企业为例,着重阐述品字标企业是如何坚守工匠精神打造"品字标浙江制造"品牌的。

## 第一节　义乌市双童日用品有限公司①

### 一、企业简介

创建于1994年的义乌市双童日用品有限公司(简称双童)是一家专业从事饮用吸管研发、生产和销售的有限责任公司,公司占地15000平方米,建有40000多平方米的准"良好生产规范(GMP)"食品标准全封闭清洁厂房,拥有各类吸管生产流水线200多条,企业员工450余人,年生产各类吸管近万吨(200多亿支),产品主要供应国内外流通领域的商场和超市,部分直供国内外连锁餐饮机构配套使用。发展20余年,双童不断为吸管行业制定规则标准,到2020年为止,已主导制定了4项国家标准和行业标准,1项国际标准,1项"品字标浙江制造"团体标准,是目前全球饮用吸管行业质量好、品种全、高端创新吸管多、市场覆盖面广的

---

① 本部分主要参考:双童吸管官方网站,http://www.china-straws.com/;重磅!"双童"位列义乌工业A类企业第30名! https://www.sohu.com/a/398172167_327497;义乌"双童":产值上亿的隐形冠军　小吸管背后的大匠心,https://zj.zjol.com.cn/news/475647.html等。

吸管生产企业,是当之无愧的"吸管行业领导者",图7-1展示了双童的发展历程。

20余年来,双童始终坚持质量为先,专注提升产品质量,通过了生产许可 QS 认证、ISO 9000、欧盟 SGS、美国 FDA 等相关企业和产品认证。作为国内吸管行业领导者,双童也获得了浙江省著名商标、浙江省名牌产品、浙江省知名商号、浙江省绿色企业、浙江省生态示范企业、金华市市长质量奖、义乌市百强企业、义乌市最具竞争力企业等荣誉。

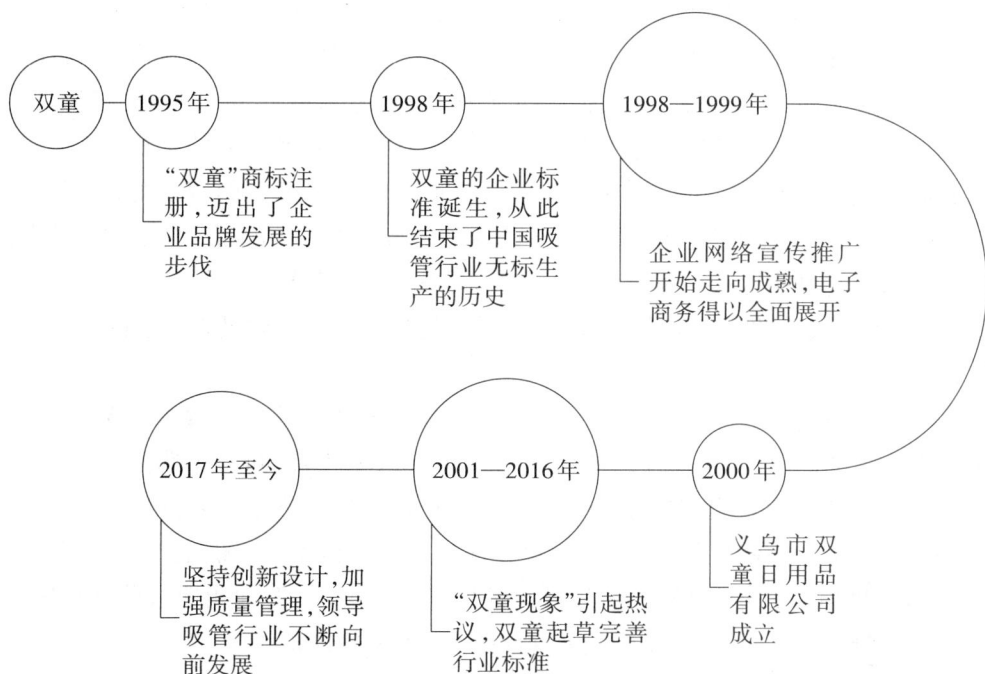

**图7-1 双童发展历程**

## 二、专注"一生做好一件事"的由来

吸管是一款广泛应用于人们日常生活,却又小到容易让人忽视的产品。双童董事长楼仲平深耕吸管行业20余载,通过挖掘吸管的隐性价值,把传统"低""小""散""弱"的小商品做到时尚创意产业链的顶端,使双童成了全球吸管行业的领导者。楼仲平的履历丰富而亮丽,在他自己看来,1979年至1993年,是对他影响最为深远的15年。1979年,年仅14岁的楼仲平先到江西弋阳鸡毛换糖。此后几年他辗转大半个中国,从事过长途贩运、养殖、服装等20多个行业,直到1991年,楼仲平开始代销吸管,不久后便成了义乌市场销量最大的吸管经营户,但在1993年年底,楼仲平发现模仿他的人越来越多,要想持续下去,必须自己生产。正巧当时义乌一位做吸管加工的业主要改行,于是楼仲平花了5万元把业主的机器盘了过来,从此便正式走向了制造吸管的实业之路。

满腔的热情却抵不过现实的残酷。本以为自己选择了一个有发展前景的行业,却发现吸管这个产品难以为人关注,在餐桌上都是白送他人使用的,很难挣到钱,直到2000年的一次日本之行,彻底改变了楼仲平对吸管的认知,也促使他转变发展思路,让双童走上了一条与众不同的发展道路。那是楼仲平第一次跟随客户桑原道昭先生到日本考察业务,他们去了奈良的一家一次性筷子工厂参观,这个小工厂只有十来台不算太先进的生产设备和一二十个员工,但生产出来的一次性筷子却让他十分震惊:虽说是一次性筷子,却做得像工艺品般考究,包装更是极为精致。当然,售价也吓了他一跳:五双包装的一盒筷子,出厂价格竟然高达400多日元,相当于人民币6元多一双,是国内同类一次性筷子批发价格的一百多倍!

这次参观让楼仲平很受触动,"为什么日本的企业一根筷子可以做50年?为什么一个小小的日本企业能做出中国同等规模企业的百倍产出?这大概就是'工匠精神'吧。"之后的20余年里,这家筷子工厂的"工匠思维"深深地影响了他对企业和产品的经营思维,让他深刻地认识到通过坚持和创新完全可以改变企业的真理,这影响了双童的后续发展过程,并使得双童始终坚守在"一根吸管"上,通过专注不辍、精进创新、用心经营而形成了独具特色的"双童工匠思维",同时也使得双童逐渐摆脱了薄利多销的粗放经营,逐步形成了精细化管理、生态环保、与员工共成长的可持续发展道路,从而彻底改变了人们对吸管行业的低、小、散、弱的传统认知。

正是这次日本之旅使楼仲平坚定了带领双童做好吸管的决心。楼仲平觉得之前的15年表面上看是生活所迫,为了生存四处奔波,实际上是不够专注,过多地选择又过多地放弃,导致错失很多机会。但他也很感谢15年的经历,正是因为那15年的创业经历,自己才下定决心深耕吸管行业,并在之后的二十几年里专注做吸管。他不止一次地说过:"很多发达国家都有这么一群商人,他们家族企业几百年只生产一种商品,但却能把这种商品做成艺术品、奢侈品。"楼仲平说:"我就是想要成为这样的人,做这样的事。"

### 三、一根吸管背后极致的用心和坚守

改革开放40余年来,各行各业飞速扩张。有的企业选择了多元化甚至跨界发展;有的企业则数十年如一日坚守本行。双童20余年始终选择专注吸管行业,坚守初心,拒绝了许多其他行业的诱惑,将企业做精、做细、做强,在"隐形冠军"的路上披荆斩棘。在面对诸多诱惑时,双童坚守实业敢于放弃。例如,2003年,双童放弃了多元经营,放弃了像肯德基、麦当劳这样的"大客户",提出了"两条腿走路"和"小客户原则",主要是守住双童吸管的价格和产量,不压缩自己的利润,不盲目扩大生产;2005年,在其他企业忙着圈地扩大规模时,双童选择放弃扩大规模,始终在自己的领域创新发展,开拓吸管的新造型、新功能;2007年,在土地价格快速上涨的背景下,很多企业投入到房地产中赚得盆满钵满,双童抵挡住了暴利诱惑,坚守实业;2020年,新冠疫情危机让口罩行业瞬间"发烧",许多企业转行做了口罩,双童却没有转行踩风口,不做口罩,坚持做好本业。

专注的背后是常人无法想象的自律和无比寂寞的坚持,是双童员工的极致用心和日复一日的努力付出。在工作上,双童人从不敢懈怠,几乎每天都是"披星戴月上班去,万家灯火返家来"。无论是工作日还是周末,总能看到双童员工忙碌的身影,对他们而言,

"白+黑""5+2"是再正常不过的事。在这个过程中,他们牺牲了与家人团聚的时间,牺牲了他们原有的兴趣、爱好、休闲娱乐,将所有心血不遗余力地投入到工作当中。

楼仲平带领双童团队始终坚持学习,以自身的影响带动员工的积极性。虽然楼仲平作为草根创业者,基础文化十分薄弱,但他却坚持读书学习,通过后天努力,争分夺秒地利用碎片化时间进行学习提升,从小学文化一步步成为众多院校的客座教授。可以说,双童能有今天的成绩,与楼仲平带领团队推动企业持续学习,追求科学经营密不可分。企业领头人这种极致用心的奋斗精神同样也激励了双童团队,潜移默化地影响着企业里的每一位员工,从而在内部形成"以奋斗者为本"的文化氛围。正是这种自上而下的奋斗精神,大家"心往一处去,劲往一处使"的极致付出,才使得双童能够在众多企业中脱颖而出,成为佼佼者。

双童荣获"义乌工匠"称号的李二桥就是在楼仲平的言传身教中快速成长起来的。李二桥很平凡,从2001开始在双童打拼,先后转岗轮换到多个岗位锻炼,但无论公司把他安排在哪个岗位,他都兢兢业业工作,以做一枚有用的"螺丝钉"精神来激励自己。他又很不凡,进入双童后,先后参与制定吸管相关行业标准4项、国家标准2项、ISO国际标准1项,是名副其实的行业带头人,工匠精神的践行者。李二桥先后荣获"义乌市创业新锐""八婺匠人""义乌匠人"等诸多荣誉。"一个人把简单的事干好就是不简单,把平凡的事做好就是不平凡。"这是对李二桥的最好写照。在双童工作这么多年,他始终踏踏实实、默默贡献着自己的力量,怀揣着一颗"匠人之心",踏实苦干、努力学习,推动企业健康发展,引导吸管行业走上标准化之路。

2020年,一场突如其来的新冠疫情危机,让口罩行业瞬间"发烧"。不在意价格,不在意品牌,只要有口罩现货,根本不必担心卖不出去。由于双童有现成的无尘车间,找双童合作做口罩的人络绎不绝。但双童始终坚持本业,在疫情期间展开了企业改革活动,明确提升组织效率,推行"以顾客为本,以奋斗者为本"。疫情危机下,降薪裁员潮让很多优秀人才处于流动当中。此时的双童不仅没有裁员,反而借力逆势发布了加薪文件,希望引进更多的优秀人才。双童给予所有车间基础管理岗位加薪30%及以上。同时,双童也希望经过此举能引进更多的优秀管理人才,从而形成倒逼机制和岗位竞争,推动人力资源优化,解决组织效率低下问题,实现优胜劣汰,创造一个好的创业、奋斗平台,激发组织中每个员工的积极性,推动组织效率的快速提升。在大多数企业转行做口罩,或选择降薪、裁员的时候,双童选择坚持本业,坚守本心,关注客户所关注的,践行对于客户的承诺,聚焦客户关注的挑战和压力,提供具有竞争力的产品和服务,持续为客户创造最大的价值。

在2020年疫情严控期间,双童在德国的展览会出现了诸多问题,双童团队克服一切困难,与德国参展团队沟通布展、接待、产品报价信息以及接待注意事项等一系列工作,让团队按照要求一步步操作,并于2月7日顺利参展。会展前通过道歉信和客户告知书消除客户的顾虑,会展期间,团队在展会负责接待客户等工作,通过电脑、手机等设备进行跨国视频,和客户实现实时的沟通。危机是重塑市场边界的机会,双童以线上服务的创新方式极力挽救线下300多名优质客户,实现境外参展良好效果。

不断放弃、不断转变、不断成长。一直以来,双童奉行的是"长期主义",即拥有长期愿景,在短期困难与短期诱惑面前保持实现长期愿景的战略耐心,敢于牺牲短期利益。他们认为经营一家好的企业就像长跑,不能只关注暂时性的胜利,也不能只满足于阶段性的胜利,在创新与浮躁并存的时代,企业更需要定力和专注,需要有所为有所不为。所以,双童基于理性的认知,将眼光放得更加长远,一直以来不被外力所诱惑,在放弃的过程中实现不断成长。

### 四、承担标准制定体现背后匠心

一分耕耘,一分收获。从1996年开始,通过多年的努力,双童在吸管制造领域取得了大量技术积累,产品的技术指标和理化指标大幅提升,并积累出巨量的产品技术信息和行业动态信息,于2006年9月完成了《聚丙烯饮用吸管》《一次性塑料饮用杯》行业标准的起草编制,成为当时义乌历史上第一个真正意义上的日用品行业标准。

秉承着认真、严谨的"工匠"态度,双童先后起草编制了行业标准、国家标准、ISO国际标准。《聚丙烯饮用吸管规范》ISO国际标准草案在瑞士ISO标准化机构表决通过。双童作为制造企业,代表中国获得了起草主席国地位。同时,双童积极创造良好的企业环境,获得了"品字标浙江制造"团体标准起草资格。2016年年初,浙江省质量技术监督局、浙江省标准化研究院等相关领导、专家团队经多次论证,认为"聚丙烯饮用吸管"符合"浙江制造"定位要求,推动聚丙烯饮用吸管品牌认证具有重大意义,决定将"聚丙烯饮用吸管"列入2016年"浙江制造"品牌认证目录,并由双童主导制定"品字标浙江制造"团体标准《聚丙烯饮用吸管》。2016年4月28日,浙江省质量技术监督局公布《2016年第一批"浙江制造"品牌重点培育产品名单》,双童代表义乌申报的吸管产品名列其中。接受任务后,双童和国家日用小商品质量监督检验中心等组成的标准编制工作小组,讨论了"品字标浙江制造"团体标准《聚丙烯饮用吸管》的编制工作,确定了工作方案和编制思路。

2016年8月26日,"品字标浙江制造"团体标准《聚丙烯饮用吸管》(T/ZZB 0052—2016)正式发布实施。至此,双童成为义乌首家制定"品字标浙江制造"团体标准的企业,并推动义乌在"品字标浙江制造"品牌培育方面取得了重大突破。产品标准发布后,双童也成为"品字标浙江制造"团体标准《聚丙烯饮用吸管》第一家通过认证的企业。

双童因为卓越的质量、先进的技术和持之以恒的匠心而获得"品字标浙江制造"认证。20余载的孜孜以求,双童一直在坚持自己的理想,坚信在14亿人口的中国,制造业是社会财富的真正创造者,双童将在新的起点上不断追寻新的梦想,通过不断的努力、进取和创新,坚定"以小博大,成就另一种高度"的企业宗旨,把一根小小的吸管做到极致,做到完美。

# 第二节　新海科技集团有限公司①

## 一、企业简介

新海科技集团有限公司(简称新海)是一家主要研制、销售各类精密塑料制品及医疗器械的科技创新型企业,集团下辖9个子公司,拥有4个生产基地。新海也是中国打火机行业的知名企业,拥有国家认定的企业技术中心,成功打赢欧盟反倾销官司、突破欧盟CR技术壁垒,是打火机、点火枪两项强制性国家标准的第一起草单位,产品远销80多个国家和地区。

新海始终秉持"创新、开放、包容、务实"的经营理念,围绕"成为世界一流的精密塑料经营专家"的愿景目标,专注技术,坚守主业,不断挑战自我、追求卓越。新海先后获得了宁波市市长质量奖、中国标准创新贡献奖和全国企事业知识产权示范单位等荣誉。近年来,新海进军医疗器械行业,通过自主创新和并购,拥有了两个医疗器械全资子公司,成立了宁波、深圳、南京三大研发中心,致力于打造成为医疗器械细分行业的龙头企业,新海的发展历程如图7-2所示。

## 二、坚守主业,研发优质打火机

从20世纪90年代成功研制出第一只连体油槽电子打火机,到参与制定打火机国际标准,与瑞典火柴、ZIPPO等全球前五大品牌做ODM(原始设计制造商),新海一直坚守主业,专注于制造国际一流的打火机。特别是2015年研制出的恒流阀打火机,一经推出便迅速引爆市场,销量很快突破一个亿。

恒流阀因其性能稳定一致,可使气体燃烧更加充分,能大幅提高打火机的使用效率并且保障安全性,所以代表了打火机行业的技术发展方向。此前,相关技术被法国、瑞典等厂家垄断,因此新海组织专家技术人员进行克难攻坚,设定了数十个变量参数反复试验。"能在1000粒沙子里捡到一粒金子就是巨大的收获",正是在这种理念的支撑下,新海拒绝做"差不多先生",不达一流不罢休。

---

① 本部分主要参考:新海集团官网,http://www.xinhaigroup.com/news.html;义博会又见新海:"品字标"见证品牌的蝶变,https://www.sohu.com/a/270447975_100069982?_trans_=010004_pcwzy;新海:匠心缔造安全打火机高标准,http://mpnews.zjol.com.cn/xwjj15966/201804/t20180404_6957851.shtml;宁波推进品字标"浙江制造"品牌建设采访行之一,http://www.cqn.com.cn/zj/content/2017-11/28/content_5151026.htm等。

新海 — 1993年 — 2000年 — 2001年

- 公司成立
- 通过了 ISO 9001 质量体系认证
- 成立"浙大—新海电气产品研究开发中心"
- 开始参与制定国际标准

2007年 — 2005年 — 2002年

- 新海股份成功上市
- 形成宁波、江苏两大生产基地
- 制订实施十年发展战略规划
- 赢得韩国反倾销官司，研制出 5 款突破 CR 壁垒的打火机

2009年 — 2010年 — 2015年

- 获得"全国企事业知识产权示范单位"称号；"世界打火机博物馆"落户新海
- 获得"国家认定企业技术中心"，主导制定的打火机和点火枪国家标准发布
- 恒流阀打火机系列产品问世

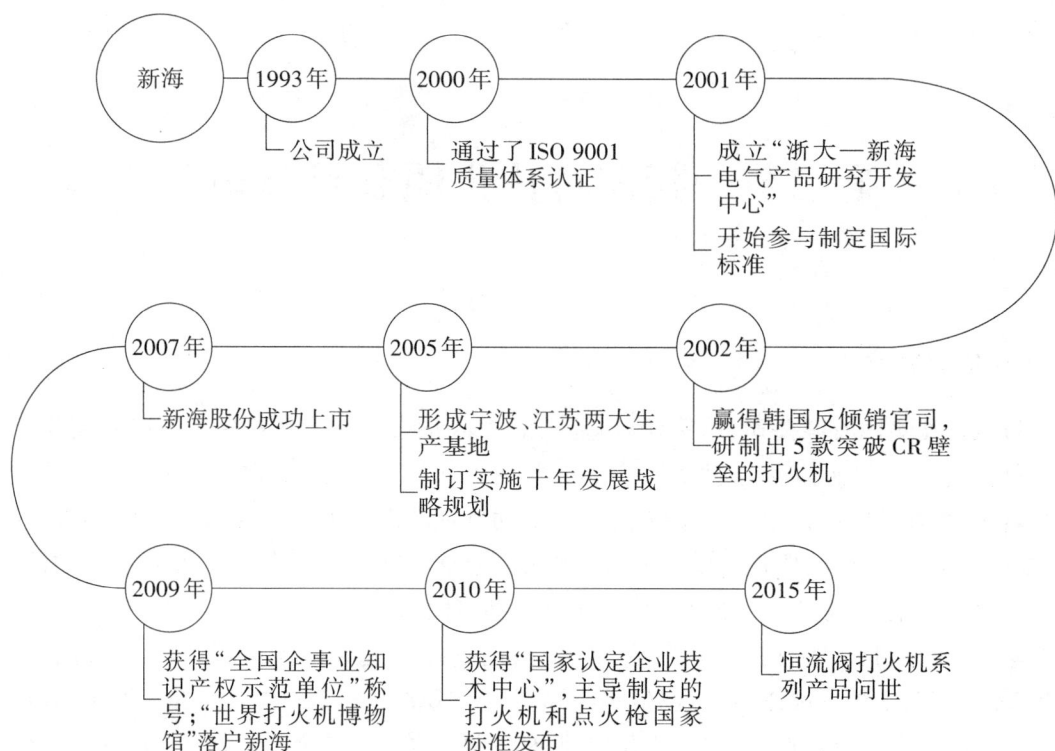

**图 7-2 新海发展历程**

新海对一流打火机标准的要求近乎苛刻：65℃高温下，4 小时不漏气；承受正、反、侧面三次高度为 1.5 米的跌落，无损坏；火焰持续稳定燃烧 2 分钟无损坏……然而，新海对自身产品的要求与对一流打火机的标准相比要更加严苛。打火机的破坏性试验要求测试温度达到85℃，承受正、反、侧面三次跌落的高度提高到 1.8 米，确保了打火机使用的绝对安全。为了找到最合适、最安全的打火机气箱厚度，新海生产了 16 万支不同尺寸的产品，逐一试验，筛选出了最佳尺寸比例。

在这个过程中，新海不投机取巧，而是踏踏实实地一步步摸索试验。新海的科研团队以大浪淘沙的坚韧和精益求精的工匠精神历经 8 年时间，反复进行试验，终于找到了一种最佳组合，也是国际上仅有的 AS 材料和恒流阀组合，新海的这项恒流阀技术填补了国际空白，突破了国外打火机巨头长期以来的技术封锁。虽然恒流阀只有一粒米大小，但在生产过程中，光阀的打造就需要十几道工序，而且这个小小的阀还汇集了以前打火机的五大零件功能，以此来保证打火机火焰处在预设安全的适宜高度恒定不变。同时，恒流阀还实现了完全自动化生产，实现了恒定的高品质，为消费者带来高品质产品。

新海的成功正是源于其专注技术、坚守实业。当初在房地产最火爆的时候，不少制造企业受高利润诱惑开始踏足与他们主业并无多大关联的领域，也有不少实力雄厚的企业希望和新海合作开发地产项目，但最后新海都放弃了，因为新海秉持的理念是扎扎实实赚好每一

分钱,把主业做好。创立至今,新海的企业定位就是成为国际一流的精密塑料经营专家,因此它在打火机行业进行长期的投入和积累,从而在精密塑料制造上形成了自己的核心竞争力。如今,在电子打火机领域,新海已经是当之无愧的全球领跑者。

### 三、标准领跑,再上发展新台阶

新海专注执着的工匠精神使其稳步发展,成了行业标准的领跑者。2010年12月,新海作为第一起草单位主导制定了打火机、点火枪两项强制性国家标准,引领行业发展。2015年,新海第一款AS材料恒流阀打火机问世,标志着新海成功打破了国外同行的技术垄断,跟上行业发展的步伐,进一步确立了在国内的领先地位。2016年,基于恒流阀技术,由新海主导制定的高于国家标准的"品字标浙江制造"团体标准《不可调节式气体打火机》(T/ZZB 0100-2016)发布实施。2017年,由新海主导制定的又一项"品字标浙江制造"团体标准《不可调节式气体点火枪》(T/ZZB 0234-2017)发布实施,同年,XHD8025型号打火机获得"品字标浙江制造"认证。2018年,新海恒流阀打火机入选中国轻工业联合会编制发布的《升级和创新消费品指南(轻工第四批)》。在2020年,新海组织开展"品字标"跨省建设,将江苏新海工厂纳入"品字标浙江制造"认证体系范围,实现了浙江宁波和江苏盱眙两个制造基地、两家公司的"品字标"一体化建设。

新海"品字标"建设助其开拓了市场,提高了经济效益。新海在国内市场传统流通渠道设立了东、西、南、北、中五大销售区域,销售网络遍布全国31个省、自治区、直辖市的主要地级及省会城市,在市场上树立了新海高端品牌形象。在国外市场,新海销售网络覆盖全球80多个国家和地区,新海利用恒流阀产品的优势不仅稳步扩展欧美、日本等高端市场,而且进一步开拓了东南亚、中东、中南美等新兴市场。目前,新海在日本市场占有率达到50%以上。同时,新海的各类产品中恒流阀产品占比40%,并且保持年均近15%的增长。新海的"品字标"家族也不断壮大,截至2020年7月底,新海已经有9款打火机和3款点火枪产品获得了"品字标浙江制造"认证证书,为推动"品字标"长三角一体化建设贡献了一份力量。借助一流的技术和可靠的品质,新海在国内外市场的话语权和份额不断提升。

贴着"品字标"的恒流阀打火机,不仅是新海多年来工匠精神的结晶,更是新海企业文化的载体。用工匠精神提升品质,缔造安全用火高标准,这是新海发展的内在驱动力,是20多年来新海对工匠精神的实际践行,也是新海这个中国打火机行业领先品牌始终保持鲜活生命力的秘诀。

# 第三节　浙江寿仙谷医药股份有限公司①

## 一、企业简介

寿仙谷药号始建于清宣统元年(1909年),于1997年成立浙江寿仙谷医药股份有限公司(简称寿仙谷),位于中国温泉养生生态产业示范区——浙江省武义县。寿仙谷是国家高新技术企业、中华老字号企业、全国食用菌协会、中国医药教育协会副会长单位、中华老字号国际交流中心副理事长单位、中华亚健康研究协会会长单位、浙江省中医药学会副会长单位、浙江省中药材产业协会会长单位。2017年5月,寿仙谷(股票代码:603896)在上海证券交易所主板成功上市,成为中国灵芝、铁皮石斛行业第一股。寿仙谷始终秉承"重德觅上药、诚善济世人"的祖训,恪守"为民众的健康美丽长寿服务,创百年寿仙谷"的企业宗旨,致力于"打造有机国药第一品牌",长期坚持铁皮石斛、灵芝、西红花等珍稀名贵中药材的优良品种选育、生态有机栽培、中药炮制技艺和新产品的研发。2014年11月,"武义寿仙谷中药炮制技艺"被国务院列入"国家级非物质文化遗产代表性项目名录"。

到目前为止,寿仙谷是国内外灵芝孢子粉第三代去壁技术的唯一拥有者。该项技术荣获国家发明专利称号,被国际公认是孢子粉加工工艺的一次重大突破。凭借育种、深加工的核心技术,以及通过中国有机、欧盟有机、美国有机三重认证的规模化中药材基地,寿仙谷药业在行业内率先建立育种、栽培、深加工等一整套完善的中药全产业链,为产品的安全高效提供核心保障。完善的中药材全产业链,不仅是寿仙谷产品品质的保障,而且给行业发展带来诸多启发,也成为浙商"工匠精神"的代言企业,寿仙谷的发展历程如图7-3所示。

## 二、传承匠心,静心摸索种植新模式

作为传统中药入选国家级"非遗"项目,武义寿仙谷中药炮制技艺的历史最早可追溯到唐代道士叶法善(616—720年)。他因医术精深而深得唐高宗、武则天等五朝皇帝的尊崇。他的许多秘方在武义当地秘传,对寿仙谷炮制技艺的形成具有一定的影响。

---

① 本部分主要参考:寿仙谷官网,http://www.sxg1909.com/about.aspx;从百年传承寿仙谷看有机国药品牌的崛起,http://ggjd.cnstock.com/company/scp_ggjd/tjd_bbdj/201905/4382113.htm;寿仙谷药业传承匠心觅上药,http://k.sina.com.cn/article_6604659319_189ab1a7700100t6xs.html?from=news;"寿仙谷中药炮制技艺"匠心闪耀杭州工艺周,http://www.sxgoo.com/gysxg/382.jhtml;摸索种植模式 培育优质品种 制定中药标准 寿仙谷药业传承匠心觅上药,http://news.ynet.com/2020/01/02/2305174t70.html等。

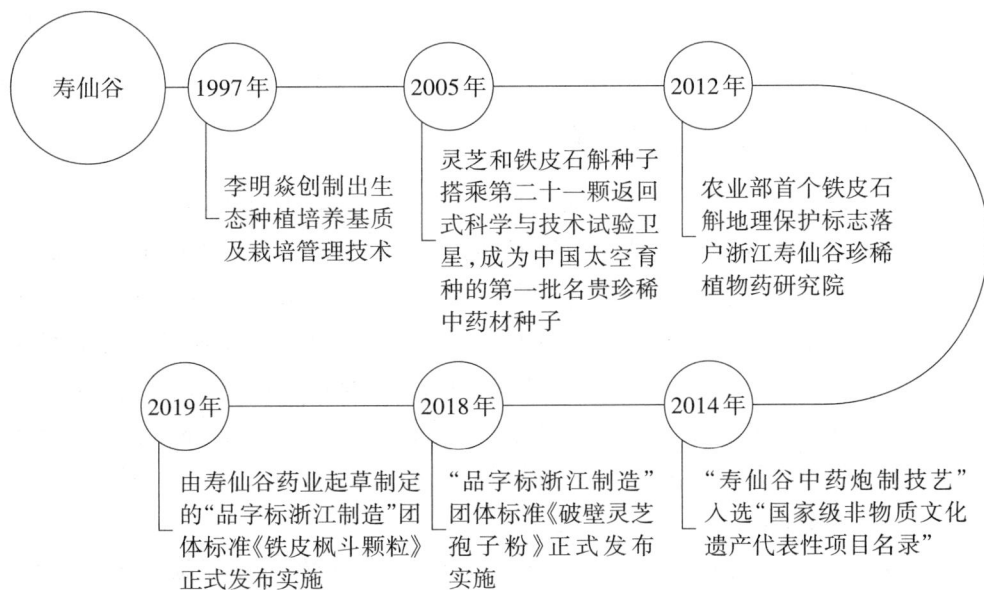

图7-3 寿仙谷发展历程

清光绪年间,武义民间药医李志尚,将其采药行医和中药炮制的技艺传给其子李金祖。1909年,李金祖创"寿仙谷药号"。他钻研古技,掌握了含仿野生盆栽法、枫斗加工法、首乌蒸制法等方法,以及白术、白芍、浙贝母等数百种中药炮制和炼制方法,形成了包括中药采集、栽培、炮制、组方、煎制等程序的寿仙谷中药炮制技艺。该项技艺工序众多,对原料、器具以及选、洗、浸、漂、切、烘、煅、煨、炒、蒸、煮等方面的工艺把握都有独特要求,特征明显。在当代,第四代传人李明焱独创仿野生有机中药栽培与灵芝孢子粉破壁等精深加工技术,因药制宜,注重药效,形成了育种、仿野生栽培、采收、破壁、提取、发酵等新亮点和特色,确保产品天然高效无污染,丰富了中药炮制技艺的文化内涵,其研发推广成果对传统中医药事业的发展起到了重要作用。

寿仙谷药业种植灵芝、铁皮石斛、西红花,遵循植物自然生长规律,杜绝使用农药、化肥、植物生长调节剂等,实现规模化、标准化生产,确保了中药材的质量和安全。种植基地通过了欧盟、美国和中国的三重有机产品认证,通过了国家中药材GAP认证。种植基地被中国中药协会评为"铁皮石斛、灵芝品种道地药材保护与规范化种植示范基地",被浙江省中药材产业协会评为"浙江省优质道地药材示范基地",获得了国家食品药品监管管理总局生态原产地保护产品证书。

从2000年开始,寿仙谷药业摸索出了一条"从中医中药基础科学研究——优良品种选育——仿野生有机栽培——攻关古代养生秘方——现代中药炮制有效成分提取——中医药临床应用"中药产业链,实现了"灵芝—铁皮石斛—有机稻米—饲料喂养—西红花"高效生态低碳的循环栽培模式。

2019年11月25日,中国中药协会在北京会议中心召开"2019中国中药品牌建设大会暨中国中药品牌发布会",寿仙谷药业的铁皮石斛品牌从众多优秀品牌中脱颖而出,荣获"中国道地药材品牌"称号。

### 三、自主研发,专注培育优质品种

我国是灵芝栽培大国,但在很长一段时间,栽培的灵芝菌种,大多是从日本、韩国进口。寿仙谷药业在董事长李明焱研究员的带领下,采集了近50个野生灵芝品种,建立起国内首个灵芝种质资源库。经过20多年的努力,采用多种技术,相继培育出"仙芝1号""仙芝2号"优质灵芝新品种,"仙斛1号""仙斛2号""仙斛3号"优质铁皮石斛新品种,"仙芝3号"灵芝新品种、"仙斛4号"铁皮石斛新品种三地区试实验项目进展顺利。目前,寿仙谷药业已成功选育了7个有自主知识产权的灵芝、铁皮石斛、西红花新品种。中国工程院院士、吉林农业大学教授李玉对此称赞:"种子种苗工程是基础工程,一个优良品种的育成,可能就是一次行业的革命。寿仙谷药业的作用不小。"

百年来,寿仙谷中药炮制技艺以言传身教的方式世代相传,得到活态保护的同时,不断改进完善。如今,形成了传统加工技艺与现代技术融合并存的特色,生动反映了清末以来武义当地的中药材种植、加工、炮制技术的发展进程。

自"寿仙谷中药炮制技艺"2014年入选"国家级非物质文化遗产代表性项目名录"以来,寿仙谷药业投资实施了一系列的保护措施,包括确认寿仙谷中药炮制技艺为重点保护项目,加大基础设施的建设、扩建中药材种苗组培大楼、扩大仿野生栽培规模、扩大中药提取与炮制规模、增强寿仙谷中药炮制技艺的影响力和公益服务能力;建立档案,挖掘、整理、研究并组织编写《寿仙谷中药炮制技艺》专著;加大培养传承人的力度,建立一支更具实力的继承和发扬传统中药炮制技艺的团队;整理传统古方;建立与完善种质资源库,进行普查、研究及开发利用等等,深入开展武义有机国药养生产业的研究与开发,做好寿仙谷中药炮制技艺的传承和创新工作,为人类健康贡献了应有的力量。

为了确保产品质量,避免当时普遍采用"公司+农户"方式中少数农民由于利益驱动变相使用化肥、农药带来的产品污染问题,寿仙谷从一开始就直接采用"公司统一租地、直接种植管理"的生产方式。之后为了更好地保证原料的品质和药材的道地性,在当地政府部门的大力支持下,寿仙谷选择在远离污染、风景秀丽的源口、刘秀垄等地建立了铁皮石斛、原木灵芝、西红花等名贵中药材及食药用菌标准化栽培基地。2004年12月,寿仙谷国药基地首次通过万泰公司有机产品认证,其后每年通过复认证。2005年,寿仙谷药业在全国率先采用"仿野生有机栽培技术"。仿野生栽培技术的核心是:选用优良的中药品种,模拟药材自然生长环境,不人为改变和干扰药材植物生长,让其保持自然生长规律。

2008年12月,基地通过《良好农业规范》(GAP)认证。2012年3月,通过国家食品药品监督管理总局中药材GAP基地认证。2011—2015年,基地铁皮石斛、灵芝、西红花等珍稀植物药种植生产、加工,先后通过国内有机产品认证和欧盟有机产品认证。寿仙谷有机国药基地因此也成了国内第一个同时通过欧盟有机认证、国家有机认证和GMP认证的有机国药栽培基地。寿仙谷有机国药实现仿野生栽培,正是"药材好,药才好"的真实体现。传统中医药历来注重药材的质量,中药好的很大一个原因就是中药的天然野生,十几年来,寿仙谷在不断专注培育优质品种上有着坚定的执着,在不断扩大企业规模的同时,也让灵芝、铁皮石斛、西红花等珍稀植物药的种植得以实现仿野生,与寿仙谷倡导的有机国药实现仿野生栽培的目标相一致。

### 四、高标定位,制定中药行业标准

如今,寿仙谷破壁灵芝孢子粉、铁皮枫斗、西红花等系列养生产品因其良好的市场口碑、安全高效成了国内非常受欢迎的养生佳品,寿仙谷灵芝、铁皮石斛系列产品(见图7-4、图7-5)获得"中国灵芝十大品牌""中国好石斛"的荣誉,成为国家"一带一路"中医药海外合作首选产品,被确定为国家"慢病防治特供产品",成为杭州胡庆余堂、方回春堂,北京同仁堂,上海雷允上等10多家百年老字号和大型商超的热销品牌,并深受广大消费者的信任和青睐。企业也成为国家高新技术企业和灵芝、铁皮石斛标准的制定承担单位。

2016年,寿仙谷凭借享誉海内外的"有机国药"和健康行业标杆企业的核心优势,成为"中医药——灵芝"和"中医药——铁皮石斛"两项ISO国际标准制定的主导单位。这两项国际标准明确规范了灵芝、铁皮石斛的感官指标、理化指标、农残重金属指标、检测方法、包装、存储、运输要求等。两项国际标准已先后于2018年12月20日和2019年2月5日正式发布,为中国灵芝、铁皮石斛产业走向国际化提供了技术标准和"国际话语权",对珍稀植物药的保护与产业化发展起到了积极的推动作用,也有助于提升中药的国际影响力和竞争力。

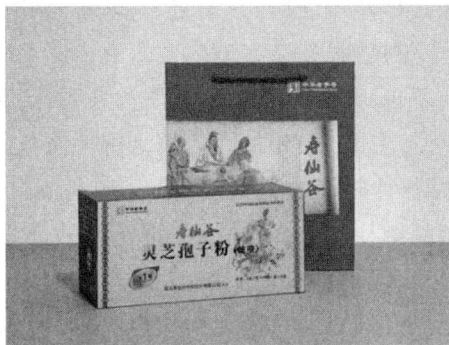

图7-4 破壁灵芝孢子粉　　　　　　　图7-5 铁皮枫斗颗粒

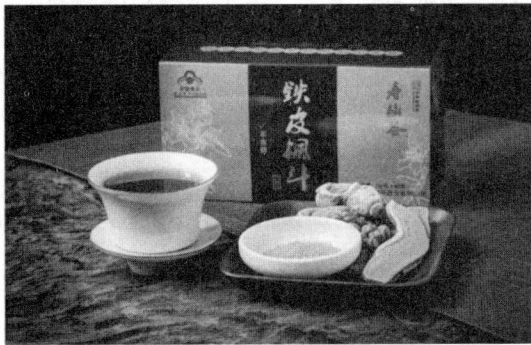

经浙江省品牌建设联合会批准,由浙江寿仙谷医药股份有限公司为主起草的"品字标浙江制造"团体标准《破壁灵芝孢子粉》(T/ZZB 0474-2018)于2018年8月正式发布,并自2018年9月30日始开始实施,这是浙江省保健食品行业的一个重量级"品字标浙江制造"团体标准。2019年,寿仙谷又起草了"品字标浙江制造"团体标准《铁皮枫斗颗粒》(T/ZZB 1250-2019),并于10月31日正式实施,这是继2018年寿仙谷药业起草制定《破壁灵芝孢子粉》,开创浙江省保健食品类第一个"品字标浙江制造"团体标准后,又一项具有重大意义的标准。

"品字标浙江制造"的背后是寿仙谷药业引领行业发展的核心优势,以及勇于担当的使命感与责任感,真正体现了"国际先进、国内一流"的"品字标浙江制造"高标准定位。寿仙谷通过"品字标浙江制造"产品认证后,进一步提高了企业的市场竞争力和品牌影响力,带动了全省灵芝产业向着"更安全,更高效"的新高度发展。

# 第四节　浙江蚕缘家纺股份有限公司[①]

## 一、企业简介

浙江蚕缘家纺股份有限公司(简称蚕缘)位于蚕丝被棉资源极其丰富的杭嘉湖平原,该地也是丝绵被的传统加工基地。蚕缘(CANYUAN)是国内最早将民间流行的蚕丝被商品化的品牌之一。

蚕缘家纺所在地桐乡位于北纬31度左右,属于长江下游冲积平原,气候宜人、土壤肥沃、水利遍布,天时地利带来的优越条件让当地桑叶更鲜嫩、更营养。食用这类桑叶的蚕宝宝成长得更加健康壮硕,蚕丝品质也自然更出众。随着北方手工艺者南渡带来的大量劳动力,杭嘉湖平原在南宋之后正式成为中国蚕丝主产地,以"丝绸之府、蚕桑之乡"著称,清朝三大织造局之一的杭州织造局就坐落于此,以精贵的蚕丝制品服务皇室。

蚕缘注重产品的开发,选用优质双工茧为原料,不断开发新颖的高级蚕丝系列床上用品,运用巧妙的传统手工技术,以高级蚕丝为产品核心,主要生产蚕缘牌、睡缘牌桑蚕丝被、手工桑蚕丝被、机制桑蚕丝棉、柞蚕丝棉、柞蚕开茧等各种规格的蚕丝被、蚕丝被芯,是浙江省主要的蚕丝被生产企业。随着公司的不断发展,产品结构不断多样化,由蚕丝产品升级为完善的家居产品结构:五大品类,十大系列,上千品种,包括套件,芯类,毯类等夏令用品。2018年获准使用中国丝绸协会"高档丝绸标志",并于同年获"国家高新技术企业"称号;2019年获蚕丝被领域全省首家浙江制造认证"品字标"企业,其发展历程如图7-6所示。

## 二、坚持"三不妥协",坚守古法工艺

种桑养蚕是江南地区的一大特色传统产业。每年春耕季节,蚕农们总会在养蚕之前举

---

[①] 本部分主要参考:蚕缘,https://baike.baidu.com/item/蚕缘/49951981? fr=aladdin;匠心筑梦 蚕缘家纺喜提浙江制造"品"字标,http://jiaju.sina.com.cn/zixun/20190604/6541745283913810677.shtml;蚕缘蚕丝品牌,即将完成"浙江制造"认证,http://news.163.com/18/1015/13/DU5OHOSI000189DG.html;蚕缘家纺:28载匠心坚守,兑现"丝丝"承诺,http://www.jia360.com/new/99383.html 等。

办"蚕花盛会"。1992年,年轻的倪学林在参加"蚕花盛会"后受到启发,回到老家桐乡开启制造蚕丝被的创业之路。

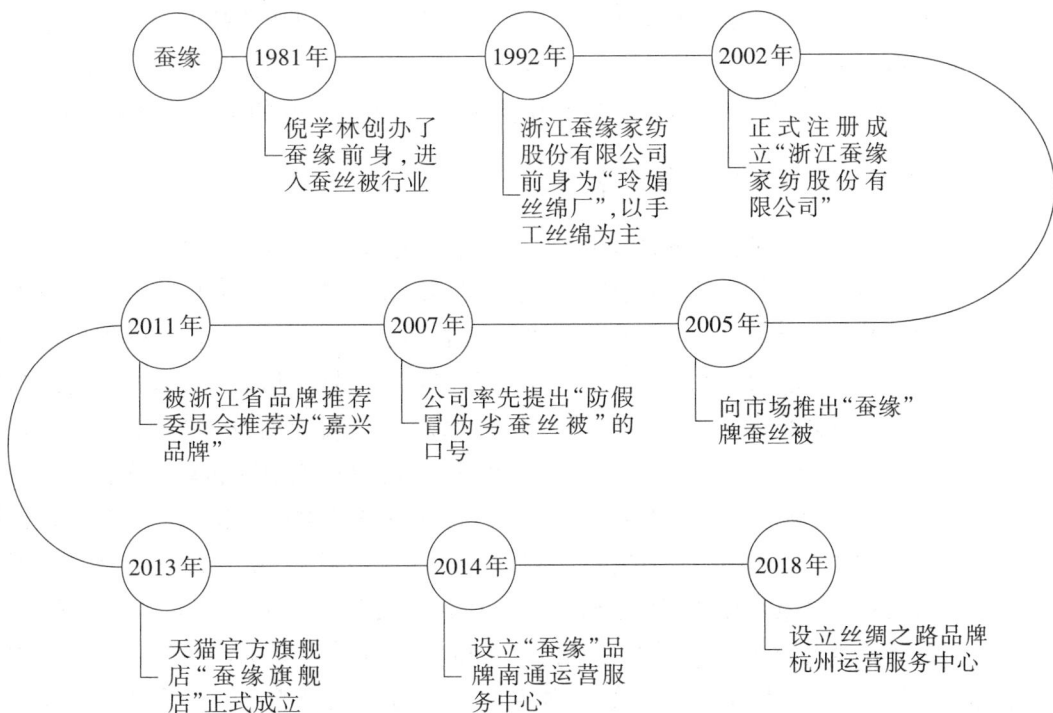

图7-6 蚕缘发展历程

20世纪90年代初正是物资匮乏时期,当时的养蚕人大多家境贫困。为保障蚕丝品质,当蚕茧价格下跌的时候,倪学林仍坚持以之前约定的较高价格进行收购。他深知种桑养蚕,不单单是体力活,还是个细心活。只有蚕农们的生活有保障,出产的蚕茧品质才能有更好的保障。

"钱,我们蚕缘可以少赚一点,但是我们一定要提供优质的蚕丝制品,让消费者能有优质的睡眠。"在蚕丝被的生产过程中,蚕缘创始人倪学林始终以产品质量作为发展的根本核心点,并在生产管理中坚持三个"不妥协"。第一,不论蚕丝被价格如何,始终不能让蚕农吃亏;第二,坚持对蚕丝工艺不妥协,以传统的手工制法来制作丝绵胎;第三,坚决不向劣质蚕丝制品妥协。凭借优质的产品口碑和踏实进取的企业文化,蚕缘迅速从厂房林立的蚕丝被生产基地——桐乡崭露头角,并逐渐成为行业领跑者。

蚕丝被的生产,以前多遵循古法工艺。2000年后制造丝绵机器出现,同行纷纷尝试机械化以实现羽绒被、纤维大规模量产,蚕缘董事长倪学林坚信用机器代替部分工序虽然能增加部分产能,但要想保证蚕丝被的高品质,还要依赖手工。好品质是需要时间沉淀的,纯手工方能出精致活。在蚕缘看来,要想生产出高品质的蚕丝被,光靠机器是难以实现的,必须依赖纯手工工序。虽然当下智能化生产蓬勃发展,但蚕丝被拉丝环节仍然只能由手工来完成,配合古法工艺的手工生产能更好地保证蚕丝的完整度、舒适度和蓬松度,这也意味着手工传承人在此过程中扮演着重要角色。

慢工出细活,一条2千克的蚕丝被需要4个熟练的技工手工拉制40多层,耗时30多分钟才能完成。细节成就品质,每一条蚕丝被都凝聚了劳动人民的智慧及精湛的技艺。这是机器大规模生产不能做到的,所以直到如今,蚕缘蚕丝被依旧遵循着古法工艺,坚持手工剥茧、手工制胚、手工拉丝。此外,在蚕缘蚕丝被的生产工序中,仍有80%的工序采用手工完成。

### 三、坚守初心,传承发扬蚕丝工艺

蚕桑丝织技艺是中华民族认同的文化标识,在中国的历史上,蚕桑丝织是最重要的发明创造之一,并通过丝绸之路,对人类文明产生了重大深远的影响,在2009年被列入了"人类非物质文化遗产代表作名录"。蚕桑丝织技艺包含栽桑、养蚕、缫丝、染色和丝织等整个过程,而在蚕缘的家纺高端产品中,手工蚕丝被的一系列工序都是由几十年经验丰富的老师傅手工制作。上百名技艺精湛的手工剥茧、拉丝的传承人,平均都有着30多年的经验,在这里专注做一件事,并致力于做到更好。在政府的帮助下,蚕缘以传承中国非物质文化遗产为己任,竭尽全力传承并发扬传统蚕丝工艺这一中华民族优秀的非物质文化遗产。在一代代传承人的努力之下,"中国蚕桑手工剥茧技艺"得以完好地流传下来,并于2018年被联合国教科文组织列入世界非物质文化遗产代表性名录。在新时代下,蚕缘不但坚守古法工艺,而且保持蚕丝工艺的传承与发扬。除了天时、地利、人和之外,蚕缘家纺的高速发展离不开创始人倪学林的信仰——"一生只做好蚕丝"。多年来,公司始终坚守着品质是企业的生命,"一生只做好蚕丝"的理念,不断坚持创新,克服工艺上的种种问题。以蚕丝制品含油率和回潮率为例,如果含油率高,蚕丝被会随着使用时间变长产生发黄、异味等问题;而回潮率高最直接的后果是蚕丝被容易板结。蚕缘用良心、用匠心做蚕丝被,凭借领先的处理技术,将蚕丝的含油率做到了低于1.0%,而国标是低于1.5%;回潮率的国标是低于12%,而蚕缘做到了低于10%。在制造工艺方面,蚕缘家纺独创了"全幅网选"拉丝工艺,运用独创的传统手工技术,生产出高品质蚕丝被,使每一床蚕丝被更舒适、更蓬松、不板结,且终身免翻。

随着市场需求的不断增长,蚕缘家纺不断投入资源进行产品研发,通过反复实践开发了"可水洗蚕丝被",并成功获得水洗蚕丝被国家专利,成功开发出24K黄金被等新品。基于对蚕缘产品的高度认可,蚕缘获得了国家工商管理总局的原产地地理标志和中国丝绸协会的高档丝绸标志两大高含金量标志。在浮躁的商业环境里,蚕缘心无旁骛,始终保持对行业的专注,坚持做好蚕丝被,不断摸索总结蚕丝被的生产工艺和标准,为行业的发展做出了巨大贡献。

### 四、专注精品,获得浙江制造认证

匠心付出,迎来丰厚回报。2006年,蚕缘用过硬的专业化能力参与新的《桑、柞丝绵》国家标准的起草,推动行业进步。2017年蚕缘家纺成为被获准使用"高档丝绸标志"及"桐乡蚕丝被"中国地理标志标签的企业。更值得一提的是,2018年4月发布实施的《蚕丝绵》

（FZ/T 41005-2017）新国标，蚕缘全程参与起草。同年，蚕缘家纺与鉴真宝达成战略合作协议，推动蚕缘蚕丝被向着防伪溯源和物联网电子商务领域发展。2019年8月，以蚕缘为主起草的"品字标浙江制造"团体标准《水洗纯桑蚕丝被》（T/ZZB 1151-2019）正式发布实施，2019年12月，蚕缘通过"品字标浙江制造"认证，成为全省蚕丝被行业第一家获此殊荣的企业。这些荣誉都是行业对蚕缘家纺的认可，也是蚕缘坚持做高品质丝绸产品的信心，更是蚕缘坚持一"丝"承诺的决心。

回顾一路走来的发展历程，董事长倪学林说道："蚕缘最大的资产是人，我们有着120余位手艺人。她们都是当地经验丰富的手工技师，是国内非物质文化遗产的传承者和实践者。她们中超过半数以上一线员工已有10年以上经验，20年以上资历的老师傅更占员工的30%以上。在蚕缘，她们多年如一日的专注于一件事——一生只做好蚕丝。"

作为蚕丝被行业里的"标杆"，蚕缘把先进的产品要求写进"品字标浙江制造"团体标准，而且，蚕缘蚕丝被标准高于浙江制造标准，高于行业标准，高于国家标准。这是蚕缘实力的体现，更是作为行业领导者的责任与使命。未来，蚕缘将更加坚守"品质至上"的理念，积极整合资金、技术、品牌优势，建设现代化蚕桑综合示范基地，引领行业提质增效。

# 第 八 章

# 创新驱动与"品字标浙江制造"

　　创新是企业经营最重要的品质,是决定公司发展方向、发展规模、发展速度的关键要素。"品字标浙江制造"企业的高速发展,离不开创新驱动。创新驱动作为"品字标浙江制造"的核心价值,推动企业掌握核心技术的自主知识产权,研究开发创新性产品、服务,实现企业的高速发展。本章以杭氧、大丰、杰克缝纫机、海康威视四家具有代表性的创新型企业为例,从创新投入、自主创新、创新体系构建等角度阐述企业是如何通过创新驱动打造"品字标浙江制造"品牌的。

## 第一节　杭州制氧机集团股份有限公司①

### 一、企业简介

　　空分设备是冶金、化肥、煤化工等行业的重要装置,为生产提供充足的氧气、氮气等工业气体,被称为"现代工业之肺"。中国空分设备制造技术的"源头",就在杭州制氧机集团股份有限公司。杭州制氧机集团股份有限公司(简称杭氧)于1950年建厂,2009年搬迁至临安,2010年在深圳证券交易所上市。作为国之重器责任肩负者,杭氧为国内冶金、化肥、石化、煤化工、航天航空等领域提供成套空气分离设备(简称空分设备)4000多套,产品遍布全国,并出口到欧美、亚洲等40多个国家和地区,大型、特大型空分产品的国内市场占有率一直保持

---

　　① 本部分主要参考:浙江制造品牌建设网,http://www.zhejiangmade.org.cn/;杭氧官网,https://www.hang-yang.com/等。

在 50% 以上。作为国内第一台空分设备的制造者,杭氧一直引领着中国空分产业的发展。经过多年的技术攻关和持续创新,杭氧已经具备了自主研发和制造特大型空分设备的能力,空分设备最大单机容量已经达到十二万等级,大型空分设备的技术性能指标已达到国际领先水平,氖、氦、氪、氙等稀有气体提取设备的研制也取得重大突破,作为"品字标浙江制造"企业的杭氧已经成为世界一流的空分设备供应商,其发展历程如图 8-1 所示。

自"十二五"以来,杭氧坚持"重两头、拓横向、做精品"的发展战略,利用公司在空分设备设计制造领域的优势,大力进军工业气体领域,完成产业结构的调整和转型,以成套空分设备为核心的产业链得以延长,形成了"工程总承包—空分设备制造—工业气体运营"的完整产业链,实现了从传统制造商向制造服务商的转型。截至 2019 年,已在国内投资设立 35 家专业气体公司,总投资额超 100 亿元,总制氧容量突破 200 多万 m³/h,成为国内主要的工业气体供应商之一,在石化领域成功实现了大型乙烯冷箱、液氮洗冷箱等设备的国产化。杭氧已经形成了以空分设备为核心、低温技术为支撑的全产业链产品和服务体系。

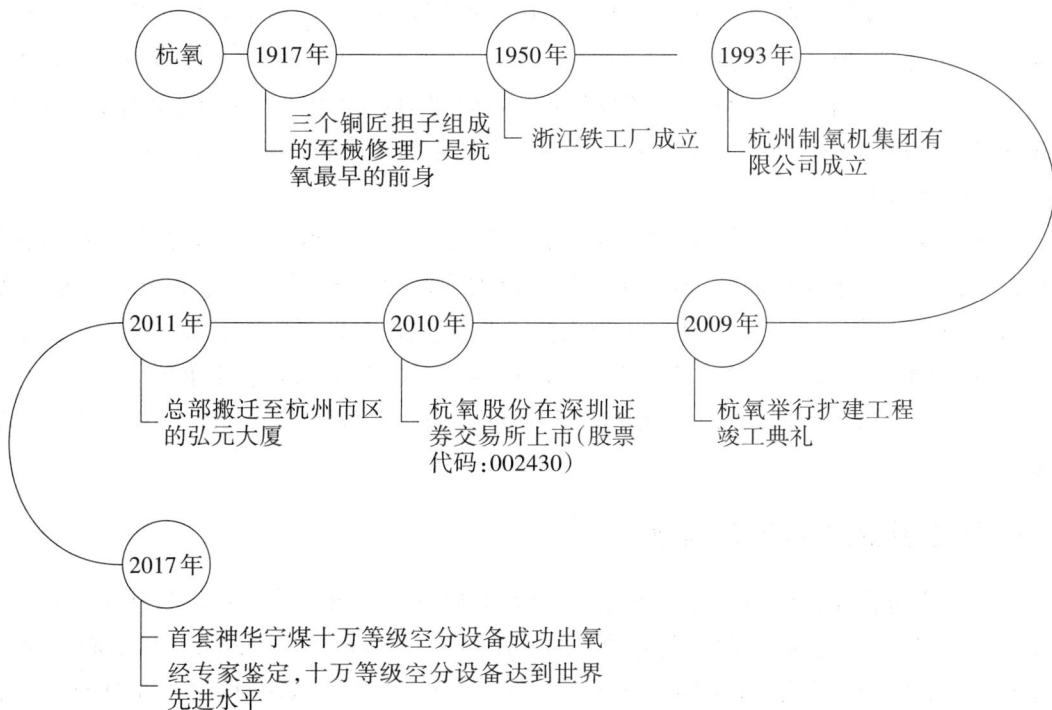

**图 8-1 杭氧发展历程**

## 二、重视研发,构建创新体系

杭氧始终重视对技术创新的研发投入。在几十年的发展过程中,每年都将新产品、新技术、新工艺计划("三新"项目)列入公司工作考核的重点,并将其转化为技术成果。从 2002 年到 2019 年,杭氧跨越了三万到十二万等级空分设备的门槛,从世界先进空分技术的跟跑者成为并跑者,甚至领跑者,取得了中国空分设备创新上的成功。

杭氧构建了完善的研发平台,为技术开发打下了坚实的基础。杭氧的研发平台以国家级企业技术中心为依托,以"研发—试验—设计"三位一体为核心,以国家级检测中心(CNAS)、浙江省气体分离与液化设备工程技术研究中心、机械工业气体分离与液化设备产品质量监督检测中心、博士后科研工作站、浙江省重点企业研究院为支撑,重点攻关空分领域的关键技术与共性技术。杭氧产业链协同的技术创新体系促进了空分技术的快速开发。杭氧坚持上下游协同创新,与沈鼓、陕鼓、杭汽轮、曼透平等上游供应商联合开发,促进产业链协同整合。并与神华宁煤、浙江卫星石化等下游客户攻关空分设备、石化设备关键技术问题,成功攻克无外界制冷机深冷分离等核心技术。在产业链协同整合的同时,杭氧积极开展与国内外著名高校、科研院所合作,与浙江大学、浙江工业大学、杭州汽轮机股份有限公司、浙江中控技术股份有限公司共同组建了浙江省空气分离产业技术创新战略联盟,联盟的组建也促进了杭氧空分技术的创新。

完善的技术评估体系也是杭氧创新体系上不可或缺的一环。杭氧每年根据产品结构合理性、性能可靠性、经济效益、社会效益等评估标准对重点产品开发、工艺改进等相关技术的先进性和实用性进行评估,形成公司的核心技术;收集标杆企业和竞争对手的信息,开展产品技术对比分析,寻找不足之处,成立攻关小组实施改善,缩小与国际顶尖技术的差距,赶超标杆企业的技术水平。

神华宁煤6套十万等级空分设备、国内首套百万吨级乙烯冷箱等一大批创新成果在杭氧全面的创新体系下应运而生,既满足了国家重大项目的需求,也实现了企业的快速发展。凭借这些创新成果,杭氧先后获得了中国机械工业科学技术奖一等奖、科技部创新方法示范企业、中国机械工业科学技术奖特等奖、浙江省政府质量奖、全国制造业单项冠军示范企业等一系列荣誉。这一系列荣誉,体现了杭氧对技术的不断追求和杭氧数十年不变的"创新"主题。

### 三、坚守创新,打破国外垄断

杭氧与空分设备的缘分始于1952年的全国工矿机械会议。第一任厂长钱祖恩在大会上主动请缨接下了自主研制国产空分设备的重任。随后,钱祖恩主动辞去了厂长职务,改任总工程师,带领他的团队开始研制空分设备,历尽艰辛,克服重重困难,终于在1955年研制成功中国第一台制氧量为30m³/h的成套空气分离设备,开启了中国空分设备行业的元年。

秉承钱祖恩厂长求真务实、开拓创新的精神,几代杭氧人匠心打造先进的空气分离技术,精心打磨世界领先的空分设备,坚守主业不动摇。持续的技术创新促使杭氧在产品、服务上不断提高,在技术上多年的不懈奋斗使其打破了国外企业对十万等级空分设备的垄断,与国外企业平分神华宁煤项目所需的12套十万等级空分设备。"中国的空分设备制造一直落后国外,尽管我们一直在追赶,但国外公司总是压我们一头",杭氧公司总经理毛绍融感慨万千,"神华宁煤项目给了重大装备国产化一个难得的机遇,如果错过了,我们的追赶目标将更加遥不可及。"在进行招标前的最后一次调研中,神华宁煤出于支持国产装备的考虑,选择在12套中使用2套杭氧设备。对神华宁煤来说,这是最稳妥的方案,即便失败,也不至于影响整体。"要做就和国外企业一样做6套,杭氧要跟他们比一比谁优谁劣。"杭氧董事长蒋明态度鲜明,"我们必须争取这次机会,这不仅是杭氧的机遇,更是中国空分制造业的机会。成了,特大型空分设备制造领域便有了中国制造的一席之地。"

翻开《神华宁煤400万吨/年煤炭间接液化项目空分装置设计、供货和服务合同》,密密麻麻的条款,每一条要求都很严格,规定的赔偿数额远高于行业一般标准。出于对自身技术以及产品质量的自信,2013年4月,杭氧与神华宁煤签署合同,最终拿下6套十万等级空分设备设计、供货和服务合同。2017年3月,杭氧第一套十万等级空分设备成功出氧,实时数据显示,氧纯度达到99.87%,超过行业标准的99.6%,氮纯度达到99.999%,而且系统运行十分稳定。6套十万等级空分设备的成功运行,一举打破了国际巨头在该等级领域的垄断,该设备经中国机械工业联合会与中国通用机械协会联合鉴定,其总体技术达到国际领先水平,在部分性能指标方面优于国外公司同类产品,对我国空气分离设备行业的发展具有里程碑意义,杭氧也由此一举跻身国际一流的空气分离设备制造商行列。

### 四、制定标准,展现技术优势

在神华宁煤项目的研发过程中,杭氧与浙江省标准化研究院共同起草了浙江制造标准《深冷法空气分离设备》(ZZB 009-2015),其中多项标准达到国标甚至高于国标,充分展现了杭氧在空气分离技术上的优势。该标准规定了深冷法空气分离设备的组成及型号、技术要求、检验检测、标志、包装、运输及储存、安装要求,适用于以深冷法分离空气制取氧、氮及氩等稀有气体产品的空分设备。在这个标准基础上杭氧打造的十万等级空分装置每小时能产气十万立方米,是冶金、化工等行业重要辅助生产装置,为生产提供了充足的氧气、氮气等工业用气。

2015年12月杭氧通过"品字标浙江制造"认证现场评审,正式获颁"品字标浙江制造"认证证书,自此,杭氧在多个项目上使用了"品字标浙江制造"标准生产产品,如国内等级最大的神华宁煤6套100000 m³/h空分装置,排名世界前列的伊朗120000 m³/h空分装置等。2017年,"品字标浙江制造"标准又在浙江石化4000万吨／年炼化一体化项目中得以使用,打破了国外企业在炼化一体化项目特大型空分设备上的垄断,体现了国有企业对杭氧的信任,对我国先进装备制造业、浙江制造和民族工业的大力支持。同时也体现了杭氧在空分设备技术、制造、质量、服务等各方面的优势,展现了浙江制造在空分行业的领先地位。

# 第二节　浙江大丰实业股份有限公司①

## 一、企业简介

浙江大丰实业股份有限公司(简称大丰)作为文体装备唯一主板上市企业,在1991年初创时,仅是一家租用几间厂房、雇用十几名员工的视听器材厂,主要生产、销售电源接插件、配电箱、摄影器材,产品也只是面向电影制片厂和电视台销售。到了1993年,适逢中国电视产业蓬勃发展,大丰抓住机遇毅然决定把赚来的第一桶金全部投入到影视设备研制中去,征地3300平方米,建造2500平方米厂房,开始了产品的规模化研发与制造。公司产品更新换代,员工增加至近200人,大丰迎来了快速发展。1994年,大丰由原视听器材厂变更成立余姚市电影电视设备公司,同时找准了组合玻璃舞台、公共座椅与活动看台的发展方向,组合玻璃舞台也成了大丰占据市场的新项目。1996年,大丰研发国内首创的全自动可伸缩活动看台全面占领市场,YH系列座椅列入国家"星火计划"项目,大丰获评国家高新技术企业。2003年,大丰承揽雅典奥运会7个主场馆建设,实现了向国际蓝海市场扩张的既定战略,进入全球市场探索的成长阶段。

2004年开始,大丰先后成立了大丰(杭州)舞台设计院、大丰(北京)灯光音响设计院、浙江大丰体育设备有限公司等子公司,把创新作为企业发展的核心,做实做精、做大做强,逐步向成为全球领先文体设施整体集成供应商的目标迈进。2013年,大丰在余姚低塘规划建造350000平方米的文体创意及装备制造产业园,重点建设现代文体装备产业基地、文化创意产业基地以及文化装备技术研发中心。产业园的落成,在产业拓展和智能制造方面给大丰带来了全面提升。2016年,浙江大丰实业股份有限公司起草了"品字标浙江制造"团体标准《舞台机械　柔性齿条式舞台升降台》(T/ZZB 0064-2016),进一步推动了大丰的发展。2019年,大丰在上海设立大丰产业投资总部,强化了大丰行业平台功能和资源集聚能力,更好地发挥了行业引领作用。同时,大丰还进行新消费、新经济的研究,为城市文体旅产业的建设和发展提供了前瞻性的解决方案。

大丰紧抓时代机遇,坚持深耕文体领域,依托舞台、灯光、音响、座椅等专业设备的供给能力和文体场馆的专业运营能力,实现跨越式发展,成为全产业链创新合作平台。同时,大

---

① 本部分主要参考:大丰实业——引领文体产业 传播美好幸福,http://www.chinadafeng.com/;2020浙江大丰调研报告,http://lightingchina.com/news/48025.html等。

丰与各地方政府在公共服务供给方面开展深度合作,逐步构建起了以文化产业、体育产业为主体,以数艺科技、文化传媒、文旅融合、轨交产业为"四翼"的"两体四翼"产业格局,其发展历程如图8-2所示。

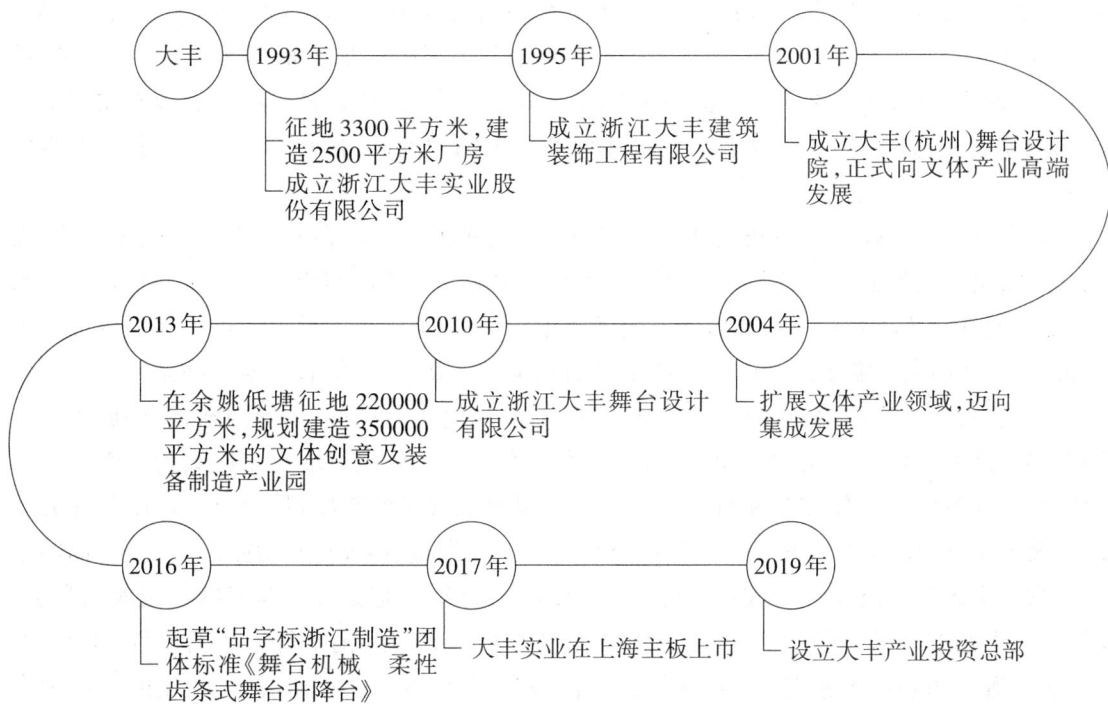

图8-2　大丰发展历程

## 二、坚持科技创新,引领行业发展

强大的科技创新能力使大丰引领了产业变革,推动大丰逐步形成了"两体四翼"的产业格局。多样化的产业格局,离不开大丰五大甲级专业设计院的建立,包括舞台设计院、灯光音响设计院、建筑装饰设计院、建筑幕墙设计院、智能化设计院,这些专业设计院的建立提高了大丰的科技创新能力,也进一步丰富了大丰的产业结构。此外,大丰还设立了独立的技术研发部门,建立了用于研发设计的实验室和办公室,保证产品的持续创新、技术领先,并保持产品在行业中的竞争优势。截至2018年,大丰拥有建筑、机械、结构、舞台工艺、建筑声学、电气、自动化控制等专业工程师500多名。设计院和技术部门的设立以及专业人才的培养,为大丰的发展打下了坚实的基础。2018—2019年,大丰累计投入研发费用约1.5亿元。持续的研发投入为大丰的科技创新及技术突破提供了强大的支撑。经过多年的科创投入,大丰已经掌握了先进的舞台机械技术和舞台控制技术,开发了30多项国内外首创技术,引领了中国演艺装备技术的发展,在此基础之上,大丰首推"数艺科技"业态,推动了产业的发展与融合。

在技术产品研发方面,大丰大力投入研发资金,持续创新,以国家政策、技术、项目为风向标,积极迎合国内制造业"双创"生态氛围,向个性化、协同化、服务化的主流方向推进。例如,舞台机械工程的远程网络监控可以用来及时了解各地舞台的使用情况。同时,大丰引进、消化、吸收再创新现有技术和设备,勇于实践,先后获得国家火炬计划、国家重点新产品、省部级科技进步奖等多项荣誉,并带头拟定了十余项国家和行业标准,实现了从"中国制造"到"中国智造"的升级。大丰"智造"的智能舞屏等表演设备不断朝着专业化、规模化和集约化方向发展,促进了艺术和技术在文化体育产业中的快速融合,更具传播力、表现力与创造力。

大丰在数艺科技方向不断创新,拓展全新领域,延伸产业覆盖面。大丰在娱乐行业、文旅行业实现巨大突破,引领潮流前沿技术,以专业化的整体集成解决方案和个性化定制式服务,定制创意演艺新业态。在文旅项目的集成中,大丰能够根据实际项目的不同需求进行生产研发,众多由实际需求推动的创新技术已成功走进实践应用,填补了实景演出行业的多项空白。其中,户外文旅由于场景复杂、条件苛刻、时间紧张、投资巨大等因素,亟待创新并且创新难度巨大。但多元化的产业格局,促使大丰在户外文旅项目取得了巨大的突破。大丰投资并参与的优质户外文旅项目——杭州西溪湿地沉浸式夜游项目"今夕共西溪",充分发挥了大丰在行业的综合优势,展示了大丰公司在人才、资金、研发生产、施工集成等方面的雄厚实力。文旅项目既发挥了成本优势,又融入了文旅经营,是集成商跨界的一次成功尝试。同时,大丰开拓轨道交通产业,产业范畴横跨各类城轨、城际、高铁等车辆的设计、生产、安装、售后等全方位配套服务,为行业提供新的发展模式,引领行业向着多元化的产业融合发展。

### 三、开发自主技术,制定行业标准

多元化的产业融合发展源于大丰在文体产业的持续深耕。大丰在文体产业不断进行科技创新,自主研发了多项处于行业领先的科学技术,引领了行业的快速发展,也奠定了大丰的行业领导地位。作为国家重点高新技术企业、国家文化出口重点企业、国家文化产业示范基地、国家体育产业示范基地,大丰负责牵头"十二五"国家科技支撑计划项目及"十三五"国家重点研发计划项目,突破了多项技术局限,推动了整个行业技术的发展。大丰自主研发的以柔性齿条升降装置为代表的几十项核心技术,打破了国际垄断,开启了智能舞台升降技术的国产化之路。在自身技术发展的同时,大丰也以技术创新带动行业发展,主导或参与制定了13项国家和行业标准。

2016年,在浙江省机械工业联合会的牵头下,大丰起草了"品字标浙江制造"团体标准《舞台机械 柔性齿条式舞台升降台》(T/ZZB 0064-2016),并由浙江省品牌建设联合会发布实施。柔性齿条式舞台升降台是一种应用于各类演出场所的现代化机械舞台设备,已广泛应用于各类剧场、多功能厅、电视演播厅、会堂、体育场馆等公共文化娱乐场所,用以输送演员、道具、表演装置,舞台效果十分显著。该设备产品是国际首创的全新技术,其专业性很强,无国家标准和行业标准。因此,对该设备产品制定行业标准,作为生产、质量抽检和质量仲裁的依据,尤为必要。该行业标准使最优技术产品规范化、生产规模化,提高了该设备产品的安全性、可靠性。浙江大丰实业股份有限公司起草的"品字标浙江制造"团体标准《舞台机械 柔性齿条式舞台升降台》丰富了"品字标浙江制造"品牌标准,扩大了"品字标浙江制造"的品牌规模。

柔性齿条式舞台升降台是一种创新结构,其性能指标根据结构特点全新制定,已经过多项工程考验完全合理可行,且领先于国内其他企业。柔性齿条最大的优越性是在浅机坑下能达到很大的升降行程,这是刚性齿条和丝杠顶升机构无法比拟的优势。具有同样工作形态的设备结构还有加拿大GALA公司的大螺旋顶升升降台,也是在浅机坑下可升起很大的行程,但其有些性能远比不上柔性齿条顶升升降台的性能。相比较而言,柔性齿条式舞台升降台具有突出的优越性,两种设备优缺点比较如表8-1所示。

表8-1 大螺旋顶升升降台与柔性齿条顶升升降台优缺点比较

| 名称 | 优点 | 缺点 | 共性 |
|---|---|---|---|
| 大螺旋 | 传动轴较小,电机直连减速器型号小;运行平稳 | 因平圈钢板和立卷钢板互相间无机械连接,需一定压力才不致松开,否则会自行松散,存在较大的安全隐患;中间采用水平链条高速传动装置,噪音特别大;升降速度低;纤薄的钢板即使只损坏其中一点,也必须整体更换;传动效率比较低 | 机坑均可以很浅;均可以达到较大的行程。能满足升降乐池、补台等舞台机械的各种升降;均需外加导向机构 |
| 柔性齿条 | 机构简洁、安全性高;均需外加导向机构;维修较为便利,成本低;升降速度比较高 | 传动轴相对于大螺旋较大,电机直连减速器型号较大(减速机成本略高) | |

具体性能指标对比:

| 性能指标 | 大螺旋 | 柔性齿条 | 备注 |
|---|---|---|---|
| 最大升降速度/(m/s) | 0.1 | 0.2 | 0.05m/s速度下 |
| 传动效率 | 0.8(18寸螺旋) | 0.9 | |
| 噪声/dB(A) | 59 | 45 | |
| 安全性 | 低 | 高 | |

自2016年起,大丰先后主持制定了《舞台机械 柔性齿条式舞台升降台》(T/ZZB 0064-2016)、《影剧院公共座椅》(T/ZZB 0073-2016)、《双向移动伸缩座椅看台》(T/ZZB 0308-2018)这三项"品字标浙江制造"团体标准。2020年,大丰又一次主持起草"品字标浙江制造"团体标准《体育场馆公共座椅》(T/ZZB 1614-2020),此项标准结合了国内外有关体育场馆公

共座椅技术的发展趋势和产业发展现状,涵盖了产品设计、材料选择、性能指标、质量承诺等内容,检测指标高于国家和行业标准,对于提高体育场馆公共座椅制造业的技术水平,提升"品字标浙江制造"品牌形象具有重要意义。

### 四、引领中国制造,展现文化魅力

科技创新是大丰的核心竞争力,也是大丰能够引领行业发展的源泉和动力。大丰因其行业领先的制造水平,正在逐步成为全球领先的文体产业整体集成方案解决商以及中国专业的文体设施投资建设运营商。大丰积极响应国家"一带一路"倡议,2018年大丰曾以"舞台装备海外推广"项目入选文旅部"一带一路"文化贸易与投资重点项目,2020年大丰再次入选文旅部"一带一路"文旅产业国际合作重点项目。凭借多年的行业经验及声誉积累,大丰积极参与海外市场的拓展,重点选择"一带一路"公共文化基础设施需求相对旺盛的新兴市场国家和地区,集中内外资源重点开发,不断完善创新体系,积极探索以企业为主体,市场化、商业化、产业化相结合的"走出去"方式,推动中华文化走向世界,为"一带一路"沿线国家和地区的文体产业繁荣提供高质量的公共文体设施及服务,向国外展现了中国制造的魅力。

在国内外众多的设施工程中最令人称道的,也最能够展现"品字标浙江制造"强大科技创新能力的无疑是雅加达亚运会闭幕式的接旗仪式暨"杭州时间"文艺演出。大丰自主研发的智能舞屏成为这场演出中的最大亮点,得到全球亿万观众的一致好评,各大主流媒体争相报道。在现场六万多和全球数十亿观众的注视下,智能舞屏与台上演员华丽共舞,他们携手一起从雅加达现场穿越到2022年的杭州。总重超百吨,伸展高度超13米的智能舞屏,宛如舞台上的变形金刚大黄蜂,向全世界展现了中国智能创造的魅力。智能舞屏搭载了大丰自主研发的国内唯一运用SIL3标准的DAFENG STACON系统,结合时间轴控制,即机械动作、视频、音频都汇聚同一个节点,做到毫秒级的时间同步,用"毫厘不差"的精湛技术保障了演出的无懈可击,代表了我国在该技术领域遥遥领先。艺术总监陈维亚表示,智能舞屏把杭州"迈入新时代、迎接新亚运"的朝气和热情瞬间展示给了观众。在此次闭幕式演出中,大丰团队将中华传统文化注入了现代最新科技,人机沉浸式互动表演饱含了不同国家和民族同心向往的体育精神,创造出未来感极强的全新舞台艺术表现形式,展现了活力、和谐与青春,向世界发出了"相约中国、相约杭州"的邀请,也为杭州选择大丰、世界选择大丰,交出了一份令人满意的答卷。

2022年,中国将举办杭州亚运会,将新建、扩建近60个场馆。对此,大丰已承接杭州奥体中心、杭州网球中心、杭州滨江体育馆等重大项目的新建和扩建工作。这是国家对大丰的认可,也是国家对"品字标浙江制造"的认可,无不彰显出"品字标浙江制造"强大的品牌影响力。

# 第三节　杰克缝纫机股份有限公司①

## 一、企业简介

杰克缝纫机股份有限公司(简称杰克)创建于2003年8月,其缝纫机产业起源于1995年7月,当时的缝纫机行业仍是冷门行业。杰克的创始人——阮家三兄弟在1995年决定趁着改革开放浪潮,兴办缝纫机工厂。开创之初,杰克仅是一个拥有十几人的小作坊,经过三年打拼,在1998年,小作坊的年产值超过1000万元,员工超过70人。2009年,杰克开创了中国缝制行业民企海外兼并的先河,实现海外抄底,收购了在世界自动裁床行业中占有重要地位的两家德企——Bullmer(奔马)和Topcut(拓卡),进一步提升了企业在工业缝纫机和裁床领域的产品竞争力。2017年1月19日,杰克在上海证券交易所主板成功挂牌上市(股票代码:603337)。2017年7月,杰克成功并购拥有40多年历史的意大利衬衫智造专家——MAICA(迈卡)公司,标志着杰克从"缝制设备制造商"向"智能制造成套解决方案服务商"转型升级走出了跨越性的一步。2018年7月,杰克再次收购意大利牛仔裤工业缝纫机领域的领军企业——VI.BE.MAC(威比玛公司),这进一步丰富了杰克的自动化、智能化产品品类,扩大了智能缝制版图,加快实现了全球缝制设备第一品牌步伐。2018年10月,杰克以增资方式取得安徽杰羽制鞋机械公司51%的股权,2019年12月与上海欧洛特实业有限公司设立合资子公司——浙江衣科达智能科技有限公司,加速向"智能制造成套解决方案服务商"转型。通过20多年物联网设备及工业物联网平台的建设,如今,杰克已成为全球最大的缝纫机行业生产企业,其发展历程如图8-3所示。

## 二、重视人才,加大创新投入

杰克始终将创新视为驱动企业发展的核心动力,高度重视研发投入。杰克一直以来以市场为载体,以资本为纽带,以科技为先导,以人才为依托,不断加大对企业的研发投入。杰克每年的研发投入占销售额比重的5%,早在2006年,公司就引进了先进的IPD(集成产品开发)理念,并先后引入了CAD(计算机辅助设计)、CAM(计算机辅助制造)、CAPP(计算机辅助工艺过程设计)、PDM(产品数据管理)等技术,建立了缝纫行业中领先的计算机集成制造系

---

① 本部分主要参考:"品字标浙江制造"团体标准《工业用缝纫机计算机控制高速包缝缝纫机》,https://mp.weixin.qq.com/s/E5L_UpI082DQ58eJnHCPBw;杰克机床股份有限公司,http://www.jackmt.com.cn/news.html等。

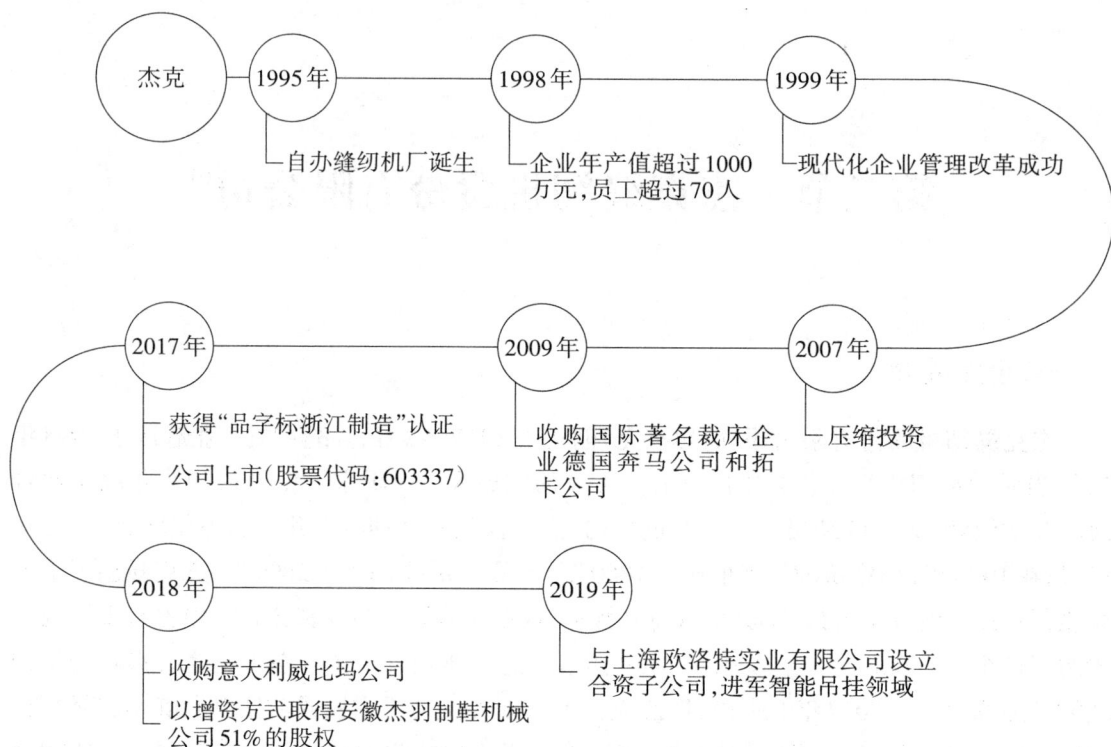

图8-3　杰克发展历程

统,使研发和制造得以同步实现;使用协同的管理平台,使企业信息资源得以充分共享。即使受到疫情的影响,杰克的研发投入仍然维持在较高的水准,研发进度也不断向前推进。2020年上半年,杰克共完成17款物联网缝纫机开发和1套轻量化MES(制造企业生产过程执行管理系统)。截至2020年6月30日,杰克共拥有有效专利1668项,其中发明专利569项,实用新型专利897项,外观设计专利202项,累计获得软件著作权189项,连续八年在缝制机械行业发明专利申报数量位于全球前列。

科研成果的产出依赖于杰克长期重视人才培养,不断完善人才经营体系。截至2020年10月,杰克拥有近千人的研发团队、院士工作站、博士后工作站和重点企业研究院,从事精密机构、智能传感、先进控制、故障诊断、人机互动、物联网等方面的研发。近年来,杰克不断优化激励机制,持续努力为研发人员创造更好的研发环境,公司4级以上的研发人员占比达到40%以上,为企业核心技术的研发提供了智力保障。

随着杰克"服装智能制造成套解决方案服务商"发展战略的深入推进,产业布局从"缝中"环节,加快向"缝前""缝后"两端拓展延伸,杰克立志打造一支集三环节为一体的缝制产业链人才队伍。为此,2020年以来,杰克抓住行业周期下行机遇,整合各项资源,进一步完善和梳理轮岗轮值多通道的职业发展体系,优化了"管理M序列""技术专业P序列"双通道的职级体系,引导专业人才的纵深发展。同时,开展员工与基层管理干部的实操培训、技能比武,通过任职资格与绩效牵引技能提升,建立具有工匠精神的企业文化,打造高技能人才队伍,为走向全面的高质量发展打下坚实基础。

### 三、技术为先,寻求精益发展

在创新投入和技术创新人才供给得到保障的前提下,杰克引进的IPD理念有效运作。通过各阶段的产品开发决策与技术评审,杰克建立了规范的产品开发投资决策机制,紧跟市场需求,加强跨部门协作,降低了产品开发成本,提高了资源配置效率。此外,杰克通过集成产品开发模式的有效运作,已形成了基础研究和产品研发并重的格局,并成功开发了多项核心技术。

第一,杰克采用内置式自动抬压脚直驱技术,使机械与电机有效地通过连接部分组合在一起,取消了皮带传动,减少了能量损耗,提高了机器的灵敏度。杰克将自动抬压脚电磁铁设计于自动剪线高速平缝机内部,通过设置多种压脚提升模式,让性能更加稳定可靠,声音更低,外形更加美观,实现了压脚的自动抬起,改变了原来只用膝盖去侧顶连杆抬起的弊端,减少了操作动作,大大降低了工人们的劳动强度。

第二,杰克利用红外感应控制剪线动作、吸风等功能,设置三种运行模式——普通模式、半自动模式和全自动模式,将传感器技术用于感应布料的进出,通过传感器将相应的信号反馈给电控,进而控制电机及各电磁铁的协调工作。在全自动与半自动模式下缝纫结束时自动停止,减少能耗、缝线的浪费。

第三,杰克通过对无壳电机连接机构的研究,在原有基础上,把电机的定子固定在机壳上,电机的转子固定在主轴上。利用有限的空间使得机器构造更加紧凑,采用内置式无壳直驱电机驱动,使得缝纫机的同心度非常高,从而优化缝纫性能;将电控的集成设计和电机、电控一体化,电机分装于机壳和主轴上,电控置于电机罩里,达到电机、电控一体化设计。无壳直驱电机电控一体化直驱超高速包缝机相比普通包缝机省电70%左右,被列入国家火炬计划项目。

第四,杰克采用光谱分析仪、3D打印机、三座标等先进的检测设备,确保产品过程的有效监控。无传感器伺服控制技术的使用对调速算法、刹车算法和测量算法进行了优化,取消了换向传感器和停针位传感器,降低了手轮装配难度和上下停针位调节难度,从而增强了缝纫机整机缝纫性能的稳定性,改善了电流、速度、转矩控制的动静态性能。该技术与杰克自主研发的无壳直驱永磁伺服电机匹配应用,并获得了发明专利。

多项核心技术的开发,为杰克迈向精益发展提供了保障,使杰克积累了发展的新动能,连续九年行业销量全球第一。2019年,杰克营业收入达到360805.74万元,生产工业缝纫机156.55万台,外销比重由2018年的49.74%提升至54.97%。智能裁床及铺布机、衬衫及牛仔自动缝制设备的收入占比从上年的14.80%提升达到18.02%,杰克研发的物联网缝纫机也在逐步推向市场。

### 四、追求品质，引领行业标准

杰克对创新人才的重视与创新技术的深入研发，使得企业不断进步。2016年，由浙江省标准化研究院牵头，杰克缝纫机股份有限公司主导起草了"品字标浙江制造"团体标准《工业用缝纫机计算机控制高速包缝缝纫机》(T/ZZB 0071-2016)，此标准主要适用于缝制薄料、中厚料纺织制品的工业用计算机控制高速包缝缝纫机，涉及包缝机制造的生产、加工、检验、运输等各个环节，并包含了自动感应、自动停针位等技术和先进的行业管理的要求。

依托于创新技术的支持，杰克主导制定的"品字标浙江制造"团体标准中，多项性能指标严于国家规定的相应标准，与国际接轨（见表8-2）。该标准对产品的运转性能、控制功能、先进性参数都制定了更高的要求，同时对外观质量和结构材料的要求做了具体阐述，4000转77分贝，31万次使用寿命，5年电磁铁、针板使用寿命，1小时跑合检验，500小时耐久跑合，1000小时破坏性实验……"品字标浙江制造"团体标准《工业用缝纫机计算机控制高速包缝缝纫机》的发布实施，促进了缝纫机行业标准的有效供给，以高标准推动缝纫机产业改革，引领缝纫机行业的高品质发展，推动了浙江省缝纫机产业的突围转型，助力"品字标浙江制造"走向国际一流行列。

表8-2　性能指标对比分析

| 标准项目 | | 标准内容 | ISO要求 | 国标/行标要求 | 日本要求 | 德国要求 |
|---|---|---|---|---|---|---|
| 运转性能 | 启动转矩 | 0.4N.m | / | 0.45N.m | 0.4N.m | 0.4N.m |
| | 噪声 | ≥6500（针/分）≤83dB(A) | / | 85dB(A) | 83dB(A) | 83dB(A) |
| 控制功能 | 自动停针位 | ≤5° | / | ≤10° | / | / |
| | 自动感应缝料 | 灵敏、正确、可靠 | / | / | / | / |
| 先进性参数 | 能耗 | 10小时计算能耗不高于离合器电机的35% | / | / | / | / |
| 外观质量和结构材料 | 材料 | 主轴采用合金渗碳钢或低碳钢，并进行必要的热处理和特殊处理；连杆类材料采用超硬铝或锡青铜材料，杂质Fe含量≤0.15 | ≤0.19 | ≤0.2 | ≤0.2 | ≤0.2 |
| | 电镀件 | 表面应无腐蚀、剥离，主要表面应无明显气泡、泛点、针孔和毛刺，并光滑平整、色泽基本一致 | / | 无特殊要求 | / | / |
| | 发黑件 | 表面应色泽均匀、氧化膜致密，不应有红色的沉淀物、花斑点、机械损伤或锈蚀等缺陷 | / | 无特殊要求 | / | / |

续 表

| 标准项目 | | 标准内容 | ISO要求 | 国标/行标要求 | 日本要求 | 德国要求 |
|---|---|---|---|---|---|---|
| | 涂装件 | 表面应色泽均匀,平整、光滑,无明显杂质、流挂、起皮、起皱、针孔、凹坑、裂纹、擦伤、碰坏等缺陷 | / | 无特殊要求 | / | / |
| 配合间隙 | | 500小时的测试要求,规定试验前后的数据和具体的试验方法 | / | / | / | / |

与此同时,杰克引进了国际先进的自动化工艺,配套数亿元自动加工智能流水线,为打造高质量产品提供了强有力支持。高标准筛选好品质,高定位成就好企业。"品字标浙江制造"对于杰克而言更像是一个有力的推动者,让企业带着责任,向着创新,不停拼搏,不断前行。正是这种对尖端技术的追求和对卓越品质的执着成就了杰克。今天的杰克正在以全新的面貌、昂扬的姿态迈向国际缝制机械产业的前列。

# 第四节　杭州海康威视数字技术股份有限公司[①]

## 一、企业简介

杭州海康威视数字技术股份有限公司(简称海康威视)是以视频为核心的智能物联网解决方案和大数据服务提供商,业务聚焦于综合安防、大数据服务和智慧业务等,构建开放合作生态,为公共服务领域用户、企事业用户和中小企业用户提供服务,致力于构筑物信融合、数智融合、软硬融合的智慧城市和数字化企业。

在综合安防领域,根据Omdia[②]报告,海康威视连续八年蝉联视频监控行业全球第一,拥

① 本部分主要参考:海康威视:2019年年度报告,http://data.eastmoney.com/notices/detail/002415/AN202004241378621186,JUU2JUI1JUI3JUU1JUJBJUI3JUU1JUE4JTgxJUU4JUE3JTg2.html;陈昱.研发投入对人工智能企业绩效的影响研究,广州:广东外语外贸大学,2020;海康威视研发投入近55亿分红率超50%,http://finance.sina.com.cn/stock/s/2020-04-27/doc-iircuyvi0053615.shtml.海康威视持续研发投入,创新经营稳健发展,http://finance.jrj.com.cn/2018/05/15121524541543.shtml;海康威视,https://baike.baidu.com/item/海康威视/6048387?fr=aladdin;杭州海康威视数字技术股份有限公司官网,https://www.hikvision.com/cn/;浙江制造品牌建设:"浙江制造,互联全球"高峰论坛在杭举行,https://mp.weixin.qq.com/s/LymWU6Q_Tmmr2tSsC_9weg等。

② Omdia是一家全球性科技行业咨询机构,该品牌由Informa Tech旗下咨询机构(Ovum、Heavy,Reading和Tractica)与2019年被收购的IHS Markit科技研究团队共同组成。

有全球视频监控市场份额的24.1%。①在《安全自动化》杂志公布的"全球安防50强"榜单中,海康威视连续四年蝉联第一位。在大数据服务领域,海康威视打造物信融合数据平台,为多个行业提供"多网汇聚、跨域融合"的大数据汇聚、治理和挖掘服务。在智慧业务领域,海康威视深耕行业智慧化业务,深度服务于智慧城市、平安城市、智能交通、数字企业等行业。

截至2020年7月30日,海康威视在中国境内拥有32家省级业务中心,在境外拥有59个分支机构。海康威视的产品和解决方案在150多个国家和地区以及在G20杭州峰会、北京奥运会、上海世博会、APEC会议、英国伦敦邱园、德国科隆东亚艺术博物馆、北京大兴机场、港珠澳大桥等重大项目中发挥了重要作用,其发展历程如图8-4所示。

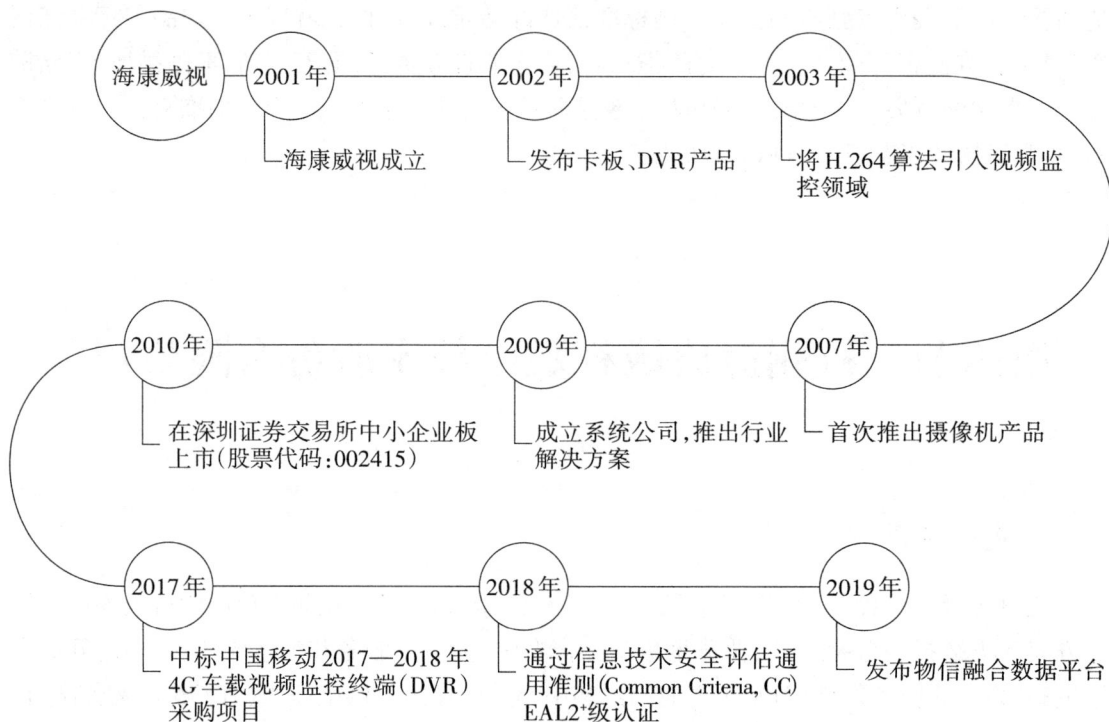

图8-4　海康威视发展历程

## 二、重视研发,助力企业技术创新

自公司成立以来,海康威视始终重视对技术研发和创新的投入。2010—2018年,公司研发投入分别达到2.44亿元、3.41亿元、6.06亿元、9.22亿元、13亿元、17.23亿元、24.33亿元、31.94亿元、44.83亿元,占各期的营收比例一直维持在7%~8%。而在2019年,海康威视的

---

① 资料来源:Omdia2019年6月(时称IHS Markit)发布的全球视频监控市场报告(以2018年数据为统计基础)。

研发投入再创新高,达到54.84亿元,同比增长22.33%,占营业收入的比例提升0.52个百分点,至9.51%,且研发投入全部作为费用化处理。截至2019年年末,海康威视研发人员总数超过1.9万人,达到19065人,同比增长19.08%,占比亦提升至47.19%,同时,公司累计拥有专利4119件,拥有软件著作权1042件。

正是由于公司对技术研发和创新的投入,才能不断保持并扩大技术领先优势,从而获得产品优势。海康威视通过深入了解用户需求优化实践,不断改进提高产品质量,满足不断增长的产品应用和服务需求,为用户带来附加值,从而将优秀的新产品推向市场,以实现公司自身的发展。

从2015年至2018年,海康威视通过技术创新不断推出优秀的新产品。2015年,海康威视通过智能分析、云计算、4K高清显示、H.265编码标准等先进技术的整合,企业研发团队持续开发高性能产品和解决方案,以满足不同的市场需求。2015年,公司先后推出了超速抓拍系统、"鹰眼"系列全景摄像机、雄鹰无人机和工业摄像机等新产品,市场效果反应良好。2016年,公司继续推出人工智能产品,发布了诸如"深眸"摄像机、"超脑"NVR、"脸谱"人脸分析服务器等系列产品,初步形成市场覆盖。2017年,海康威视推出的新产品包括主动防御型摄像机C3W、"智能猫眼+指纹锁"入户安全套装、人形检测智能摄像机C5Si等,连同萤石云平台,结合物联网云平台与大数据技术,有效地将家庭设备智能控制、家庭环境感知、家居安全感知以及信息交换、消费服务等家居需求和场景结合起来,创造安全、舒适又便捷的个性化家居生活,为用户提供一站式智能生活服务解决方案。2018年,在创新业务——萤石网络方面,海康威视推出应用在庭院的摄像机、无线互联网电池摄像机、智能窗帘机等全新产品,并延伸现有的IPC产品线及智能锁、智能猫眼、智能可视门铃等智能入户产品线,形成了以视频技术为核心的智能家居系统。在创新业务——海康机器人方面,公司以视频图像处理为核心,立足安防,专注行业,广泛应用于消防救援、交通管理、应急指挥、活动保障、设施巡检等场景。2018年,雄鹰IV系列无人机、无人机监控管理平台、自动跟踪天线、固定式和手持式防御系统等新产品陆续推出,为行业客户提供了从产品到系统的完整解决方案。

海康威视研发的新产品主要是前端产品、后端产品及创新业务,其中创新业务包括萤石网络、海康机器人、海康汽车电子、海康微影、海康智慧存储、海康消防、海康睿影、海康慧影等八个子业务。海康威视的创新业务在2016年正式落地实施,对创新业务的大量投入也导致了前端产品以及后端产品销售增长率的下降,但是整体销售收入仍呈逐年上涨趋势,前端产品及后端产品仍占公司销售收入的主要部分。

值得一提的是,海康威视通过建立技术平台、产品平台、解决方案平台三位一体的研发体系,极大提升了研发效率,保持技术的持续投入和持续创新,保证产品和解决方案的竞争力。此外,公司不断加强在研发管理、质量管理、网络安全管理等体系性工作方面的投入,帮助提高研发的系统性、规范性和安全性等方面的水平。

### 三、数智融合,推动人工智能创新

2020年,海康威视秉承"数智融合"的理念,将AI与感知大数据结合实现了感知智能,将AI与多维大数据结合实现了认知智能。海康威视通过提出智慧城市"数智底座",将多年来在人工智能和大数据领域的技术积累融汇为对智慧行业和智慧城市建设的统一技术底座,推动了人工智能的创新。

海康威视构建智能感知能力,推动了人工智能的创新。通过智能解析平台、AI开放平台、算法仓库和算法调度平台构成的感知智能平台,为用户提供了算法训练、存储、解析和调度的全栈能力。海康威视2019年持续迭代AI开放平台能力,帮助用户简单、快速地构建自己的智能算法,以解决产业智能化进程中应用场景化、碎片化的难题。AI开放平台面向合作伙伴免费开放,显著降低了中小微企业和开发者参与人工智能开发的门槛和成本。目前AI开放平台已上线各类通用AI功能40余项,平台日均调用次数超过3500万次;累计训练模型超过1万个,其中垂直行业的碎片化场景模型占模型总数的95%以上。公司先后在全国各地组织了30多场培训认证活动,持续发展和培育行业生态,累计受训技术人员5000余人,帮助行业开发者迅速掌握开发技能,在明厨亮灶、物业管理、无人零售、安全生产、生产辅助、园区管理等数十个细分领域的生态圈构建中进展显著。

海康威视构建智能认知能力,推动了人工智能的创新。通过知识图谱、机器学习和时空引擎构成的认知智能平台,为用户提供了基于大数据和人工智能的数据挖掘服务能力。通过对信息按知识结构进行管理、分类和关联,将庞大无序的信息进一步分析挖掘为有序而互相关联的知识,最终形成以知识为中心的智能认知服务体系,解决诸如城市交通中拥堵预测不准确、营销中潜在客户群无法定位、金融风控中难以对违约风险实现事前预警等难题。

"数智底座"的推出,是海康威视"数智融合"理念的成功践行。这也标志着海康威视依托智能物联网解决方案和大数据服务能力,将感知数据与人工智能结合,将融合大数据与人工智能结合,从关注产品向关注系统拓展,从关注技术向关注业务拓展,从关注单一业务向关注多行业业务拓展,通过开放平台构建合作生态,为用户提供完整的智慧行业和智慧城市解决方案。

### 四、技术先行,引领行业创新发展

海康威视2015年主导制定浙江制造标准《安全防范网络摄像机》(ZZB 035-2015)和《网络硬盘录像机》(ZZB 036-2015),2016年通过"品字标浙江制造"认证,其产品远销国内外,不断得到国内外用户的青睐和认可。公司依托"品字标浙江制造"品牌建设,不断提升企业质量和品牌形象,打造"浙江制造"高品质,抓住安防新机遇。2016年,浙江省品牌建设联合会开展"浙江制造品牌价值评价",海康威视品牌价值强度为942.5分,品牌价值为580.47亿元,位列电子行业第一位。

作为一家"品字标浙江制造"优企,海康威视致力于提高视频处理能力和改善分析技术水平,为世界提供先进的安防设备、专业的解决方案和高质量的服务,为客户不断创造更大的价值。企业在战略、资源、过程管理等方面严格按照"品字标浙江制造"公共品牌的要求持续改进,最终在管理效率、产品质量等方面有了显著提升。此外,基于创新的管理模式、良好的经营业绩,海康威视荣获2019长青奖——可持续发展普惠奖、2016—2018年CCTV中国十佳上市公司、2017中国中小板上市公司价值十强、中国中小板上市公司投资者关系最佳董事会、上市公司金牛投资价值奖、最佳投资者关系管理奖等重要荣誉。持续发展的海康威视也在行业内外都获得了普遍认可。在2007—2011年间,企业每年均入选《安全自动化》杂志评选的"全球安防50强",并在中国安防企业中排名首位;IHS Market发布2011全球视频监控企业排名,海康威视排在第四名的位置,2012年跃升至第一名;海康威视每年入选"中国重点软件企业""中国软件收入百强企业"。

　　一家成立时仅有28人的小团队用了不到20年的时间就做到了行业领先,这离不开海康威视人的拼搏努力,也离不开海康威视人对制造业高品质的追求。海康威视从2006年开始研发智能技术,历经十几年的积累,其智能技术已被应用到产品线的方方面面。作为安防监控行业的绝对龙头,海康威视一直走在行业发展的前端,见证并推动了全球视频监控数字化、网络化、高清智能化的发展过程。多年来,海康威视一直将为人类的安全和发展开拓新视界作为企业愿景,并努力践行之。相信这样一家充满活力、精益求精的"年轻"企业一定能书写出更加绚烂的篇章,编织出独一无二的制造故事。

# 第九章

# 精益管理与"品字标浙江制造"

随着社会科技的飞速发展，企业之间的差距日益缩小，为了在激烈的竞争中得以生存，企业越来越注重精益管理。精益管理作为"品字标浙江制造"的突出特点，指的是以人本理念为核心，强化质量管理体系，完善企业管理方式。精益管理能够简单、快速、持续地提高效率、品质，缩短交货期，从而提高企业效益。随着精益生产拓展到整个产品价值流，精益管理也不再限于生产管理，而是拓展到研发、设计、供应、设备、销售等各个层面。本章以加西贝拉、天能电池、桐昆集团、菲达环保四家企业为例，从人本理念、质量体系、管理方式等方面来展现"品字标"企业是如何通过精益管理提升企业品牌形象，促进企业高质量发展的。

# 第一节　加西贝拉压缩机有限公司[①]

## 一、企业简介

加西贝拉压缩机有限公司(简称加西贝拉)成立于1988年12月，位于浙江嘉兴南湖之畔，现有总资产48亿元，员工3800人，其中各类专业技术人才1500余人，年产销压缩机3000万台以上，是全球环保、节能、高效冰箱压缩机的专业研发制造企业，也是全球单一地区最大的冰箱压缩机研发制造企业，是冰箱压缩机国家标准修订组长单位，国家技术创新示范企业，综合竞争力位居行业前列，被誉为"世界冰箱的心脏"。2015年，加西贝拉参与起草了浙

---

① 本部分主要参考：加西贝拉企业官网，http://www.jiaxipera.com.cn/about#profile；加西贝拉：勇当新时代高质量发展的标杆，http://www.jxshiye.cn/contents/82/10774.html 等。

江制造标准《电冰箱用全封闭型电动机——压缩机》(ZZB 020-2015),贯彻落实精益求精的人本理念,不断改进质量管理体系。

加西贝拉牢记"打造世界级品牌,建设世界级企业"的愿景,积极践行"责任、创新、超越"的企业核心价值观,坚持以人为本不动摇,坚持创新发展不停步,坚持科学管理不松懈,引领世界冰压行业发展。2019年,加西贝拉的产品远销30多个国家60多家冰箱企业,其中50%以上的产品出口至欧美高端市场。企业连续19年保持产销总量、产品性能、经济效益三项指标领先于国内同行,出口额连续14年位居行业首位,其发展历程如图9-1所示。

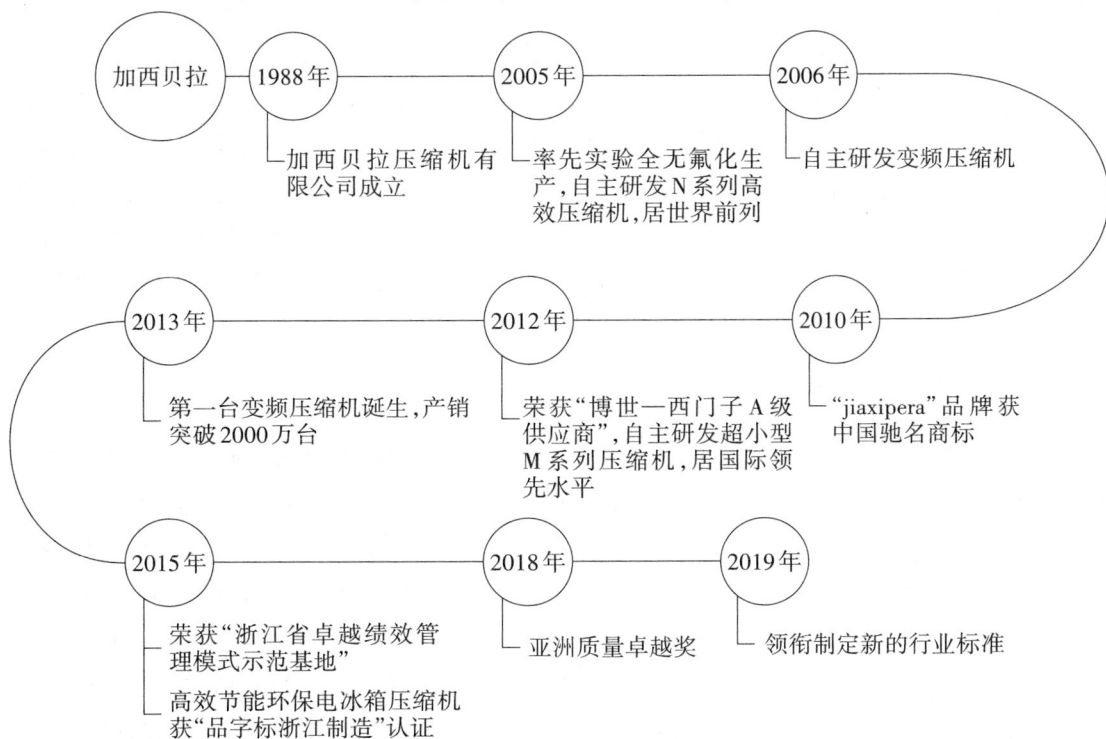

**图9-1 加西贝拉发展历程**

## 二、理念先行,产品持续改进

精益管理的理念和精益管理的企业文化保证了加西贝拉产品的高品质。在企业发展过程中,加西贝拉将全员质量意识贯穿始终,逐渐建立起以"人"为中心的人本主义理念,将追求完美、持续改善、精益求精的理念贯彻到每位员工的实际工作中。加西贝拉的每一名员工都是严守质量生命线的战士,他们在质量、材料、工艺、流程等方面始终坚持高要求,不断寻求改进。在加西贝拉,无论是普通工人,还是企业管理者,任何员工提出的改革管理理念,无论大小,都能得到充分的尊重,踏实、专注、求精的"工匠"氛围已蔚然成风。本着对产品质量的完美追求,加西贝拉的员工都有着一颗追求卓越的"匠心",严守质量生命线。孙传江曲轴箱锥孔珩磨法、徐建新自动锁压式充气操作法、周志祥一吨中频电炉筑炉法、黄利华转子压铸操作法、朱冯民凸焊操作法等,这些以员工名字命名的创新项目,不仅体现着"加西贝拉工匠"的卓越成果,也保证了加西贝拉压缩机产品的高品质和高性能。

对品质的坚守使得加西贝拉在行业内不断进步、不断超越。在加西贝拉第三工厂宽敞整洁的机械加工车间里,一排排流水线前只有零星的工人在操作电脑、维护设备,更多的是机器人手臂在工位上的有序操作,工艺的改进,极大地解放了生产力,提高了生产效率,平均6秒就可以生产一台压缩机。此外,通过一代代的努力,加西贝拉填补了国内多项空白:压缩机小型化改进从11千克降至4.8千克,不断进行突破,节省原材料50%以上;高效化性能从0.9到2.2持续提升;效能方面从能效比不到1.0,到现在攀升至2.08,达到世界领先水平;用电量从以前常规体积冰箱的一天1度电,到如今1度电能用4天,等等。

"做一件事容易,但要长期做好一件事却不容易。"在加西贝拉2017年总结表彰暨2018年工作动员大会上,机加车间的谭晓波作为六位先进代表之一进行典型发言。他每天的工作是检验有12种夹具和12种刀具的曲轴箱,检查一圈就要50多分钟。"九年来,我一直不断努力,让每一个曲轴箱都成为精品,这是我的责任。"正是加西贝拉人以人为本的企业文化、求实苦干的创业精神、精益求精的工匠精神和追求卓越的创新精神,使得加西贝拉不断提升产品质量,拥有了一次次超越自我的产品变革。

### 三、严守质量,健全质管体系

产品质量的提升离不开加西贝拉的质量管理体系。多年来,加西贝拉不断改进和完善质量体系,导入卓越绩效管理模式,对企业文化建设、战略发展、关注顾客、资源配置、过程管控等方面进行系统诊断、梳理和提升,构建了更加科学全面的管理框架和模式。依托持续改进和自我完善的质量管理机制,加西贝拉于1995年7月在行业中率先通过ISO 9002质量管理体系论证,而后在2001年10月加西贝拉又率先通过ISO 9001:2000①换版认证,同时还获得了美国RAB和荷兰RVA颁布的ISO 9001:2000版证书,现行生产的产品均获国家电工产品认证委员会安全认证证书,出口产品获得德国VDE②、TUV③安全认证证书。通过强有力的质量管理体系,加西贝拉保证了产品质量,树立了优质的品牌形象。

运用信息化手段的科学管理促进了企业的全流程实时可控。加西贝拉运用多种信息化手段对企业生产全流程进行监控,保证了产品质量的稳定。例如,在制造系统中使用Infinity QS等应用统计分析技术,对生产过程进行实时监控,区分出生产过程中产品质量的随机波动与异常波动,从而对生产过程的异常趋势提出预警;通过现场总线控制系统FCS,实时监测设备状态以及设备参数,实施远程监控和远程诊断;无线射频技术则贯穿了加西贝

---

① 认证模式中ISO 9001从产品的开始设计直到售后服务均建立了全过程的质量保证体系,从而确保了产品的质量,因此,ISO 9001要比ISO 9002更全面、更严格。

② VDE等安全认证是个国际认可的电子电器及其零部件安全测试及出证机构,在欧洲乃至国际上都享有很高的知名度,目前世界各地客户对此类认证的需求呈不断上升趋势。

③ TUV标志是德国TUV专为元器件产品定制的一个安全认证标志,在德国和欧洲得到广泛的接受。

拉整个装配过程,实现了从物料到装配全过程的记录和可查询。

多样化质量管理工具和方法的应用有效提高了质量管控能力。加西贝拉运用六西格玛管理以及 SPC、CPK、MSA 等质量管理工具和方法进行科学有效的质量管理,确保产品的高质量。同时开展群众性质量竞赛活动,如 QC 小组活动、质量信得过班组建设等,鼓励全员质量纠错,建立 QRQC 质量快速反应机制,以"合作、共赢、发展"的理念打造优质供应链,建立快捷高效的用户服务管理机制,实现质量的高效管控。当前冰箱压缩机行业,能够生产COP①值 1.9 的产品达到 100 台、1000 台的企业不少,但能批量生产几万台乃至几十万台的企业则非常稀缺,需要产品有非常高的稳定性和过硬的质量,而加西贝拉质量管控的强项确保了能够达到这样的高要求。

完善的质量管理体系离不开人才的管理。在人才管理方面,加西贝拉不仅建立了一整套引进人才、培育人才、留住人才的有效机制,更倾力营造尊重劳动、尊重知识、尊重人才、尊重创造的氛围。近三年,加西贝拉通过搭建事业平台、改善生活条件、加强感情交流等措施留住人才,并将其培养成为公司技术创新的中坚力量。公司连续 13 年实施中层干部竞聘,通过赛马选拔使用人才,大批年轻优秀人才通过竞争脱颖而出。不断健全的质量管理体系和每位员工对质量的持续坚守,使得加西贝拉向着世界领先的高峰不断攀登。

### 四、树立标杆,赢得国际认可

加西贝拉一直坚守品质,将产品质量作为第一要义,先后荣获联合国示范项目贡献奖、亚洲质量卓越奖、全国五一劳动奖章、全国质量奖、中国质量奖提名奖、中国质量诚信企业、浙江省政府质量奖、浙江省工业行业龙头骨干企业、浙江省精细化管理示范企业和浙江省质量管理体系认证示范企业等荣誉,诸多奖项的获得离不开加西贝拉以人为本的企业文化和先进的质量管理体系。

加西贝拉健全的质量管理体系和高品质的产品达到了"品字标浙江制造"的认证标准。2015 年,加西贝拉参与起草的浙江制造标准《电冰箱用全封闭型电动机——压缩机》(ZZB 020-2015)通过专家评审,获得了"品字标浙江制造"认证证书。加西贝拉作为标准制定企业,通过评审活动,重新审视自身的管理、技术创新及运营情况,明确了企业未来的发展方向和目标,使得企业可持续发展的基础更加扎实。

通过浙江制造认证后的加西贝拉如虎添翼。2016 年登上了我国质量管理领域的最高领奖台,荣获第二届中国质量奖提名奖,跻身代表"中国制造"最高水平的"第一方阵",实现了国内压缩机行业中国质量奖零的突破;2017 年,工业和信息化部将"加西贝拉聚焦现场的质量过程管控实践经验"评定为中国工业企业"质量标杆";2018 年,加西贝拉通过技术降本、采购降本、制造降本等七大措施 279 个项目的实施,实现降本增效,为全面完成年度经营目标做出贡献。同时,加西贝拉加强企业信息化管理,完成 PPCO+SCP 项目建设,于 2018 年 5 月

---

① COP值表示机组制冷量与机组能耗(包括燃料释放出的能量和电能)之比。

成功上线，并将系统成本差异率控制在2%以内，进一步提高了公司的信息化水平。在公司上下的共同努力下，加西贝拉成功获评"亚洲质量卓越奖"，在企业管理和产品质量上赢得了国际认可。

作为国内冰箱压缩机行业的领导者，加西贝拉还积极参与到IEC国际标准的制定中，这是世界上成立最早的国际性电工标准化机构，负责有关电气工程和电子工程领域中的国际标准化工作。2018年，加西贝拉压缩机的年产能力超过2500万台，是国内首家无氟环保压缩机制造企业，与西门子、利勃海尔、惠尔浦、伊莱克斯、GE及海尔、海信、美的、美菱等全球著名冰箱企业都建立了战略合作伙伴关系。2018年11月，在世界第二大家电制造商伊莱克斯（Electrolux）股份有限公司的最高领奖台上，加西贝拉荣获"最佳供应商"称号。伊莱克斯在全球有3200多家供应商，仅邀请29家参加颁奖大会，获得该奖项的只有6家企业，加西贝拉是亚太地区唯一获得"最佳供应商"称号的企业，中国"智造"的身影又一次在世界舞台展示了魅力。

# 第二节　天能电池集团股份有限公司[①]

## 一、企业简介

天能电池集团股份有限公司（简称天能电池），是一家以电动车环保动力电池制造为主，集新能源汽车锂电池，汽车起动启停电池，风能、太阳能储能电池的研发、生产、销售，以及城市智能微电网建设、绿色智造产业园建设等为一体的大型实业企业。从1988年承包长兴蓄电池厂开始，截至2020年年底，天能电池已在浙、苏、皖、豫、黔五省建成十大生产基地，下属子公司30多家，是中国新能源动力电池行业的领军企业，综合实力位居全球新能源企业500强、中国企业500强、中国民营企业500强以及中国电池工业10强。

天能电池一直以高标准、高品质领跑电池行业。2017年，天能电池在企业战略规划、生产管理、文化建设、协同管理、品牌发展、营销模式、技术创新等多方面获得专家高度认可，通过"产品检验＋'品字标浙江制造'要求评价＋获证后监督"的高标准认证模式，成功通过"品字标浙江制造"认证，成为省内首家在动力电池行业获得"品字标浙江制造"认证的企业。认证的通过离不开天能电池对"一核两驱六化"全生命周期绿色质量管理模式的深入运行，也

① 本部分主要参考：品字标"浙江制造"有电池行业的认证企业了——天能电池，https://mp.weixin.qq.com/s/dySfIOPwf5lLXzHWBE1e7A；创新＋智造＋生态天能电池集团倚"智"铸造绿之源，https://zj.zjol.com.cn/news/832041.html等。

离不开对智能制造的持续投入。截至2018年9月,天能电池已实现了厂区内的智能制造,云驱动平台的智能掌控,产品质量的智能管理。2021年1月18日,天能电池在上海证券交易所挂牌上市(股票代码:688819),进一步提升了天能电池品牌影响力,推动了天能电池国内外市场的开拓与升级,展现了"品字标"企业的强大实力,其发展历程如图9-2所示。

## 二、精益发展,创建质量管理新模式

基于我国国情及企业发展阶段的差异,在行业内,天能电池率先意识到智能制造对于企业转型的重要性,并落实到企业发展的各个方面,做到了以精益的思维践行智能制造,开启了颇具天能电池特色的产业发展新模式,走出了一条适合自己的高质量发展之路。如今,天能电池已经构建了柔性智能制造平台和大数据云驱动平台,并深入运行"一核两驱六化"全生命周期绿色质量管理模式。

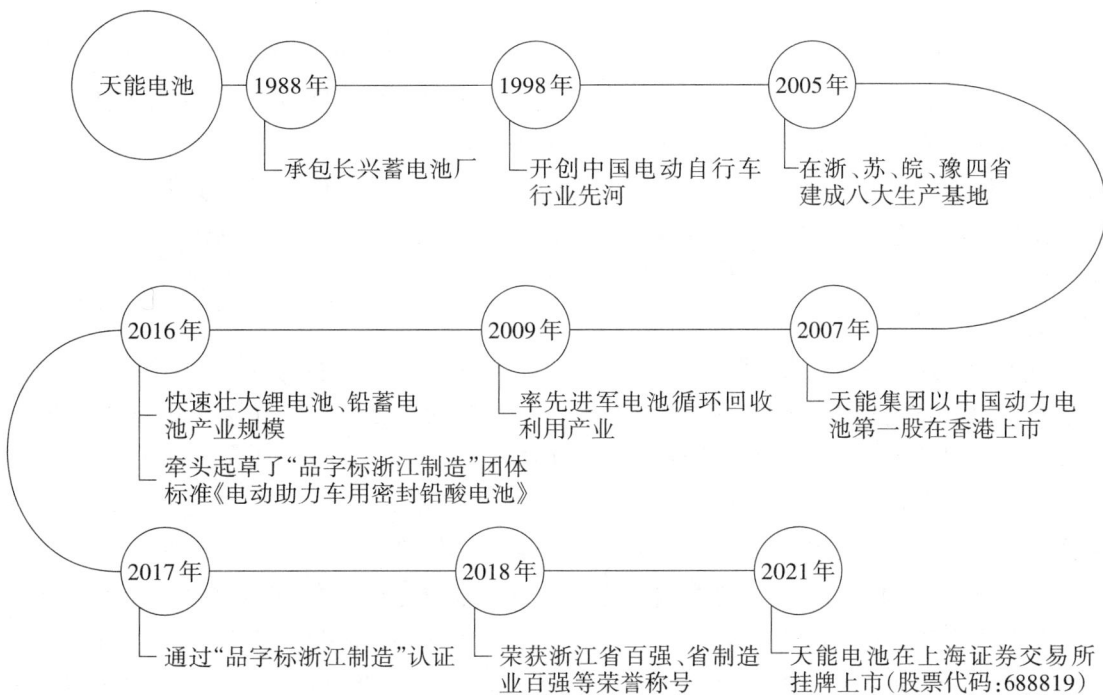

**图9-2 天能电池发展历程**

"一核"——全生命周期的绿色质量管理。天能电池建立了面向产品全生命周期的绿色设计特色数据库,应用产品生命周期管理(PLM)与评价方法(LCA)优化设计和制造方案以及电池资源化再生利用,拉动了绿色研发设计和绿色工艺技术一体化提升,提高了绿色精益生产能力和产品国际竞争力。

"两驱"——以客户和技术为驱动,按下数字化进程快进键。天能电池深入实施技术创新与客户需求的双轮驱动,建立了以技术创新引导市场需求为核心的良性机制,在发展中形成了技术创新与客户需求的有机统一体,以外拉内推的驱动力推进组织管理适应时代的变化,产品设计创新符合市场更高的要求。

"六化"——以"创新系统化、决策智能化、管理信息化、装备自动化、研发标准化及产品生态化"加速内部管理模式建设成型。天能电池通过先进的管理方法、智能设备、互联网信息化技术及产品创新理念来建设内部管理模式。如在产品生态化上,开展高性能铅蓄电池绿色设计平台建设,实现产品的绿色生态化设计生产;在决策智能化上,AI与DSS智能决策支持系统相结合,应用ES专家系统,打造自学习、自适应、自决策的自律运营智能工厂;在装备自动化上,全面加快铅蓄电池产业转型和升级,打造国内首条动力电池全自动连铸连轧连冲连涂生产示范线、国内首条小密动力电池智能化自动装配示范生产线等。这不仅填补了中国铅酸蓄电池行业的空白,也对整个铅酸蓄电池行业在质量、经营管理等方面的提升起到了示范作用。

### 三、转型升级,实现智能制造新发展

在"一核两驱六化"全生命周期的质量管理新模式下,天能电池用30多年的时间完成了跨越式发展。2020年,围绕成为全球领先绿色能源解决方案商的新目标,天能电池以绿色智能制造为主攻方向,以客户和技术为驱动,引领产业向绿色、高端、高质转型,为推动行业高质量发展做出了积极贡献。天能电池在产区内实现"智"生产,在口袋里完成"智"掌控,在产品中挖掘"智"元素,逐渐由生产制造型企业向服务制造型企业转型、由传统型企业向平台型企业转型,将智能化生产、智能化掌控等智能元素融入产品,成为全球领先的绿色能源解决方案商。

首先,天能电池厂区实现了智能生产。在长兴县和平镇的天能电池循环经济产业园内,鸟语花香、绿树成荫、清水环绕,这些都是智造理念带来的成果,依靠自主研发,天能电池建立起了一套完整的自动化污水处理系统。2017年12月,厂区的工业用水重复利用率达100%,处理过的水达到国家二级城市用水标准。工业废水的循环利用只是企业推进智能化生产的一个小细节,天能电池循环经济产业园已打造出国内铅蓄电池行业唯一一条集回收、冶炼、再生产于一体的闭环式绿色智能产业链。在天能电池厂区内,各个车间被巨大的钢化玻璃分割成生产区和监测区。生产区内空无一人,从回收、破碎、分选到再生产,全部实现自动化操作,车间(见图9-3)每一道生产工序的运转情况都能清晰地显示在监测大厅的大屏幕上,任何生产管理情况,都可以实现远程控制,"无人工厂"的建设已在天能电池取得了阶段性成果。循环经济产业园内最大的生产特性就是对废旧电池的回收再利用。天能电池技术工程师王亚军说,一块废旧电池可以分离出含铅物质、废塑料、废酸,这些都是可以重新再利用的原材料。借助极具行业独创性的智能分选、破碎技术,2017年年底,天能电池的废旧电池金属回收率达99%以上,塑料回收率达99%,残酸回收率达100%,实现了全国领先。智能的生产模式不仅应用于产业园内,也应用在天能电池的其他生产基地。"两化"融合、"机器换人"等智能制造模式也被广泛应用。

图9-3　铅蓄电池制造车间

其次,天能电池实现了"口袋"里的智能管控。为提升企业的信息化管理水平,天能电池构建了柔性智能制造平台和大数据云驱动平台。2017年12月,企业所有环节的管控工作都可实现手机端的监测,除了带来管理上的便利外,在资源合理化利用上更是带来了质的飞跃。通过一个手机APP,就可以看到每一个生产基地每天的订单、出货、物流情况。借助精确的统计,天能电池告别了过去的盲目生产,从原材料采购到热销产品生产都依据每月的数据统计进行,产品的库存率减少了30%。在生产环节,每一台设备的运转情况不仅可以清晰地显示在手机上,还可以直接在手机上对问题设备进行远程控制。借助天能电池自主研发的智能配组芯片,电池的配组与过去人工配组相比精准度更高、效率更快。借助大数据带来的便利,天能电池在订单环节的效率提升十分明显。2017年年底,天能电池99%的订单在接单当天就能进行生产。

最后,天能电池从产品里挖掘出智造元素。天能电池对于每一块出厂的电池都能做到全流程产品跟踪监控,每一块电池上都有一个GPS跟踪软件,后台能完全掌握每一块电池的使用情况,并能根据报废原因对新产品进行改进。同时,天能电池借助三维仿真系统,可以直接在电脑中完成新产品的设计,这对于产品设计而言是革命性的,大到外部构造,小到一个螺丝,系统中的三维成品都可以完全显示。此外,依托国家级博士后科研工作站和省级高新技术研发中心的平台优势,天能电池先后开发国家重点新产品13项,承担省部级科技计划项目60余项,创新专利3000余件,参与制定和修订国际、国家、行业标准50余项。天能电池从原材料的选用、生产工艺、回收利用、无害化处理等各个环节对铅酸蓄电池产品进行全新的"绿色定义",有效提升了行业绿色发展的整体水平。

### 四、对标国际,制定行业引领新标准

全生命周期绿色质量管理模式的展开,促使天能电池在智能制造中深耕,为企业的产品性能提供了保障,助力天能电池牵头制定"品字标浙江制造"团体标准《电动助力车用密封铅酸蓄电池》,并通过"品字标浙江制造"认证。2016年,由天能电池牵头制定的"品字标浙江制造"团体标准《电动助力车用密封铅酸蓄电池》(T/ZZB 0047-2016)发布实施,其在低温放电

容量、大电流放电能力、密封反应效率、循环使用寿命等四个关键性指标上的技术要求都比现在普遍采用的国家、行业和企业标准要求提升了5%～10%。这些指标的提升使电池能够更好地适应高寒使用环境和载重爬坡,使用时间和产品寿命更长,受使用环节的环境影响更小,这不但满足了多样化的用户需求,也减少了电池产品的消耗量,降低了电池生产成本,带领行业快速发展。

《电动助力车用密封铅酸蓄电池》"品字标浙江制造"团体标准覆盖了电动助力车铅酸蓄电池的全生命周期,不仅对产品的性能提出了新要求,还对产品生产过程的清洁化程度、精细化程度、环境友好以及使用周期结束后的产品回收提出了要求。天能电池在企业内加快推进清洁生产,改进工艺和装备,通过严格的材料选型、规范的制造过程、全面的节能减排等多项措施,提升铅动力电池的比较优势,在企业规范管理、环保设施应用、生产工序改进改良等方面提出了更严格的要求。

在焊接工序中,天能电池把原来的人工焊枪焊接改为自动化的铸焊,减少了焊接过程烟气的排放,提升了焊接质量和生产效率,借助新设备,一个工人能完成以前20个工人的工作量。为了收集用户的使用数据,让标准更能适应需求,天能电池在电池产品里装上芯片,实时采集用户使用过程中的各种数据,为企业的大数据分析奠定了必要的基础。此外,为提高制造的一致性和精准性,天能电池率先在公司内开展了天能电池工匠评选活动,在全公司弘扬爱岗敬业、精益求精的工匠精神,对每一位入职的员工产生了深远影响,提高了他们在制造中的一致性,从而提高了天能电池的产品质量。

2018年10月,由浙江省质量技术监督局指导,浙江省品牌建设联合会联合省蓄电池行业协会、国家动力及储能电池产品质量监督检验中心和英国标准协会(BSI)等机构在长兴共同开展以"对标高质量、营造放心消费环境"为主题的"品字标浙江制造"行业综合质量比对结果发布会,该活动专门采集了"品字标"企业的产品样本和国外行业知名品牌产品样本,从行业整体、标准参数、产品质量、企业管理等四个影响质量发展的维度出发,开展了一系列产品实物质量比对和企业质量管理综合能力分析。天能电池代表"品字标浙江制造"产品和国外知名品牌电池进行比对,其电池不仅在多项试验中与对手不分伯仲,表现出较高的质量品质,更是在额定容量、快速充电能力和峰值功率等多个试验中大幅优于国外知名品牌产品。此次比对活动进一步坚定了天能电池加强自主创新的信心与决心。未来,天能电池将继续立足行业制高点,注重科技创新,引领行业发展,搭建起好产品与用户之间的信任桥梁,让"品字标"产品继续为广大消费者的高品质生活提供服务和保障。

# 第三节　桐昆集团股份有限公司①

## 一、企业简介

桐昆集团股份有限公司(简称桐昆集团),前身是成立于1981年的桐乡县化学纤维厂,是一家投资石油炼化,以PTA、聚酯和涤纶纤维制造为主业的大型股份制上市企业,地处杭嘉湖平原腹地桐乡市。2011年5月,桐昆股份(股票代码:601233)成功登陆资本市场,成为嘉兴市股改以来第一家主板上市企业。2020年,桐昆集团拥有总资产近450亿元,下辖3个直属厂区和19家控股企业,员工两万余人。具备1000万吨原油加工量、420万吨PTA、740万吨聚合年生产加工能力。公司主导产品有"GOLDEN COCK"牌、"桐昆"牌涤纶长丝以及聚酯切片等,涤纶长丝有POY、DTY、FDY(中强丝)、复合丝和平牵丝等五大系列1000多个品种,聚酯切片有大有光、半消光、阳离子等多个品种。"桐昆"牌产品畅销国内,并远销南美洲、欧洲、中东、南非、韩国、越南等60多个国家和地区。

桐昆集团优良的品质来自强大的科研实力和卓越的管理。在"科技兴企"战略指导下,作为国家级重点高新技术企业、国家新合纤产品开发基地,桐昆集团依托自身国家认证实验室和国家级企业技术中心的平台及省级重点企业技术创新团队的实力,凭借20多年来对化纤生产技术的潜心钻研,在涤纶长丝的生产和研发方面一直走在国内前列,多项科研成果和高新技术产品填补国内空白,并拥有自主知识产权,参与多项行业标准制定。同时,桐昆集团十分重视科学管理体系的建立,在业内较早通过了ISO 9000质量管理体系认证、ISO 14001环境管理体系认证、计量检测体系认证以及标准化良好行为认证,并在日常管理中积极推行5S和TPM管理、卓越绩效模式以及六西格玛管理等先进管理技术,为品质的保证打下了坚实的基础,其发展历程如图9-4所示。

---

① 本部分主要参考:邵蔚.从乡镇企业到涤纶长丝巨头 记桐昆集团股份有限公司的发展与变迁.纺织服装周刊,2014(35):22-23;"品字标"企业桐昆:国内化纤行业智能制造的典范,http://biz.zjol.com.cn/zjjjbd/qyxw/202003/t20200315_11780633.shtml;桐昆集团股份有限公司,http://www.zjtkgf.com等。

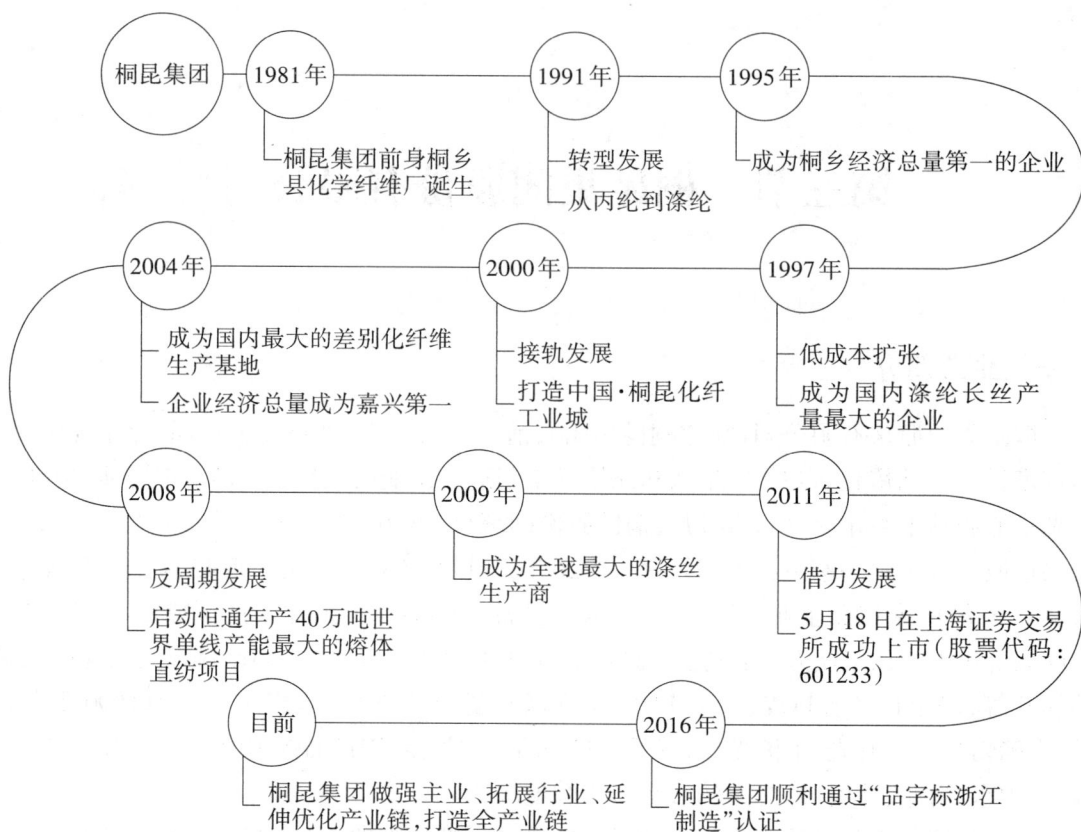

图9-4 桐昆集团发展历程

## 二、特色管理模式助推企业发展

从一家微不足道的乡镇企业成长为世界级涤纶长丝企业,桐昆集团的发展经验值得整个纺织行业学习。桐昆集团投资发展部经理冯寅表示,对于企业而言,想要做得好,管理极为关键。桐昆集团在成长过程中潜心学习借鉴先进的管理模式,不断改进与完善现代企业制度,科学导入先进管理模式,逐步形成了具有桐昆特色并适应企业自身发展的精细化管理模式。

早在2000年,桐昆集团就开始导入5S、TPM、六西格玛管理等模式,2007年又在ISO 9000质量管理体系导入基础上,结合企业生产实际,逐步建立起一套有企业特色的品管体系。2009年,桐昆集团在生产型企业全面开展精细化生产管理活动。2010年,桐昆集团进一步将原有管理模式与精细化管理相结合,形成工作体系导入并推行"卓越绩效管理模式",加大精细化管理力度,丰富精细化管理模式,将精细化管理工作向制度化、规范化、系统化、长效化方面推进,同时根据这一思想,制定了总体方针原则,即"持续提升,深入挖潜;统筹兼顾,精益求精;提高素养,形成文化"。除此之外,桐昆集团还每年制订《通用指导方案》,引导整个企业的精细化管理工作。之后,桐昆集团又将已经实行的一系列管理模式进行系统整合,统一到精细化管理的大框架下,在实施过程中不断总结经验和方法,形成了一套适合自己的、相对成熟的、具备较强操作性的桐昆特色精细化管理模式——桐昆"吉普车"特色管理模式,铸就了文化和战略两个驱动轮、团队和创新两个支撑轮以及一个风险不动轮。近年来,桐昆集团一直贯彻落实这套管理模式,按照管理的标准,全面评估桐昆集团的各种事务,不断改进与完善经营质量与管理质量,提升了公司的战略意识、发展意识和创新意识,公司的各项主要绩效指标得到高速增长,绩效水平处于行业领先地位。

桐昆集团优良的品质不仅来自于特色精细化管理模式,还得益于精良的装备和持续的研发投入。在技术管理方面,桐昆集团秉承"研发创新,科技先行"的理念,以"科技兴企"为战略目标,通过不断研发,取得了丰富的科技成果。桐昆集团每年投入的研发经费均占到销售收入的3%以上,经过多年的积累和打造,桐昆集团已经拥有多套先进的科研技术设备,并且拥有省级企业技术中心和国家认证的实验室。桐昆集团也一直致力于产学研合作,与浙江大学、东华大学、浙江理工大学、中国纺织科学研究院等高校和科研院所建立了长期稳定的合作关系,研发出了多项新技术。目前,桐昆集团的产品差别化率相当高,领先于国内同行水平。

经过多年的发展,桐昆集团已经形成了一套比较完善的企业运营机制和管理制度。桐昆集团通过信息化建设,将计算机、信息共享布点在工厂的每一处(见图9-5),有效地应对生产规模的快速扩张,通过信息化建设和机器控制,不但极大地降低了桐昆集团的劳动力成本,而且提升了产品的质量。通过在加弹车间安装自动化包装计量系统,提高了产品的外包装形象,极大地提升了客户满意度。

图9-5 桐昆集团工厂计算机、信息共享布点

### 三、智能制造促进产品提质增效

桐昆集团为进一步落实特色精细管理模式,不断加码智能制造,通过加速信息化建设、

数字化转型和"机器换人",推进产品品质提质增效。

自20世纪90年代计算机应用以来,桐昆集团就在企业信息化建设方面做了大量的基础工作,从MIS(management information system,管理信息系统)建设起步,不断把信息技术应用于生产控制和管理领域,先后投入2000多万元,覆盖桐昆集团大部分企业网络。2007年,桐昆集团大力引进ERP(enterprise resource planning,企业资源计划)系统,建立先进的企业管理信息化网络,实现各管理部门的信息集成,以优化企业的资源配置。2014年起,又引入新的ERP系统和OA(office automation,办公自动化)系统。新系统的上线不仅提供了强大的数据支撑,而且使生产、销售各环节的管理更高效。2018年,桐昆集团携手浙江中控集团,引进DCS集散控制系统,大大提高了产品质量。桐昆集团通过实现信息化和数字化,在节能降耗、品质提升和管理提升等方面实现了突破。

桐昆集团的数字化转型整体分为三个阶段:首先是全局可视,即通过数据中台的建设,实现企业生产经营各领域的全量数据采集,并通过科学的手段实现数据资产的累积,形成桐昆数字化的基础资源,实现企业运营可见,使管理层能随时洞察企业状态。其次是全局可析,即通过深入分析第一阶段的数据,发现运营过程中存在的问题,并分析原因,从而帮助管理层做出准确快速的决策。最后是全局智能,即在前两阶段成果的基础上,利用人工智能技术实现预测、预警、自适应,模拟未来的不同场景,并找出最优解决方案,带动产业模式的创新。

桐昆集团为了进一步深化落实特色管理模式,促进产品提质增效,积极推进智能制造和数字化改造。桐昆集团基于信息物理系统(CPS,cyber-physical systems),主要从基础设备改造、生产装备智能化、生产过程数字化、生产制造一体化管控和产业链一体化等五大方面来建设智慧工厂项目。智慧工厂(见图9-6)通过集成提升现有ERP、质量、研发、计调、条码等管理信息化系统、生产现场自控系统、数据集中管理系统及物流仓储系统,并投入大量智能系统用能设备,加强厂联网和机联网建设,实现车间设备与信息化调度、监控、管理系统的一体化,实现多部门、多系统的数据交互,实现接单、下单、采购、生产、入库、发货、物流等环节数据的动态实时查询展示和有机联动,实现产品从设计到制造的全生命周期的自动化过程。

桐昆集团特色管理模式和智能制造车间成为我国化纤行业的典范企业,有效带动了国内纤维材料行业智能制造向纵深发展,从而带动了全行业提质增效、转型升级。尤其在2020年新冠肺炎疫情期间,高度智能化的生产车间和智能化管理系统大大降低了企业防疫压力。一方面大量人工作业被机器替代(见图9-7)。一个年产量为30万吨的标准化车间,原本需要包装工每班96人,而智能化生产车间仅需要4台自动包装机器、12名包装工以及日常配备几名电气工程师负责维修保养,便可满足该车间的生产,减员达到80%以上。另一方面,通过电子系统审批避免了人工审批签字接触的风险,大量审批工作在线上即可完成。总体而言,智慧工厂在研发、生产、销售等方面都可以在不影响工厂正常运转的前提下减少接触,减轻防疫压力。特别是在组织员工返岗过程中,信息完备的人力资源管理系统为筛选员工提供了强大便利;还有人脸识别考核系统中新增的测温模块,大大降低了防疫物资和人工压力。

图9-6 桐昆集团智慧工厂

图9-7 桐昆集团机械手臂

　　智慧工厂为桐昆集团带来的效益十分明显。据测算,总投资近4亿元、具备20万吨年生产能力的恒邦二期工厂新产品研发周期较其他厂区缩短15%,库存周转率提高30%,能源利用率提高7%,关键工序数控化率达到80%;同时带动集团公司新产品研发周期缩短13%,库存周转率提高27%,能源利用率提高6%,关键工序数控化率达到75%。桐昆集团特色管理模式和智能制造车间为企业产品品质的保证打下了坚实的基础。

## 四、填补标准空白争当行业标杆

桐昆集团将卓越绩效模式、质量管理体系、环境管理体系、职业健康和安全管理体系与"品字标浙江制造"团体标准《阳离子染料可染改性涤纶低弹丝》(T/ZZB 0077-2016)完美结合,其"品字标浙江制造"认证产品"阳离子染料可染改性涤纶低弹丝"真正体现了品质卓越、自主创新、产业协同和社会责任四大基本理念,体现了浙江制造和浙商精神。

2016年9月,由浙江省标准化研究院牵头组织,由浙江理工大学、嘉兴学院、上海市纺织工业技术监督所、浙江省纺织测试研究院、浙江绍兴兴发集团友邦涤纶氨纶有限公司等单位的专家学者组成的专家组,针对桐昆集团股份有限公司起草制定的《阳离子染料可染改性涤纶低弹丝》"品字标浙江制造"团体标准进行评审(见图9-8)。

专家组逐条审议了标准的合理性、先进性和科学性,并对标准进行充分的质询和讨论,最终一致同意该标准通过评审。该项标准首次提出了关键工艺控制、装备、外观指标、能耗限额及环保等要求,填补了国家标准和行业标准的空白,并在现有行业标准优等品的基础上,对线密度变异系数、断裂强度、断裂强力变异系数、断裂伸长率、卷曲稳定度和网络度等指标进行了再提升,更好地保证了后加工性能以及染色均匀性、稳定性的提升,同时也体现了"品字标浙江制造"标准在产品性能指标上的领先性。

桐昆集团是嘉兴市第三家通过"品字标浙江制造"认证的公司。"品字标浙江制造"标准体系的认证和实施,进一步提高了桐昆集团的管理效率和工作质量,使各项管理工作更加标准化与规范化,有助于桐昆集团进一步提升产品品质,走出国门、走向世界。

图9-8 桐昆集团"品字标浙江制造"认证现场

# 第四节 浙江菲达环保科技股份有限公司[①]

## 一、企业简介

浙江菲达环保科技股份有限公司(简称菲达环保)创建于1969年,是中国燃煤电站烟气净化行业的先行者,是在联合国开发计划署及各级政府扶持下发展起来的全国环保行业的龙头企业,也是行业唯一一家国家重大技术装备国产化基地。总部坐落于美丽的西施故里——浙江省诸暨市,设有国家级企业技术中心、国家级工业设计中心、国家级院士专家工作站、国家级博士后科研工作站、燃煤污染物减排国家工程实验室除尘分实验室、省级环保装备研究院和下属九个研究所。菲达环保主要从事燃煤电厂及工业锅炉烟气环保岛大成套,以及固废处置、水污染治理、土壤生态修复等EPC[②]、BOT[③]、PPP[④]建设工程,是集研发、设计、制造、建设、运行服务全产业链的大型环保企业,公司于2002年在上海证券交易所成功上市(股票代码:600526)。

自公司成立以来,菲达环保就一直注重精益管理,坚持以人本理念营造良好的人文环境,建设一流的创新团队,同时坚持强化质量管理体系,专注高品质建设,使得菲达环保的技术和产品均达到国内领先、国际先进水平。菲达环保的产品出口30多个国家和地区,已成为全球最大的除尘器供应商之一,其中100万千瓦超临界机组电除尘器国内市场占有率达60%以上,荣获"中国标杆品牌"称号。菲达环保在美国、印度、新加坡以及我国浙江杭州、江苏等地均设有研究院和产业基地,初步构建了国际化的公司布局,其发展历程如图9-9所示。

---

① 本部分主要参考:浙江菲达环保科技股份有限公司官网,http://www.feidaep.com/;菲达环保,https://baike.baidu.com/item/菲达环保/12760593? fr=Aladdin;打造世界一流环保装备,这家"品字标"企业底气十足,http://mpnews.zjol.com.cn/xwjj15966/201801/t20180124_6440597.shtml;浙江制造品牌建设:品字标"浙江制造"湿式电除尘器,让空气变得更加清新,https://mp.weixin.qq.com/s/y4LqZZ9gRGigV94_jdF32Q等。

② EPC(engineering procurement construction)是指公司受业主委托,按照合同约定对工程建设项目的设计、采购、施工、试运行等实行全过程或若干阶段的承包。通常,公司在总价合同条件下,对其所承包工程的质量、安全、费用和进度进行负责。

③ BOT(build-operate-transfer)实质上是基础设施投资、建设和经营的一种方式,以政府和私人机构之间达成协议为前提,由政府向私人机构颁布特许,允许其在一定时期内筹集资金建设某一基础设施并管理和经营该设施及其相应的产品与服务。

④ PPP(public-private partnership),又称PPP模式,即政府和社会资本合作,是公共基础设施中的一种项目运作模式。

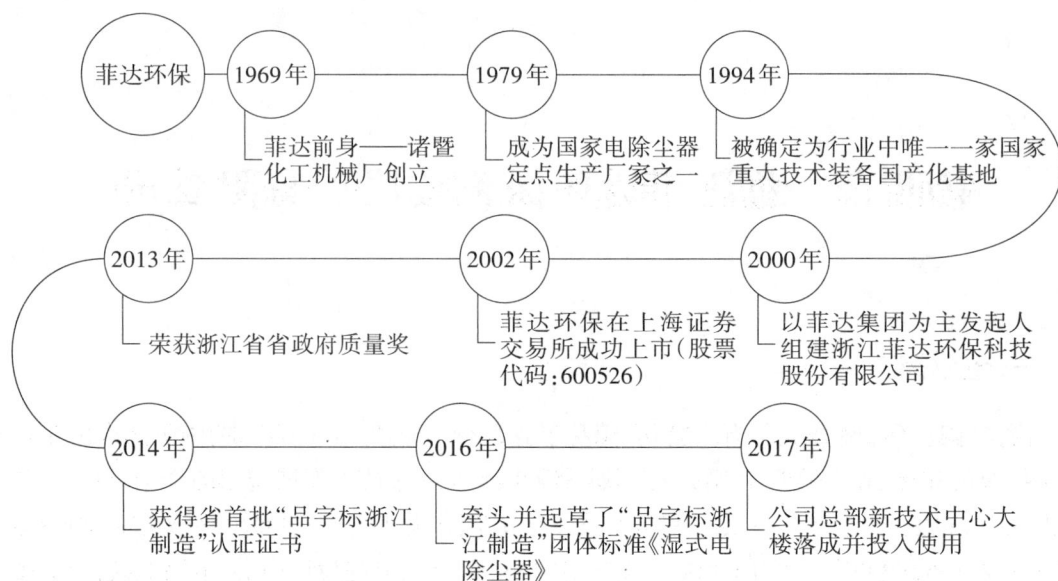

图9-9 菲达环保发展历程

## 二、人本理念,打造高质量平台

精益管理体现的是以人为本的企业文化,菲达环保坚持以人为本,崇尚人文关怀,赢得了员工共鸣,实现了企业和员工的共同发展。菲达环保营造"关爱+尊重"的人文环境,以感情留人;用丰富的创新平台为高端人才提供施展才华的舞台,"人尽其才",以事业留人;建立"传承+创新"的培养模式,新进员工拜师学艺,发挥"传、帮、带"功效,加快新人培养;完善"发展+共享"的激励机制,让科研人员得实惠、有地位;引入学院概念,构建学习型组织,为员工提供继续深造的机会,与浙江大学共建硕士研究生教育实践基地,增强自身造血功能;强化国际合作,积极参加国际学术会议,培育具备国际业务能力的技术人才。菲达环保培养人才的信条是"让忠诚、勤奋、敬业的菲达环保人拥有金饭碗,让手捧金饭碗的菲达环保人创造明天的钻石价值",体现了菲达环保文化的精髓,在惜才、爱才、任人唯贤、有才必用的人文环境下,激发了菲达环保人饱满的创新热情。

正是在人本理念的助推下,菲达环保在人才队伍建设方面取得了重要成就。菲达环保培育了众多的行业专家,并建设了一流的创新团队。菲达环保现已形成了由浙江省特级专家、国务院特殊津贴专家领衔的研发团队,共508名,其中教授级高级工程师16人、高级工程师72人、工程师317人,博士4人、硕士16人。自2017年以来,菲达环保共引进博士2名,硕士2名;通过"送出去,请进来"的培养模式,共培育3名教授级高工,10名高级工程师;全国优秀科技工作者1人、浙江省"万人计划"1人;2018年,菲达环保郦建国副总工程师被中华国际科学交流基金会授予全国第三届"杰出工程师"奖,在人民大会堂隆重颁奖,全国环保产业仅2人获此殊荣。菲达环保建立了省级劳模陈招妹工作室、绍兴工匠刘向阳工作室,为绍兴工匠人才库输送15人,菲达环保陈招妹环保装备创新工作室被列入首届中国长三角地区职工劳动技能创新立功竞争光荣册,周灿涛、周旻地、王林和杨建军四人入选浙江省"百千万"高技能领军人才培养工程第三层次"优秀技能人才",截至2020年4月,公司一线员工持有欧标、美标认证的钣金焊接证书163本,一流的工匠保障了公司产品的质量水平。菲达环保能够取得这些成就,正是精益管理在人本理念方面的最好体现。

### 三、强化质管,专注高品质建设

作为首批通过"品字标浙江制造"认证的企业之一,菲达环保在精益管理上不仅注重以人为本,而且坚持强化质量管理体系,专注高品质建设,引领行业提质增效,不断升级。"品字标"对于菲达环保而言不仅是一块招牌,更是作为一种先进的理念融入了企业发展的每一个环节。从2014年拿到首张"品字标浙江制造"认证证书开始,菲达环保董事长舒英钢就开始思考如何让这张证书发挥出持续的战斗力。舒英钢认为,"品字标浙江制造"的生命力首先在于它始终瞄准的是世界上最好的产品、最好的标准,要达到这些"最好",必须要有一个强大的企业质量管理体系。

菲达环保质量部部长蔡锡锋表示,在质量管理环节,菲达环保已经形成了一套独具特色的质量体系。该体系主要包括管理质量和产品质量两个方面,管理质量涵盖了从设计研发、原材料采购、生产制造到安装服务等各个环节的管控;产品质量则是对产品的性能、可靠性、安全性、环境适应性、经济性等都设立了严苛细致的质量标准。不仅在企业内部实施质量管理,菲达环保还采用入股的方式,对部分零部件厂商开展扶持带动,并要求这些零部件厂商也执行同等标准的质量管理,将先进的质量管理理念渗透到"朋友圈"。这既保障了产品质量的稳定性和可靠性,也展现了这家"品字标"企业引领行业发展的胸怀和底气。

在强有力质量管理体系的保障下,菲达环保凭借过硬的产品质量,成了越来越多世界知名制造企业的优先合作伙伴。江苏菲达宝开电气有限公司是菲达环保的全资子公司,它的质量体系在2017年获得了全世界最大的工程机械、重型柴油发动机生产商卡特彼勒的认可,被卡特彼勒授予"2017年SQEP优秀供应商银牌"。卡特彼勒SQEP认证十分严苛,它要求每百万个零件的不合格数量小于200个,在卡特彼勒的薄板件供应商当中,菲达宝开是第一家获得银牌的供应商,这项荣誉代表了当今工程机械零部件制造行业的最高水平。

### 四、获标认证,对标行业新高度

菲达环保精益管理的理念使其产品和技术均达到了国内一流、国际先进水平,因此在2014年12月菲达环保顺利通过了"品字标浙江制造"认证。2016年,菲达环保牵头并起草了"品字标浙江制造"团体标准《湿式电除尘器》(T/ZZB 0161-2016),严控产品质量,引领行业的发展。截至2020年7月2日,菲达环保已经参与制作修订国家标准、行业标准和浙江制造标准115项,承担实施国家"863计划"项目2项,国家重大研发计划项目3项,国家国际科技合作、国家重大装备创新研制等国家级项目30多项,获国家科学技术进步奖二等奖1项、省部级科学技术进步奖一等奖11项等。

在通过"品字标浙江制造"认证之后，菲达环保获得了巨大的品牌效益。近几年来，"菲达牌"电除尘器市场占有率稳居国内同行业第一。在公布的第二批全国制造业单项冠军产品名录上，菲达电除尘器榜上有名。除国内市场外，"菲达环保"凭借其在电除尘领域的国际地位和科技创新的强大实力，助力"一带一路"建设，产品远销约旦、俄罗斯、印度、巴西等国家和地区。2018年，由菲达环保制造的第一批800吨管式空气预热器模块产品出口到约旦，被安装在阿塔拉特油页岩电站的2台汽轮发电机组上，这是电除尘器前端的一个装置。该产品由80个模块组成，总重约5300吨，是目前世界上最大的空气预热器。空气预热器的主要作用是将锅炉尾部烟道中排出的烟气中携带的热量，通过散热片传导到进入锅炉前的空气中，将空气预热到一定的温度，从而达到节能减排，回收锅炉能量，提高锅炉效率的目的。阿塔拉特电站项目是全球最大的油页岩电站，是中国企业在约旦的第一个大型项目。

未来，菲达环保将持续强化科技创新、制度创新和文化创新，为"保护环境、造福人类"贡献力量，把环保主导产品做深、做专、做长，努力谋求新的增长点。同时，将积极实施全球战略，在全球竞争中抓住机遇，锐意进取。

# 参考文献

［1］Ailawadi K L, Neslin L S A. Revenue premium as an（outcome measure of brand equity ［J］. Journal of Marketing, 2003, 67（4）:1-17.

［2］Allen G. Place branding: New tools for economic development［J］. Design Management Review, 2007, 18（2）: 60-68.

［3］Anholt S. Editor's foreword to the first issue［J］.Place Branding, 2004, 1（1）:4-11.

［4］George Allen.Place branding: New tools for economic development［J］.Design Management Review, 2007, 18（2）:60-68.

［5］Gereffi G. International trade and industrial upgrading in the apparel commodity chains ［J］. Journal of International Economics,1999,（48）:1.

［6］Gereffi G. Manufacturing Miracles: Paths of Industrialization in Latin America and East Asia［M］. New Jersey: Princeton University Press, 1990.

［7］Humphrey J, Schmitz H. Governance and upgrading: Linking industrial cluster and global value chain research［D］. IDS Working paper120, Brighton: Institue of Development Studies, 2000.

［8］Kavaratzis M. Place branding: A review of trends and conceptual models［J］. The marketing review, 2005, 5（4）: 329-342.

［9］Kevin L K. Strategic Brand Management［M］. Upper Saddle Rver, NJ: Prentice Hall, 1998.

［10］Poon T S C. Beyond the global production networks: A case of further upgrading of Taiwan's ionformation technology industry［J］. International Journal of Technology and Globalisation, 2004, 1（1）:130-144.

［11］Rainisto S. City branding—Case studies Lahti and Helsinki［D］. Helsinki University of Technology, Espoo, 2001.

［12］Rainisto S. Success factors of place marketing:A study of place marketing practices in northern Europe and the United States［D］. Finland: Helsinki University of Technology, 2003.

［13］Sheinin D A，Schemitt B H. Extending brands with new product concepts，the role of category attribute congruity，brand affect，and brand breath［J］. Journal of Business Research，1994，31（1）.

［14］Takafumi Ikuta, Kou Yukawa & Hiroshi Hamasaki. Regional branding measures in Japan—Efforts in 12 major prefectural and city governments［J］. Place Branding & Public Diplomacy，2007，3（2）：131-132.

［15］阿盖什·约瑟夫.德国制造：国家品牌战略启示录［M］.赛迪研究院专家组，译.北京：中国人民大学出版社，2016.

［16］蔡竞瑶，陈颖，胡言佳.智媒时代文化装备业的转型升级——以浙江大丰实业股份公司为例［J］.企业科技与发展，2020（2）：214-216.

［17］陈建."瑞士制造"再推新卖点［J］.中国信用，2017（2）：55，54.

［18］陈润.铁血重生：德国商业200年［M］.北京：中华工商联合出版社，2017.

［19］陈言.瑞士：因土地贫瘠而富有的国家［J］.经济，2009（5）：9.

［20］程虹，胡德状."僵尸企业"存在之谜：基于企业微观因素的实证解释——来自2015年"中国企业—员工匹配调查"（CEES）的经验证据［J］.宏观质量研究，2016（1）：7-25.

［21］程虹，沈珺，宁璐.日本持续性质量管理政策及其借鉴［J］.国家行政学院学报，2017（1）：56-59，127.

［22］程静.德国是如何进行质量监督管理的［J］.监督与选择，2003（8）：50-51.

［23］崔晓文.国外制造品牌建设动向与特点探析［J］.竞争情报，2020（1）：56-62.

［24］崔新健，王巾英.集团公司战略组织与管理［M］.北京：清华大学出版社，2005.

［25］地理标志、集体商标和证明商标，你能分得清楚吗？［EB/OL］. https://www.sohu.com/a/164742574_361113.

［26］董琦.发电企业品牌价值评估及影响因素研究［D］.北京：华北电力大学，2017.

［27］杜婧华，赵军.日本科技立国战略的演变及启示［J］.发展研究，2007（6）：44-46.

［28］凡夫俗子.日本制造业兴衰启示录［J］.商业观察，2018（6）：56-61.

［29］冯星."互联网+"时代下钢铁企业教育培训品牌传播策略研究［J］.安徽电气工程职业技术学院学报，2019（4）：39-42.

［30］冯昭奎."工匠精神"：日本制造业发展的动力［A］//清华大学经济管理学院中国与世界经济研究中心.中国与世界观察，2015（3、4）：72-79，17.

［31］付向核.浙江大丰：实践文化装备业升级［J］.中国工业和信息化，2018（12）：60-68.

［32］概念辨析：区域公共品牌与区域公用品牌［EB/OL］.http://www.brand.zju.edu.cn/Article/show.

［33］高树东.传统制造业转型发展的五大路径［J］.清华管理评论，2019（Z2）：48-52.

［34］高晓红，康键.主要发达国家质量监管现状分析与经验启示［J］.世界标准化与质量管理，2008（10）：4-8.

[35]郭政.标准引领德国工业升级——德国工业4.0中的标准化战略及其启示[J].上海质量,2013(10):22-26.

[36]国家标准化委员会.中华人民共和国质量管理体系基础和术语(GB/T 19000-2008/ISO 9000)[M].北京:中国标准出版社,2008.

[37]国家质量技术监督局.GB/T 19000-2000《质量管理体系　基础和术语》[S],2000.12.

[38]国务院国有资产监督管理委员会.关于加强中央企业品牌建设的指导意见[Z],2013.

[39]韩旭.品牌价值评估方法的改进与案例研究[D].成都:西南交通大学,2014.

[40]郝丽娟,王旭,罗铮.美国质量管理特点[J].认证技术,2013(4):66-68.

[41]洪文生.区域公共品牌建设的途径[J].发展研究,2005(3):34-36.

[42]侯可.区域公共品牌建设初探[J].科技和产业,2007(1):10-11,41.

[43]侯水平.日本知识产权助推产业发展机制研究[J].现代日本经济,2014(4):36-45.

[44]胡大立,谌飞龙,吴群.企业品牌与区域公共品牌的互动[J].经济管理,2006(5):44-48.

[45]胡大立,谌飞龙,吴群.区域公共品牌机理与构建分析[J].经济前沿,2005(4):29-32.

[46]胡海晨,林汉川.美国品牌成长的双重作用机制及启示——以苹果公司为例[J].企业经济,2017(10):57-65.

[47]胡晓云,魏春丽,许多,李俊波.2019中国茶叶区域公用品牌价值评估报告[J].中国茶叶,2019(6):22-43.

[48]怀海涛.从研发创新到精品质量——瑞士中小企业制胜之道[J].现代班组,2014(3):22-23.

[49]黄蕾.区域产业集群品牌:我国农产品品牌建设的新视角[J].江西社会科学,2009(9):105-109.

[50]黄晓敏.企业转型升级的影响因素研究[D].大连:大连理工大学,2019.

[51]霍媛媛.以大数据技术驱动制造业转型升级[J].人民论坛,2019(25):54-55.

[52]贾爱萍.中小企业集群区域公共品牌建设初探[J].北方经贸,2004(3):81-82.

[53]赖建红.安吉白茶的品牌发展之路.茶世界[J],2019(4):44-45.

[54]李健民,叶继涛.德国科研机构布局体系研究及启示[J].科学学与科学技术管理,2005(11):28-31.

[55]李靖华,马江璐,瞿庆云.授人以渔,还是授人以鱼——制造服务化价值创造逻辑的探索式案例研究[J].科学学与科学技术管理,2019(7):43-60.

[56]李清欢.国家品牌形象对消费者购买意愿的影响研究——基于信任和产品卷入度的作用分析[D].上海:上海外国语大学,2019.

[57]李莎莎,吴相利,黄鬻丹.基于顾客感知的服务企业品牌影响力评价研究[J].黑龙江对外经贸,2010(5):48-50.

[58]李新权.基于产业集群的区域公共品牌相关问题分析[M].北京:机械工业出版社,2005.

[59]李永刚.企业品牌、区域产业品牌与地方产业集群发展[J].财经论丛(浙江财经学院学报),2005(1):22-27.

[60]林雪萍,张耀文.德国工业认证体系为制造质量背书[J].中国工业和信息化,2020(4):12-18.

[61]林忠钦等.中国制造业质量与品牌发展战略研究[J].中国工程科学,2017(3):20-28.

[62]刘金贵.瑞士标准化工作简介(上、下)[J].冶金标准化与质量,2001(2):52,61.

[63]刘璐.国家电网公司品牌价值评估研究[D].北京:华北电力大学,2017.

[64]刘娜,黄小葵,常伟.以内蒙古羊绒产业为例探讨区域产业品牌战略的构建[J].中国市场,2012(26):51-53.

[65]刘舒闲.美国再工业化的政策、效果与影响研究[D].沈阳:辽宁大学,2019.

[66]刘云丽,张慧仙.品牌资产价值评估问题探究[J].经济研究导刊,2019(20):129-131.

[67]卢铭君,姚宝.瑞士简史教程[M].上海:上海译文出版社,2012.

[68]吕寒,胡慧源.论文化遗产区域品牌的形成机制与培育模式[J].现代经济探讨,2012(7):50-53.

[69]吕涛,聂锐.区位品牌的形成与维护[J].当代经济管理,2005(03):111-113.

[70]马骏.品牌价值评估方法及应用[D].重庆:重庆工商大学,2012.

[71]孟凡达.德国工业高质量发展的实践经验与启示[J].中国工业和信息化,2018(7):14-18.

[72]孟韬.企业品牌 网络关系与产业集群[J].东北财经大学学报,2006(2):14-16.

[73]聂洲.论企业品牌的经济价值——以马来西亚著名企业百盛为例[J].湖北经济学院学报(人文社会科学版),2018(1):39-42.

[74]庞红军,刘洋.崇尚品牌内涵,叫响"中国品牌"[J].中华商标,2017(7):84-85.

[75]平力群.日本国家品牌战略的演化:从"日本的品牌"到"日本品牌化"[J].南开日本研究,2013(2):325-338.

[76]容秀英.我国企业质量文化构建研究——日本的启示与借鉴[J].科技管理研究,2015(12):237-241.

[77]上海质量管理科学研究院课题组,李敏珩,郭政,崔继峰.发达国家的品牌建设方略"制造业质量与品牌发展战略"系列研究(三)[J].上海质量,2016(8):48-52.

[78]沈峰.区域品牌培育与长效管理的影响因素研究:基于中国产业集群区域品牌实证

分析[M].北京:中国质检出版社,2015.

[79]沈鹏熠.农产品区域品牌资产影响因素及其作用机制的实证研究[J].经济经纬,2011(5):85-89.

[80]盛垒.国外创新型国家创新体系建设的主要经验及其对我国的重要启示[J].世界科技研究与发展,2006(5):89-95.

[81]盛亚军,张沈清.基于集群视角的区域名牌形成影响因素探究——集群产业优势测量量表的开发及检验[J].管理评论,2009(3):73-80.

[82]石建勋,王盼盼.三步走:中国制造转型升级如何实现历史跨越[J].探索与争鸣,2017(6):105-110.

[83]狩野纪昭,李玉潭.日本质量管理的发展过程与问题[J].现代日本经济,1984(6):47-51.

[84]宋臻.学徒工制度打造"瑞士品牌"[J].职业,2015(16):16-17.

[85]孙浩林.德国正式发布《工业战略2030》[J].科技中国,2020(4):98-101.

[86]孙宏杰.关于区域公共品牌报道的思考[J].新闻战线,2002(11):29-31.

[87]孙丽辉.基于中小企业集群的区域公共品牌形成机制研究——以温州为例[J].市场营销导刊,2007(Z1):54-58.

[88]唐和平.瑞士中小企业生存之道[J].现代企业文化(上旬),2008(13):76-77.

[89]童兵兵,王水嫩.传统区域公共品牌保护不力的原因及对策——以金华火腿品牌危机为例[J].浙江树人大学学报,2005(4):37-40.

[90]王爱红.农产品品牌营销分析[J].商业研究,2009(12):139-141.

[91]王海涛.《陕西日报》品牌建设研究[D].西安:西北大学,2012.

[92]王立岩,李晓欣.日本智能制造产业发展的经验借鉴与启示[J].东北亚学刊,2019(6):100-110,150-151.

[93]王淑霞.论质量与标准的关系[J].大众标准化,2008(1):40-43.

[94]王莘航.哪些因素成就"瑞士制造"[N].中国财经报,2017-05-06(006).

[95]王西雷.杭氧:管理创新打造世界一流企业[J].企业家,2012(10):48-49.

[96]王月兵.为啥中国丢了工匠精神 日本却没有[J].中国商界,2016(4):38-47.

[97]韦光,左停.农村产业集群现象透视[J].江苏农村经济,2005(12):26-27.

[98]吴水龙,胡左浩,黄尤华.区域公共品牌的创建:模式与路径[J].中国软科学,2010(S2):193-200.

[99]吴小节等.中国企业转型升级研究的知识结构与未来展望[J].研究与发展管理,2020(2):167-178.

[100]武跃丽.塑造区域公共品牌促进区域发展[J].科技情报开发与经济,2005(13):104-105.

[101]奚国泉,李岳云.中国农产品品牌战略研究[J].中国农村经济,2001(9):65-68.

[102]肖阳,谢远勇.产业集群视角下的区域公共品牌培育模式分析[J].福州大学学报(哲学社会科学版),2010(6):26-30.

[103]肖志明.晋江体育特色产业区域品牌演进模式研究[J].安徽农业大学学报(社会科学版),2011(1):61-64.

[104]熊爱华,邢夏子.区域品牌发展对资源禀赋的敏感性研究[J].中国人口·资源与环境,2017(4):167-176.

[105]熊励,郑慧娴.创新要素协同对制造业转型升级效率的影响——基于品牌竞争力视角[J].工业技术经济,2020(3):20-29.

[106]徐百柯.中国制造需要一个励志故事[J].先锋队,2012(29):46.

[107]徐建华."韩国制造"的借鉴意义[N].中国质量报,2014-07-24(002).

[108]徐鹏,赵军.产业集群的区域公共品牌资产增值研究[J].中国科技论坛,2007(8):40-43.

[109]徐伟.德国会展业发展经验及借鉴[J].全球化,2014(3):86-96,127.

[110]杨蕙馨,孙孟子,杨振一.中国制造业服务化转型升级路径研究与展望[J].经济与管理评论,2020(1):58-68.

[111]杨建东等.浅谈标准、质量与品牌之间的关系[J].中国标准化,2019(19):56-59.

[112]杨建梅,黄喜忠,张胜涛.区域公共品牌的生成机理与路径研究[J].科技进步与对策,2005(12):22-24.

[113]杨立新,陶盈.日本消费者法治建设经验及对中国的启示[J].广东社会科学,2013(5):227-236.

[114]杨乔雅.大国工匠——寻找中国缺失的工匠精神[M].北京:经济管理出版社,2017.

[115]杨政银,杨博.跨国并购:汽车零部件企业的转型升级战略[J].清华管理评论,2019(Z2):10-16.

[116]尹娜.基于消费者角度的品牌资产评估[D].西安:长安大学,2014.

[117]游泽兴.基于Interbrand模型的珠宝首饰企业品牌价值评估[D].昆明:云南财经大学,2017.

[118]余东华,田双.嵌入全球价值链对中国制造业转型升级的影响机理[J].改革,2019(3):50-60.

[119]岳薇,闫光宗,朱至文.苏南地区集群区域公共品牌的分类与比较研究[J].经济研究导刊,2014(5):204-206.

[120]约瑟夫·M.朱兰,约瑟夫·A.德费欧.朱兰质量手册:通向卓越的全面指南.卓越国际质量科学研究院,译[M].6版.北京:中国人民大学出版社,2014.

[121]曾燕红.德国利用展览会平台推动出口贸易及其对湖南的启示[J].科协论坛月刊,2009(4):139-140.

[122]张驰.德国制造的国家品牌战略及启示——评《德国制造:国家品牌战略启示录》[J].公共外交季刊,2017(4):116-121,136.

[123]张凤梅,周延.德国人的质量观[J].计量与测试技术,2012(2):76-77.

[124]张光宇,吴程彧.浅论区域公共品牌[J].江苏商论,2005(4):69-70.

[125]张季风.日本家族企业何以百年不衰[J].人民论坛,2019(2):94-96.

[126]张继宏.工匠精神:德国制造业品牌之道的观察与思考[J].对外经贸实务,2016(7):19-22.

[127]张挺等.论区域公共品牌的营销[J].管理现代化,2005(6):35-37.

[128]张莹.德国的展会文化[J].德语学习,2006(5):23-26.

[129]张志元.我国制造业高质量发展的基本逻辑与现实路径[J].理论探索,2020(2):87-92.

[130]赵玉林,裴承晨.技术创新、产业融合与制造业转型升级[J].科技进步与对策,2019(11):70-76.

[131]赵占恒.区域品牌培育模式浅析[J].北方经贸,2009(12):49-51.

[132]中华人民共和国国家质量监督检验检疫总局.GB/T 20000.1-2002《标准化工作指南 第1部分:标准化和相关活动的通用词汇》[S],2002.

[133]朱会静.基于Interbrand模型品牌价值评估研究[D].昆明:云南财经大学,2018.

[134]主要发达国家质量政策比较研究课题组.德国质量政策:完善的法律、管理体系[N].中国质量报,2020-04-28(006).

[135]主要发达国家质量政策比较研究课题组.瑞士质量政策:以品质取胜[N].中国质量报,2020-06-02(006).

# 附 录

## 附录一："品字标浙江制造"品牌的公众影响力调查问卷

尊敬的先生/女士：

为了解浙江省"品字标浙江制造"区域公共品牌建设现状，深入推进"品字标浙江制造"品牌影响力，浙江工业大学管理学院课题组特开展此次调查。本次调查结果仅用于分析"品字标浙江制造"品牌影响力情况，不会泄露任何个人信息，请您认真阅读，并根据个人的实际情况填写问卷。感谢您的大力配合与参与！

### 一、基本信息

1.您的性别：

A.男　　　　　　　　　　B.女

2.您的年龄：

A.22岁以下　　　　　B.22～30岁　　　　　C.31～45岁　　　　　D.46～60岁

E.60岁以上

3.您的学历：

A.中专及以下　　　　B.大专　　　　　　　C.本科　　　　　　　D.研究生

4.您的居住地：

A.杭州　　　　　　　B.宁波　　　　　　　C.温州　　　　　　　D.绍兴

E.湖州　　　　　　　F.嘉兴　　　　　　　G.金华

H.台州　　　　　　　I.衢州　　　　　　　J.丽水　　　　　　　K.舟山

L.其他

5.您的家庭年收入情况：

A.8万元以下 　　　B.8万～15万元 　　　C.16万～30万元 　　　D.31万～50万元

E.51万～80万元 　　F.81万～100万元 　　G.100万元以上

6.您的职业类型：

A.公务员 　　　　　　　　　B.国有企业单位人员 　　　　　　C.事业单位人员

D.民营企业单位人员 　　　　E.外资及港澳台资企业单位人员 　　F.个体经营户

G.自由职业者 　　　　　　　H.学生 　　　　　　　　　　　　I.离退休人员

J.其他

7.您的岗位类型：

A.基层员工 　　　B.中层管理人员 　　　C.高层管理人员 　D.其他

8.您所处的行业类别：

A.农林牧渔 　　　　　　　　　　　B.采矿业

C.制造业 　　　　　　　　　　　　D.电力、热力、燃气及水生产和供应业

E.房地产业 　　　　　　　　　　　F.建筑业

G.批发和零售业 　　　　　　　　　H.交通运输、仓储、邮政

I.住宿餐饮业 　　　　　　　　　　J.信息传输、软件和信息技术服务业

K.金融业 　　　　　　　　　　　　L.租赁和商务服务业

M.教育 　　　　　　　　　　　　　N.科学研究和技术服务业

O.服务业 　　　　　　　　　　　　P.水利环境和公共设施管理业

Q.居民服务、修理和其他服务业 　　R.卫生和社会工作

S.文化、体育和娱乐业 　　　　　　T.其他

9.您是否知道"品字标"品牌?(选择"是"跳转至问卷1,选择"否"跳转至问卷2)

A.是 　　　　　　　　　　　　　　B.否

——————问卷1(适用于知晓"品字标"的人群)(承接第9题)——————

## 一、品牌传播(传播渠道、传播范围;品牌文化)

1.您看到"品字标"品牌宣传广告的频率如何?

A.从不 　　　　B.偶尔 　　　　C.一般 　　　　D.经常 　　　　E.频繁

2.您看到"品字标"产品的频率如何?

A.从不 　　　　B.偶尔 　　　　C.一般 　　　　D.经常 　　　　E.频繁

3.您是通过以下何种途径知道"品字标"品牌的?(可多选)

A.商业广告(电视广告、报纸广告、杂志广告、宣传册广告、互联网广告等)

B.大众媒体宣传报道(电视节目、报纸新闻、杂志报道、地方政府官网与博客、微信公众号等)

C.亲朋好友及同事的口碑传播

D.品牌馆等线下实体店

E.线下实体店、展厅

F.使用"品字标"产品

G.其他_____

4.通过"品字标"品牌,您认识了许多新的企业。

A.非常不同意　　　B.不同意　　　　　C.一般　　　　　D.同意　　　　　E.非常同意

5.您对"品字标"的了解体现在以下哪几个方面?(可多选)

A."品字标"发展历程　　　　　B."品字标"品牌理念　　　　　C."品字标"品牌标识

D."品字标"标准相关知识　　　E."品字标"认证相关知识

F."品字标"获证企业信息　　　G."品字标"产品　　　H.其他_____

## 二、品牌形象

6.您对"品字标"产品的总体印象如何?

A.非常不好　　　B.比较不好　　　C.一般　　　D.比较好　　　E.非常好

7.您认为"品字标"品牌的知名度如何?

A.非常低　　　B.比较低　　　C.一般　　　D.比较高　　　E.非常高

8.您认为"品字标"品牌的影响力如何?

A.非常小　　　B.比较小　　　C.一般　　　D.比较大　　　E.非常大

## 三、产品使用评价(性能感知、满意度、忠诚度)

9.您使用"品字标"产品的频率如何?

A.从不使用　　　B.偶尔使用　　　C.一般　　　D.经常使用　　　E.频繁使用

10.您购买"品字标"产品的频率如何?

A.从不购买　　　B.偶尔购买　　　C.一般　　　D.经常购买　　　E.频繁购买

11.您认为"品字标"产品的质量如何?

A.非常差　　　B.比较差　　　C.一般　　　D.比较好　　　E.非常好

12.您认为"品字标"产品新颖性如何?

A.非常低　　　B.比较低　　　C.一般　　　D.比较高　　　E.非常高

13.您认为"品字标"获证企业的服务水平如何?

A.非常低　　　B.比较低　　　C.一般　　　D.比较高　　　E.非常高

14.相较于同类产品,您对"品字标"产品更满意?

A.非常不同意　　　B.不同意　　　　C.一般　　　D.同意　　　　E.非常同意

15.今后您是否(还)会购买"品字标"产品?

A.肯定不会　　　B.可能不会　　　C.不确定　　　D.可能会　　　E.肯定会

16.您会向身边的朋友推荐"品字标"产品吗?

A.肯定不会　　　　B.可能不会　　　　C.不确定　　　　D.可能会　　　　E.肯定会

──────问卷2(适用于不知晓"品字标"的人群)(承接第9题)──────

基本信息介绍:"品字标浙江制造"是2014年浙江省市场监督管理局联合多方主体共同发起的区域公共品牌建设项目(常见的区域公共品牌包括"西湖龙井""绍兴黄酒"等)。作为一个省域级区域公共品牌,"品字标浙江制造"在浙江省品牌建设联合会发布系列先进标准的基础上,通过国际认证联盟为符合要求的制造业企业产品颁布"品字标浙江制造"认证,以此促进浙江制造业向高质量水平发展。目前,已获证"品字标"的产品包括"方太吸油烟机、万事利蚕丝围巾、海康威视网络摄像机、星星便洁宝智能马桶",等等。

1.在了解上述信息后,相较于同类产品,您更愿意购买"品字标"产品吗?

(或者说,相较于一般品牌的龙井茶,您更愿意购买"西湖龙井"品牌的茶叶吗?)

A.非常不同意　　B.不同意　　　　C.一般　　　　D.同意　　　　E.非常同意

2.您觉得之前不了解"品字标"品牌的原因是什么?(可多选)

A."品字标"品牌知名度不高　　　　B."品字标"品牌宣传力度不够

C.个人品牌意识不强　　　　D.个人更关注产品本身而非品牌

E.其他_____

3.相较于同类产品,您更愿意购买知名品牌的产品。

A.非常不同意　　B.不同意　　　　C.一般　　　　D.同意　　　　E.非常同意

4.相较于同类产品,您更愿意购买有政府或认证机构认证认可的产品。

A.非常不同意　　B.不同意　　　　C.一般　　　　D.同意　　　　E.非常同意

5.您在购买产品时,更关注以下哪几个方面?(可多选)

A.产品质量　　　B.产品创新性　　C.产品价格　　　D.企业服务　　　G.其他____

6.您愿意通过以下哪种途径了解更多"品字标"相关信息?(可多选)

A.商业广告(电视广告、报纸广告、杂志广告、宣传册广告、互联网广告等)

B.大众媒体宣传报道(电视节目、报纸新闻、杂志报道、地方政府官网与博客、微信公众号等)

C.亲朋好友及同事介绍

D.线下实体店、展厅

E.线上产品展厅

F.其他_____

7.您希望了解更多"品字标"哪方面的信息?

A."品字标"发展历程　　　B."品字标"品牌理念　　　C."品字标"标准发布情况

D."品字标"认证情况　　　E."品字标"获证企业信息　　F."品字标"产品信息

G.其他_____

────────────结尾部分(承接问卷1/问卷2最后一题)────────────

1.您是否看好"品字标"品牌的未来发展。

A.非常不看好　　B.比较不看好　　C.不确定　　D.比较看好　E.非常看好

2.为了推进"品字标"品牌建设,您认为未来政府需要联合浙江省品牌建设联合会、国际认证联盟等主要建设方在以下哪几个方面做工作?(可多选)

A.加强"品字标"品牌基本情况科普　　　B.增加"品字标"品牌的推广手段

C.拓宽"品字标"产品的展示渠道　　　　D.加强对"品字标"产品质量的把关

E.加强对"品字标"产品新颖性的把关　　F.加强对"品字标"企业服务水平的把关

G.加强"品字标"品牌监管与维护　　　　H.其他_____

3.贵公司未来是否计划申请"品字标"?(公司所属行业为非制造业,或已申请过"品字标"的可选做)

A.是　　　　　　　　　　　　B.否

4.贵公司不申请"品字标"的原因是什么?(可多选)(上题选"否"的做)

A.企业质量管理水平尚不高　　　　B.企业技术水平尚不高

C."品字标"申请流程复杂　　　　　D."品字标"申请要求过高

E."品字标"作用不大　　　　　　　F.其他_____

再次感谢您对本次调查的大力支持!


# 附录二:"品字标浙江制造"品牌对获证企业的影响调查问卷


尊敬的先生/女士:

　　为建立和完善"品字标浙江制造"品牌发展的长效机制,加强"品字标浙江制造"品牌建设,特开展此次调查。本次调查结果不作为评价具体企业开展"品字标浙江制造"品牌建设情况的依据,仅用于分析"品字标浙江制造"品牌建设的成效,不会泄露任何商业机密和企业信息,请您认真阅读,并根据企业的实际情况填写问卷。感谢您抽出宝贵的时间配合此次调查。

## 一、企业基本情况

1.获证企业名称：

2.企业所在地：

A.杭州市 　　　　　 B.宁波市 　　　　　 C.温州市 　　　　　 D.嘉兴市

E.舟山市 　　　　　 F.绍兴市 　　　　　 G.湖州市 　　　　　 H.丽水市

I.台州市 　　　　　 J.金华市 　　　　　 K.衢州市

3.企业成立的年限：

A.5年以下 　　　　 B.5年～10年 　　　 C.11年～20年 　　 D.21年～30年

E.30年以上

4.贵公司的企业性质：

A.国有企业 　　　　 B.民营企业 　　　 C.外资及港澳台资企业 　　 D.其他＿＿＿＿

5.企业是否参与"浙江制造"团体标准的制定？

A.主导制定 　　　　 B.参与制定 　　　 C.未参与

6.企业获"品字标浙江制造"认定（证）的产品数量：

A.1项 　　　　 B.2项 　　　　 C.3项 　　　　 D.4项 　　　　 E.5项 　　　　 F.6项

G.7项 　　　　 H.8项 　　　　 I.9项 　　　　 J.10项 　　　　 K.10项以上

7.企业首次获得"品字标浙江制造"认定（证）的年份：

A.2014年 　　 B.2015年 　　 C.2016年 　　 D.2017年 　　 E.2018年

F.2019年 　　 G.2020年

8.企业从业人数：

A.20人以下 　　　　 B.20～300人（含20人） 　　　　 C.300～1000人（含300人）

D.1000人及以上

9.企业销售收入（2019年）：

A.300万元以下 　　 B.300万～2000万元（含300万元）

C.2000万～4亿元（含2000万元）

D.4亿元及以上

## 二、"品字标浙江制造"品牌建设成效

10.贵公司2019年的销售额与2018年相比如何？（请填写提高或下降的百分比）

A.提高 　　　　 B.下降 　　　 C.无明显变化

11.贵公司2019年的市场占有率与2018年相比如何？（请填写提高或下降的百分比）

A.提高 　　　　 B.下降 　　　 C.无明显变化

12.2020年的疫情对贵公司的经营活动造成了多大的负面影响？

A.影响极大 　 B.影响较大 　 C.影响一般 　 D.影响较小 　 E.几乎没有影响

13.请根据贵公司开展"品字标浙江制造"品牌建设的情况,针对下表中"企业形象、产品质量、自主创新、产业协同、社会责任"这五个方面的问题,选择您认为合适的看法等级。

(1不同意,2不太同意,3不确定,4同意,5完全同意)

| | 问题 | 1 | 2 | 3 | 4 | 5 |
|---|---|---|---|---|---|---|
| 企业形象 | Q1.获得"品字标浙江制造"认证后,企业的总体形象得到提升。 | | | | | |
| | Q2.获得"品字标浙江制造"认证后,企业的客户满意度提高。 | | | | | |
| | Q3.获得"品字标浙江制造"认证后,企业在同行业内的知名度提高。 | | | | | |
| | Q4.获得"品字标浙江制造"认证后,企业在同行业内的影响力提高。 | | | | | |
| 产品质量 | Q1.启动"品字标浙江制造"品牌建设后,企业质量管理体系更加完善。 | | | | | |
| | Q2.启动"品字标浙江制造"品牌建设后,企业产品的总体质量得到提升。 | | | | | |
| | Q3.启动"品字标浙江制造"品牌建设后,企业产品性能得到提升。 | | | | | |
| | Q4.启动"品字标浙江制造"品牌建设后,企业产品使用寿命延长。 | | | | | |
| | Q5.启动"品字标浙江制造"品牌建设后,企业产品的可靠性提高。 | | | | | |
| | Q6.启动"品字标浙江制造"品牌建设后,企业产品的经济性提高。 | | | | | |
| | Q7.启动"品字标浙江制造"品牌建设后,企业产品与人的交互性(如操作性、安全性、感官舒适性等)提高。 | | | | | |
| | Q8.启动"品字标浙江制造"品牌建设后,企业对不合格产品的控制更加严格。 | | | | | |
| 自主创新 | Q1.启动"品字标浙江制造"品牌建设后,企业自主创新能力得到提升。 | | | | | |
| | Q2.启动"品字标浙江制造"品牌建设后,企业的研发投入提高。 | | | | | |
| | Q3.启动"品字标浙江制造"品牌建设后,企业在生产工艺方面的技术创新增多。 | | | | | |
| | Q4.启动"品字标浙江制造"品牌建设后,企业在设备和管理等方面更加智能化。 | | | | | |
| | Q5.启动"品字标浙江制造"品牌建设后,企业获得的专利等自主知识产权或技术成果增多。 | | | | | |
| | Q6.启动"品字标浙江制造"品牌建设后,企业新产品销售收入占比提高。 | | | | | |
| 产业协同 | Q1.启动"品字标浙江制造"品牌建设后,企业产业协同能力得到提升。 | | | | | |
| | Q2.启动"品字标浙江制造"品牌建设后,企业与合作伙伴的交流更加紧密。 | | | | | |

| 问题 | | 1 | 2 | 3 | 4 | 5 |
|---|---|---|---|---|---|---|
| | Q3.启动"品字标浙江制造"品牌建设后,企业与合作伙伴建立了更加良好的战略合作关系。 | | | | | |
| 社会责任 | Q1.启动"品字标浙江制造"品牌建设后,企业社会责任感提高。 | | | | | |
| | Q2.启动"品字标浙江制造"品牌建设后,企业质量诚信管理体系更加完善。 | | | | | |
| | Q3.启动"品字标浙江制造"品牌建设后,企业更加重视对公众的质量承诺。 | | | | | |
| | Q4.启动"品字标浙江制造"品牌建设后,企业职业健康安全管理体系更加完善。 | | | | | |
| | Q5.启动"品字标浙江制造"品牌建设后,企业安全生产管理等所有生产经营活动更加科学化、规范化和法制化。 | | | | | |
| | Q6.启动"品字标浙江制造"品牌建设后,企业环境管理体系更加完善。 | | | | | |
| | Q7.启动"品字标浙江制造"品牌建设后,企业生产方式更加绿色化。 | | | | | |

## 三、问题与建议

14.贵公司在开展"品字标浙江制造"品牌建设的过程中,遇到的主要困难有哪些?(多选题,最多选3项)

A.政府给予的资金支持不足　　　　　B.企业的管理制度不够完善

C.产品质量水平不高　　　　　　　　D.企业的技术创新能力不足导致产品先进性不足

E.企业的客户服务能力不足　　　　　F.认证工作及后续的品牌维护工作需要很多资金

G.品牌建设的流程过于复杂,周期过长　　　H.其他_____

15.为了进一步推进"品字标浙江制造"区域品牌的建设,请问您认为政府、省品联会、浙江制造国际认证联盟等区域品牌建设的主体单位应该加强哪些方面的工作?(多选题,最多选3项)

A.给予企业资金支持　　　　　　　　B.加强"品字标"知识的培训

C.进一步规范认证工作　　　　　　　D.提高"品字标"品牌的准入门槛

E.增加"品字标"品牌的推广手段　　　F.拓宽"品字标"产品的展示渠道

G.帮助企业拓宽"品字标"产品的销售渠道　　　H.加强对"品字标"品牌的监管与维护

I.其他_____

## 四、个人基本情况

16.您的性别:

A.男　　　　　　B.女

17.您的年龄：

A.30岁以下　　　　　B.30～45岁（含30岁）　C.45～60岁（含45岁）　D.60岁及以上

18.您的学历：

A.中专及以下　　B.专科　　　　　　　C.大学本科　　　　　　D.研究生

19.您的工作部门：

A.市场部　　　　B.生产部　　　　　　C.研发部　　　　　　　D.技术部

E.销售部　　　　F.财务部　　　　　　G.人力资源部　　　　　H.行政部

I.其他_____

20.您的工作年限：

A.1年以下　　　B.1～5年　　　　　　C.6～10年　　　　　　D.11～20年

E.20年以上

再次感谢您对本次调查的大力支持！